Hanns Glöckle

München
Bier
Oktoberfest

*Acht Jahrhunderte
Bier- und Stadtgeschichte*

Hanns Glöckle

München Bier Oktoberfest

*Acht Jahrhunderte
Bier- und Stadtgeschichte*

Verlagsanstalt »Bayerland« Dachau

Schutzumschlag: Titelbild Hans Fischach

Buchvorsatz vorne:
Szene im damaligen Innen- und Ladehof des
Hofbräuhauses am Platzl.
Holzstich von J. Heinz, 1869.

Buchvorsatz hinten:
Um die Mitte des 19. Jahrhunderts
war der Bockkeller am Pfisterbach das populärste
Wirtshaus Münchens.
Stich von L. Beckstein, um 1860.

Verlag:
Druckerei und Verlagsanstalt »Bayerland«,
Anton Steigenberger,
8060 Dachau, Konrad-Adenauer-Straße 19

Verlagsredaktion:
Heinz Puknus

Schutzumschlag:
Titelbild Hans Fischach

Gestaltung:
Klaus Kiermeier, Josef Mertl

Fotoreproduktionen:
Helmut Thon

Satz, Druck:
Druckerei und Verlagsanstalt »Bayerland«,
Anton Steigenberger

Hersteller:
Fritz Hammerschmid

Lithographien:
Czech, München

Buchbinderei:
Conzella, München

Alle Rechte, der Verbreitung (einschl. Film, Funk und Fernsehen) sowie der fotomechanischen Wiedergabe und des auszugsweisen Nachdrucks vorbehalten.

© Druckerei und Verlagsanstalt »Bayerland«,
Anton Steigenberger, 8060 Dachau 1985
Printed in Germany.

ISBN 3-922394-57-4

Inhaltsverzeichnis

Geleitwort 7
Die Stadtgründung 11
Eine neue Brücke »bei den Mönchen« 11
Die ersten Brauer 12
Weißbier nur für den Herzog 12
Bier wird zur Mangelware 13
Braurecht für jedermann 13
Bürger-Rebellion 13
Münchner Reinheitsgebot schon ab 1447 14
Um zehn Uhr Polizeistunde 14
Schon damals gab es Nobellokale 15
Brauverbot für Frauen 16
Das Regiment der »prew«-Witwen 16
Bräuer blieben arme Schlucker 17
Reinheitsgebot und Bierpreise 17
Sommer-Märzen und Winterbier 18
Der Bierpreis steigt und steigt 18
Die Brauer setzen sich gegen das »adlige« Weißbier zur Wehr . . 20
Das Hofbräuhaus wird gegründet 20
Aus- und Einfuhren beleben das Biergeschäft 21
Tölzer Bier kam mit dem Floß 22
Beim Nockherberg beginnt der Salvator zu fließen . . . 24
Mönchischer Kohldampf gebar die Salvator-Idee 24
Ganz München wandert zur neuen Bierquelle 25
Kein Bier bei der Landshuter Hochzeit 28
Die Sache mit dem Hopfen 28
Hopfenanbau in der Stadtmitte 29
Die Haupt- und Residenzstadt in Krieg und Frieden . . 30
Brauerei als Musentempel 30
Wo Mozart logierte und Casanova abstieg 30
Ein Kurfürst zum Verlieben 32
Gutes und schlechtes Bier 33
Bierfälschungen 33
Feiertagsmaß und Kinderbier 36
Die ersten Bierkeller entstehen 37
Biergärten werden populär 38
Münchens Bierprobleme häufen sich 39
Der Staat greift ein 40
Er machte den Salvator berühmt: Franz Xaver Zacherl . . 40
Der Pschorr-Bräu 42
Spatenbräu Gabriel Sedlmayr I. 43
Schulden 43
Der Löwenbräu Georg Brey 44
Maria Theresia und Anton Wagner 45
Drückende Kriegslasten für die Brauer 46
Aus dem »Bierpfennig« wird der »Malzaufschlag« . . . 46
Das Bier-»Regulativ« 46
Sternstunden des Münchner Bieres 47
Die famose Idee eines Unteroffiziers 47
Das allererste Oktoberfest von 1810 48
Die Kirche war gegen Volksfeste 50
Wiesn-Organisator Andreas Dall'Armi 51
Wiesn-Heros Franz Xaver Krenkl 51
Am Anfang kein Bier auf der Wiesn 52
Schon damals gab es ein »Münchner Helles« 54
Die Pilsener-Bräu brauten nach bayerischer Art 54
Die Wiesn-Maß – ein Nahrungsmittel? 54
Wiesn-Geschäfte nur für Münchner 54
Villen auf die Theresienwiese? 55
Erste Kaffeehäuser auf der Wiesn 55
Besucherrekorde 55
Der Keferloher Pferdemarkt 55
Vergleich mit der Wiesn 56
Die große Notzeit von 1816/17 58
Brot aus Holzmehl 59
Wissenschaft und Technik erreichen die Brauhäuser . . 59
Schmähbriefe und Drohungen 59
Hetzschriften ohne Ende 60
Brand des Nationaltheaters 60
Brauer löschen mit Bier 61
Bierpfennig finanziert Opernhaus-Wiederaufbau 62
Pschorr schafft den Neubau seiner Hackerbrauerei
spielend mit eigenen Mitteln 62
Münchens erste Bürgerschicht: Bierbrauer 63
Hungerlöhne und viel Arbeit 63
Münchens Wirtshäuser im Biedermeier 63
Das Wirtshaus »Zum Grünen Baum« –
der Stammgarten des Königs 67
Die Isarbrücke stürzt ein 70
Das Militär traf sich im Sterngarten 72
Auch Musiklokale gab es schon 73
In Nymphenburg sollte eine neue Stadt gegründet werden . . 74
München bei Nacht 75
Soziale Spannungen 75
Und wieder: Klagen gegen Bierfälschungen 75
Zwanzig Bierbrauer gehen bankrott 76
Die erste Münchner »Bierrevolution« bereitet sich vor . . 76
Den Bräu geht es an den Kragen 77
Tumulte während des Erzherzogs Hochzeit 78
Trotz Revolte ein Hoch auf den König 78
Freisprüche für die Revoluzzer 78
Bürgerporträts 79
Brauereien sinken im Wert 80
Die Tänzerin Lola Montez löst den Sturm aus 81
Sturm aufs Zeughaus 82
Die Bierkriegsoper vom Oktober 1848 83
Revoluzzerbier zum Nulltarif 83
Soldaten stehen »Gewehr bei Fuß« 83
Kritik an den laschen Behörden 84
Auf der Wiesn aber blieb es friedlich 85
Fürs Oktoberfest »Olympische Spiele« 85

1850 wird die Bavaria errichtet 85
Cholera in München führt zum Wiesnverbot 86
700-Jahr-Feier 87
Die »grüne Minna« wird gestürmt 88
Das »Wiesn-Märzen« setzt sich durch 88
Die Technik kommt aufs Oktoberfest 89
Der »Verein gegen betrügerisches Einschenken« wird gegründet 90
Der Steyrer Hans 90
Papa Schichtl 90
Die Stadt wächst und wächst 93
Aus Brauereien werden Bierfabriken, aus »Bräu« Großbürger . 94
Das Engagement der neuen Patrizier 95
Arbeitsverträge von damals 95
Täglich 7 Maß Bier 96
Der Bierpreis wird frei 96
Wieder ging es um »gutes« und »schlechtes« Bier 96
Bismarck gerät in den Verdacht,
den Münchner Bierkrieg anzuheizen 97
Die Schlacht im Sterngarten 97
Nach dem 66er Krieg viele Arbeitslose und
Einführung der Gewerbefreiheit 99
Eine Epistel auf die Münchner »Radi-Weiber« 99
Die Geburtsstunde der Bezeichnung »Saupreiß« 100
Der Siebziger Krieg kommt 100
Keine Kriegsbegeisterung im München 101
Kriegsgewinnler 101
Neue Bierkrawalle stehen an 102
Presseschlachten 102
Ein neues Kampfmittel wird eingesetzt – der Bierstreik . . . 102
Maurer verpflichten sich,
bis zum Sieg nur noch Milch zu trinken 103
Der König wird hereingelegt 104
Währungsreform und neue Maßeinheiten 105
Der Spitzeder-Skandal und die Eskimo-Katastrophe 106
Ludwig Ganghofer über das Unglück 106
Ludwig Thoma klagt über die »Verschandelung« Münchens . . 106
Amtsantritt des Prinzregenten 107
Wurde der »Ludwigl« ermordet? 108
Bessere Zeiten kommen 109
Die Brauereien legen sich Markenzeichen zu
und entdecken die »Reklame« 112
Das Plakat kam aus Frankreich 112
In München so viel Bier wie in ganz Rußland . . 114
Ein Abend zu zweit in der »guten alten Zeit« 114
Die große Salvatorschlacht 117
Münchens Gasthäuser und Vergnügungslokale
während der Belle Époque 118
Das größte Vergnügungsetablissement ganz Deutschlands . . . 120
München bekommt ein »Nachtleben« 121
Dotschentanz 122
Mit an der Spitze der vornehmen Welt –
Münchens Bier-Zaren 122

Eine Prozeßlawine um den Qualitätsbegriff »Salvator« 125
Keine Brauerei mehr ohne »-ator« 125
Das Hofbräuhaus zieht nach Haidhausen 127
Vom Hopfen und Hopfenzupfen 128
Schlimme Zustände 131
An der »Bierfront« wird es ruhig 131
Ein Loblied auf die Münchner Kellnerin 132
Kitschpostkarten werden populär 134
Die Bildkarte wird »erfunden« 135
Das Bier kommt ins Spiel 135
»Wir dienten an dem Isarstrand, zum Schutze
für das Vaterland!« Die große Zeit der Reservistenkrüge 136
Reservistenkrug-Poesie 137
Reinheitsgebot jetzt im ganzen Reichsgebiet 137
Für die volle Maß – gegen schlechtes Einschenken 137
Im Flugzeug von Puchheim bis Allach 138
Das Bierfilzl wird eingeführt 138
Und erneut ging's los, wie einst, wie gehabt! 138
Thomas Filser zum Bierpreis 141
Flaschenbier 141
Ärger ums Flaschenpfand 141
München im Ersten Weltkrieg 142
Bier für die Front 142
Der Krieg ist aus 143
»Russ'« und Radlermaß werden erfunden 143
Der »Kaiser von Deisenhofen« 144
Die Münchner kommen 145
Eigene Kugleralm-Sonderzüge 145
Jeden Sonntag ein Festzug 145
Der Radlermaß-Sonntag 146
Siegeszug der Radlermaß 147
Inflation und Nachkriegsjahre 147
Die Wiesn im 20. Jahrhundert 149
100jähriges Wiesnjubiläum 1910 149
Brauer retten das Festprogramm 150
Eine eigene Bierbude für die Stadtverwaltung 150
Oktoberfestorden vom Prinzregenten 152
Auf der Wiesn wird gestreikt 152
Aufruhr droht 153
Der Streik hat Erfolg 153
»Tollkühner Aviatiker« und Zeppelin über der Festwiesn . . . 153
Die letzte Vorkriegswiesn 156
Zwischen den Kriegen 156
Die Wiesn zur Nazizeit 156
Nur noch Wasser zum Durstlöschen 156
Kein Bier für Deutsche 157
Der OB zapft an 157
Und heute? 158
Pro-Mille-Grenze 158
Reinheitsgebot und EG 158

Literaturverzeichnis 160

Geleitwort

Als – wenn auch nur zu einem bescheidenen Teil – Mitgestalter der heimischen Bier- und Brauszene seit 1945 und aus meiner Kenntnis der uralten und bis heute fortdauernden engen Verflechtung von Bier- und Stadtgeschichte in München darf ich dem Autor zu seinem Werk gratulieren. Er füllt eine von mir seit langem als bedauerlich empfundene Lücke zwischen den Büchern jener Autoren, die das Thema »München und Bier« aus rein wissenschaftlicher oder technisch orientierter Sicht angingen, um es für einen kleinen Kreis von interessierten Fachleuten aufzubereiten, und jener anderen, die es, ohne sich viel mit der historischen Wahrheit herumzuschlagen, in gefällige Geschichtchen verpackten, die nur zu oft von Falschinformationen geradezu wimmelten, wobei ein paar Ausnahmen bloß die Regel bestätigen.

Bei Glöckle stimmen die von ihm aufgewiesenen großen Zusammenhänge um die »Bierfrage in München« ebenso, wie die geschilderten Details. Immer wieder läßt er Zeugen der jeweiligen Ereignisse zu Wort kommen, deren Berichte und Kritiken, Pamphlete und Klagen über die Zeitläufe und vielerlei denkwürdige Begebenheiten um den Gerstensaft zwischen Isar und Theresienwiese mit den Münchner Bräu in der Vergangenheit weiß Gott oft, und häufig zu Recht, hart ins Gericht gingen.

Nicht minder aber stimmt, wenn er an einer Stelle schreibt:
»Man kann es gar nicht nachdrücklich genug betonen: BIER war immer, BIER blieb zu allen Zeiten, BIER ist noch immer und wahrscheinlich bis in jede überschaubare Zukunft das Politikum Nummer eins. In München!«

Von meiner Warte und aus meinem Wissen ums Brauwesen und ums Biergeschehen in dieser Stadt, in der ich das Glück hatte, ein volles Berufsleben lang in – fast hätte ich gesagt – in beseelter Biernähe – zu wirken, kann ich diesen Satz des Verfassers nur voll und ganz bestätigen. Und noch etwas erscheint mir an dieser Stelle hervorhebenswert: Glöckles Buch spiegelt durch acht Jahrhunderte schlechthin bayrische Wesens- und Lebensart rund um die Dreiheit »München – Bier – Oktoberfest«.

Es ist ein Buch für viele Gelegenheiten, ein immer aktuelles Geschenk, das auch bei Nicht- und Kaumbiertrinkern Resonanz finden wird. Den zahllosen besonderen Verehrern unseres beliebten und weltberühmten Volksgetränks kann man den exzellenten Band auch als hochinformatives Nachschlagewerk empfehlen, zumal der äußerst kenntnisreiche Autor seit Jahrzehnten auch beruflich in naher Beziehung zum Braugewerbe und zur Gastronomie steht. Für Brauereien wiederum erweist sich »München – Bier – Oktoberfest« als ein ideales Kunden- und Kontaktpräsent, für Hoteliers und Gastronomen als eine nicht alltägliche Aufmerksamkeit gerngesehenen Gästen gegenüber und für Freunde und Besucher der bayerischen Landeshauptstadt und des Oktoberfestes als ein sinnvolles, ästhetisch überaus ansprechendes unterhaltsames und inhaltsreiches Mitbringsel.

Last not least könnte es für die Stadt selbst so etwas wie eine außergewöhnliche Visitenkarte darstellen.

Ein Mitleser des Buchmanuskripts bemerkte treffend, ähnlich wie das vor zwei Jahren vom gleichen Autor erschienene Werk »Das waren Zeiten – München im Spiegel der Bildreportagen von einst: 1848 – 1900« sei auch das neue Glöckle-Buch – wieder im Präsentformat – bestens geeignet als Geschenk, Menschen die man mag, eine Freude zu bereiten.

Ferdinand Erling
Leiter des Deutschen Brauereimuseums in München, und vormals Geschäftsführer im Bayerischen Brauerbund

Prost München!

„Das Wasser gibt dem Hornvieh Kraft –
den Menschen stärkt der Gerstensaft"

Studentischer Spruch

Die Stadtgründung

Alles begann damit, daß ein Herzog um die Mitte des 12. Jahrhunderts dringend Geld benötigte und beschloß, es sich auf nicht gerade feine Art von einem seiner Bischöfe zu holen. Der hohe Herr aus dem Geschlecht der Welfen, Heinrich, genannt der Löwe, war seit kurzer Zeit von Kaiser Barbarossas Gnaden, seinem Freund und Gönner, bayerischer Landesvater. Seine Eminenz der Bischof wiederum residierte in Freising, hieß Otto, war pikanterweise ein Onkel des Kaisers und bezog einen wesentlichen Teil seiner Einkünfte vom Brückenzoll des seit der Römerzeit existierenden Isarbrückenübergangs der Salzstraße bei dem Dorf Veringen, später Föhring geheißen.

Genau hier setzte nun Heinrich den Hebel an. Auf seine Order galoppierte 1157 – der genaue Zeitpunkt ist unbekannt – ein stattlicher Reitertrupp gen Föhring, legte Feuer an die Brückenpfeiler und zog erst wieder ab, als die letzte verkohlte Bohle im Gischt der damals noch wirklich sehr grünen Isar versank.

Bischof Otto in Freising schrie Mordio, aber geschehen war geschehen. Der Bubenstreich blieb bis auf weiteres ungesühnt. Es sollte sogar noch schlimmer kommen. Denn Monate später – auch dieser Augenblick ist nicht genau zu datieren – trabte, ebenfalls auf Geheiß des Herzogs, ein ähnlicher Reitertrupp flußaufwärts bis zu der Stelle, wo mehrere Inseln die Isar in deltaartig sich verzweigende, reißende Strömungen teilte. Drüben, im Westen, auf der anderen Flußseite, konnte die Reiterschar in der Ferne ein winziges, hölzernes Kirchlein, umgeben von mehreren armseligen Hütten, ausmachen, die den Hügel über dem Tal beherrschten, das seither einem markanten Münchner Straßenzug den Namen lieferte. Als »villa Munichen« oder »bei den Mönchen« war die traurige Hüttenansammlung samt der Kapelle kaum im Umkreis eines Tagesrittes bekannt. Selbst im nahen Dorf Altheim (der Münchner Straßenname »Altheimer Eck« erinnert noch daran) wußte man nur, daß auf dem Hügel Mönche hausten, die ihre spärlichen Gewinne aus Ackerbau und Viehzucht an ihr Stammkloster Schäftlarn abführten.

Eine neue Brücke »bei den Mönchen«

Heinrichs Mannen gingen erneut ans Werk. Zusammen mit einem Dörflerhaufen aus den nahegelegenen Ortschaften Waythausen (Haidhausen) auf der in der Eiszeit geformten Flußhöhe, und Au, einer kläglichen Fischersiedlung im Sumpfgelände des Isar-Schwemmlandes, schlugen sie innerhalb weniger Wochen eine neue, stabile, selbst für schwerste Fuhrwerke zu befahrende Brücke über die an dieser Stelle vier Flußarme bildende Isar. Alle Salzstraßenbenutzer, die in Richtung Augsburg oder Salzburg wollten, waren von nun an gezwungen, den Fluß nahe der Ansiedlung »bei den Mönchen« zu überqueren und ihren Zoll nicht mehr den Beamten des Bischofs, sondern jenen des Herzogs auszuhändigen. Die nötigen Voraussetzungen für die Entstehung einer neuen Ortschaft in Brückennähe waren damit gegeben – der Gründung Münchens stand nichts mehr im Weg.

Daß ein Urteil des Kaisers, ausgesprochen am 14. Juni 1158 auf dem Reichstag zu Augsburg, später den Bayernherzog zwang, ein Drittel der Zolleinnahmen, die ihm der Handstreich bescherte, wieder an den Bischof herauszurücken, änderte nichts mehr an den Gegebenheiten: Der einzige Isarübergang weit und breit blieb dort, wo ihn Heinrich der Löwe hatte haben wollen – »bei den Mönchen«, beim sicher schon an die 200 Jahre alten »Munichen«. Andererseits hätte es den Bischof sicher mit Genugtuung erfüllt zu erfahren, daß die ihm vom Kaiser zugesprochene Zoll- und Münzausgleichentschädigung – man glaubt es kaum – als »Rekognition für die Verlegung der Brücke« bis zur Säkularisation 1803 von der Stadt München ans Hochstift Freising bezahlt wurde und anschließend noch weiter bis 1852 unter dem Haushaltstitel »Recompens aus der Stadtwaage« an den bayerischen Staat.

Die Neugründung wuchs rasch. Der ständige Wagenverkehr am Fuß des später »Petersbergl« genannten Hügels, eine Viertelmeile westlich der neuen Brücke, lockte Handwerker an, die Handels- und Fuhrleute mußten beköstigt und untergebracht werden, die Bauern aus den umliegenden Dörfern begannen, die bald zum Markt sich entwickelnde neue Hüttensiedlung mit Lebensmitteln zu versorgen, während der Herzog neben dem zuerst installierten Zollgebäude eine Münzstätte errichten ließ. Ob freilich bereits in den allerersten Jahren nach der Gründung Münchens eine »gross prewstatt« den Betrieb aufnahm, wie dies einige Autoren aus nicht näher bezeichneten Dokumenten herausgelesen haben wollen, darf füglich bezweifelt werden.

Auf Wirtshäuser stießen die allerersten Münchenbesucher längs des Weges zur neuen Brücke, »im engen Tal«. Da um diese Zeit im altbayerischen Raum an Leute, die sich einen etwas kräftigeren Trunk leisten wollten, fast ausschließlich Met und Wein ausgeschenkt wurden, kann man annehmen, daß sich auch Münchens erste Wirte am Geschmack ihrer Gäste orientierten. Tatsächlich war mit dem Gebräu, das man damals »pier« oder »pir« nannte (die Schreibweise wechselte ständig«), kaum ein Gast in die Wirtsstube zu locken. Einigermaßen trinkbares Bier gab es nur in den Klöstern, und das tranken die Mönche selbst. Der aus Honig hergestellte Met wiederum war den meisten Leuten entweder zu süß oder viel zu teuer. So hielten sie sich vorwiegend an den Wein, dessen superbe Lagen – sonnige Isarhänge bei Wolfratshausen und Schäftlarn, Harlaching und Bogenhausen – kaum auf besonders edle Gewächse schließen lassen. Wenn das Volk ihn trotzdem dem »pier« vorzog, spricht dies Bände über die Qualität der damaligen bürgerlichen Braukünste.

Bierbrauen war zur Zeit der Gründung Münchens eine Angelegenheit der Hausfrauen, ähnlich wie Brotbacken oder das Einkochen von Früchten. Sie bereiteten den Haustrunk, eine Art saures Weißbier

Bis zum Beginn des 17. Jahrhunderts tranken die Münchner in den meisten Gaststätten der Stadt aus großen, hölzernen Humpen, wenn es etwas zu feiern galt. Der Holzstich entstand um 1590.

mit etwas Malzwürze, aber ohne Hopfenzusatz, das die meisten Leute »Fliegenbier« nannten, weil es sogar Mücken versuchen konnten, ohne davon berauscht zu werden. Da zudem die Mischung oft arg danebengeriet, erkannten bald ein paar Kundige die Marktlücke und spezialisierten sich auf die Herstellung von »pir« oder »greussing«, die sich beide dadurch voneinander unterschieden, daß zum »pir« dieser Tage Gerste, zum »greussing« Weizen als Grundbasis verwendet wurde. Bereits gegen Ende des 12. Jahrhunderts dürften sich in München etliche Brauspezialisten etabliert haben, zu denen die Hausfrauen – wie den Teig des Kuchens zum Bäcker – ihre Brauzutaten brachten, um später das fertige »pir« abzuholen.

Die ersten Brauer

Fünfzig Jahre danach wurden in der Stadt schon zwölf Bürger genannt, die vom Herzog gegen eine entsprechende Abgabe mit einem Braulehen bedacht worden waren. Das sich langsam herausbildende Braugewerbe nahm damit von Beginn an eine Sonderstellung ein, da über den Zulassungsentscheid nicht der Stadtrat oder die Zunft, sondern ausschließlich der Landesherr bestimmte. Nur Leute, die über genug Geld verfügten, die Lehenssteuer zu bezahlen, durften brauen oder besser: brauen lassen. In der Tat waren die ersten zwölf Brauberechtigten Münchens durchwegs Patrizier, gehörten als Handelsherren der obersten Gesellschaftsschicht an und betrieben die Bierherstellung nur nebenberuflich. Seine eigene Brauwerkstatt, seinen eigenen Bräustadel zu haben, war für diese Männer eine Art Statussymbol. Sie hätten sich nie und nimmer als »prew« bezeichnet und wurden auch nie so genannt.
Als dreizehnter Brauer kam 1255 Ludwig der Strenge hinzu, der seine Residenz von

Mit Broten und einer Kanne Bier begrüßte der Gastwirt einst seine Gäste vor dem Haus. Holzschnitt aus »Meister Stephans Schachbuch«, das 1490 in Lübeck gedruckt wurde.

Landshut nach München verlegte und sofort den Auftrag gab, »nechst der Veste beim Torazbach (Pfisterbach) ain prewstatt« zu errichten, die von nun an der landesherrlichen Tafel den Haustrunk lieferte. In der Nähe des Zerwirkgewölbes gelegen, wurde sie zur Keimzelle des späteren Hofbräuhauses.
Einen weiteren Bierbezug eröffnete die Stadtchronik von 1286. In diesem Jahr verlieh Ludwig der Strenge – die kaum sympathische Bezeichnung hatte er sich durch den Umstand erworben, daß er seine schöne Gattin Maria von Brabant wegen vermeintlicher Untreue köpfen ließ – an das Heiliggeistspital eine Gerechtsame zum Brauen von Braunbier für den Eigenbedarf.

Weißbier nur für den Herzog

Ludwig war ein Bier-Fan und handelte danach. Er verlieh Braulehensbriefe an verdiente Bürger, erlaubte allen Münchnern, ob hoch oder niedrig, die Mitbenützung seiner Bräustatt zur Herstellung des Haustrunks und drängte mit Erfolg auf steigende Brauqualität. Bezüglich des von ihm so geschätzten Weißbieres freilich verlegte er sich auf eine recht gekonnte Art von Anti-Werbung, indem er dem Volk die »wissenschaftlich begründete« Nachricht andrehte, daß diese Biersorte schädlich sei und die schlimmsten Krankheiten hervorrufe. In Wirklichkeit wollte er verhindern, daß im ständig von Hungersnöten bedrohten Land Weizen zu Bier verarbeitet wurde. Die einfachen Leute hatten sich mit »rotem« oder dunklem Bier zu begnügen, einer damals ebenfalls noch obergärigen Sorte.

Trotz aller Bemühungen um bessere Brauqualität, vor allem in seiner Hofbräustatt, gelang es dem Herzog nicht, die Güteklasse der Klosterbiere zu erreichen, da die Mönche ihrem Gebräu schon seit langem Hopfen beimischten, den sie im Umkreis ihrer Klöster ausschließlich zur Eigenverwendung anbauten. Ein Eimer »pir« kostete 30 Pfennig, ein Eimer »greussing« 40 Pfennig, reichlich dünn waren beide (1 Eimer = 68 Liter). Bierräuschen war es deshalb sicher nicht zuzu-

Dieser Holzschnitt aus dem Jahre 1549, betitelt »Der Kellermeister«, zeigt die erste Ansicht eines Bierlagerkellers.

schreiben, wenn 1285 Münchens Juden, einhundertachtzig an der Zahl, wegen angeblicher »Tötung eines Kleinkindes mittels Nadelstichen aus Ritualgründen« in ihrem Getto bei der Judengasse (heute Parkplatz hinter dem Rathaus) von Pöbelhaufen in die Synagoge getrieben und zusammen mit dem von außen verriegelten Bauwerk verbrannt wurden.

Über die Frühzeit des Bieres in München ist letztlich nur wenig bekannt. Fast alle Dokumente, die Hinweise auf die Zeit vor dem großen Stadtbrand anno 1327 hätten geben können, fielen damals den Flammen zum Opfer. Zu kleineren Bränden kam es immer wieder. Das lag ebenso an den meist recht primitiv aus Brettern und Balken zusammengezimmerten, mit Stroh und Schindeln gedeckten Häusern wie an den engen, schiefen, verwinkelten Gassen, die selbst den kleinsten Brandherd zu einer Gefahr für das ganze Gemeinwesen werden ließen.

Bier wird zur Mangelware

Ans Durstlöschen mit Bier hatten sich nach und nach in der auf 11000 Einwohner angewachsenen Stadt so viele Bürger gewöhnt, daß es um 1370 zu erheblichen Versorgungsschwierigkeiten kam. Die Menge dessen, was sich die Leute täglich an Gerstensaft einverleibten, konnte von den damals werkelnden 21 Brauern nicht mehr hergebracht werden. Vor allem freilich deshalb, weil die meisten dieser Biersieder ihre Bräustadel nur zur linken Hand betrieben.

Unter den wenigen, die ihr Geld ausschließlich mit der Bierherstellung verdienten, war ein Mann namens Seidel-Vaterstätter, der im Anwesen Residenzstraße 9 (heutige Benennung) schon seit 1363 Braunbier sott, wie Helmuth Stahleder in seinem Werk »Bierbrauer und ihre Braustätten« nachweist. Noch zu Vaterstätters Lebzeiten bürgerte sich für seinen Bräustadel nach dem gegenüberliegenden Franziskanerkloster der Name »Franziskaner-Bräu« ein. In unseren Tagen finden wir ihn in der Firmenbezeichnung »Spaten-Franziskaner-Brauerei«, deren Tradition auf diesen ersten, im Grundbuch der Stadt namentlich genannten bürgerlichen Brauer zurückgeht. Mit berechtigtem Stolz bezeichnet sich das Unternehmen heute als die älteste Brauerei Münchens. Aus der Braustätte selbst wurde im 19. Jahrhundert die noch heute existierende Großgaststätte gleichen Namens.

Dieses Gründungsdatum 1363 scheint nicht von ungefähr zu kommen. Die noch vorhandenen Stadtdokumente geben Fingerzeige dafür, daß sich damals für die Weiterentwicklung Münchens wichtige, besonders auf verwaltungstechnischem Gebiet entscheidende Veränderungen vollzogen, die Optimismus und eine Art Aufbruchstimmung unter den Einwohnern verbreiteten.

Ein weiteres Indiz dafür, daß sich in diesem Jahr im Verwaltungsapparat der Stadt Wesentliches tat, bildet die Entdeckung der erstmals beurkundeten Benennung eines »Bürgermeisters«. Dieser Titel des Münchner Stadtoberhauptes ist demnach aufs Jahr genau so alt wie die älteste noch existiernde Brauerei der Bayernmetropole.

Braurecht für jedermann

Um die Bürger der Stadt, mit denen es aus vielen Gründen ständig Ärger gab, ob der mangelhaften Bierversorgung nicht noch mehr in Rage zu bringen, ließ sich Herzog Stephan II. 1372 eine neue Gewerbeordnung für die Münchner Brauer einfallen, in der es u. a. hieß: »Es soll sein, daß zukünftig jeder Bier und Greussing brauen darf, es zu verschleuzzen, den es gelüstet.« Er muß nur einen Brief des Landesherrn über die Ausübung des Amtes vorweisen und dem Herzog fünf und dem Kanzler einen Gulden bezahlen. Außerdem müssen Münchens Bräuer jährlich zusammen 50 Gulden an die herzogliche Kasse entrichten.

Für den Eigengebrauch allerdings blieb das Braurecht jedermann gestattet. Noch 1553 enthielt die bayerische Landordnung die Bestimmung:

»Wo auch jedermann, geistlichen oder weltlichen Standes für sich, sein Hausgesinde, Diener oder Ehalten selbst (es sei wenig oder viel) brauen oder durch andere machen lassen wollte, das soll einem unverwehrt sein, doch daß solches um das Ausschenkens willen nicht geschehe.« Aber selbst im 18. Jahrhundert war dieses Privatbrauen noch an die landesherrliche Genehmigung gebunden.

Die neue Verordnung des Herzogs Stephan freilich vergrößerte lediglich den Kreis der zum Braugewerbe zugelassenen Personen. Das »Bräu-Amt« (die Bezeichnung »Amt« steht hier für Handwerk) war nun nicht mehr ausschließlich der Oberschicht vorbehalten, die sich, versteht sich, alsbald vom »pirmachen« zurückzog, vielmehr allen beruflichen Umsteigern offen, die sechs Gulden in der Tasche hatten. Später gesellten sich auch noch Bräuknechte (Gehilfen) dazu, mit der Chance, sich über die Position des Schankwirts (Zuschenk) zum »prew« hochzudienen.

Bürger-Rebellion

Ein Vierteljahrhundert danach kommt es in München zum ersten großen Aufstand, zur Rebellion unzufriedener Einwohner. An Ostern 1398 setzt sich ein Volksausschuß von dreihundert Bürgern im Rathaus fest, beschimpft und mißhandelt die dort versammelten Räte wegen Verschwendung von Steuergeldern und verlangt Offenlegung der Bücher, die auch umgehend erfolgt. Es stellte sich heraus, daß München in den vergangenen vier Jahrzehnten zur höchstbesteuerten Stadt Süddeutschlands geworden war.

Daß es damals ein junger Schuster namens Hans Welser aus der Sendlinger Gasse wagte, auf Brauer umzusatteln und an der Neuhauser Gasse 4 eine Bräustätte zu gründen – aus der über eine Reihe von Nachbesitzern hinweg die Spaten-Brauerei wurde – nimmt wunder. Hatten sich doch die Braubetriebe in der Stadt inzwischen auf vier reduziert. Die übrigen waren infolge zu hoher Steuern oder ob der immer wieder wegen Mißernten verkündeten Brauverbote eingegangen.

Die Münchner Bürgerrevolution dauerte bis 1403. Die meisten Patrizier flohen aus der Stadt. Anno 1400 wurden sogar drei von ihnen wegen »Fürstentreue« auf dem Marktplatz hingerichtet.

Aber auch die Brauer zogen sich immer wieder den Zorn der Menge zu. Nur zu oft kamen die Leute dahinter, daß Spekulanten gerösteten Hafer unter das Malz gemischt hatten und daß Brauer ihrem Bier Pottasche oder Aschenlauge mit der Absicht beifügten, bei den Trinkern den Durst zu steigern. Ein weiterer Trick, das Gebräu alkoholreicher und deshalb berauschender geraten zu lassen, bestand in der Zusetzung von Fischkörnern, Magsamenköpfen, Mohnsaft, Galgant und Kienruß. Als in dieser Hinsicht besonders wirkungsvoll galt die Beigabe von Galle.

Um den Sud klarer zu bekommen, wurden außerdem Kälberfüße und Eiweiß mitgekocht.

Münchner Reinheitsgebot schon ab 1447

Der allgemeine Ruf nach einer Bierordnung, nach exakten Brau- und Schankvorschriften war weder vom Herzog noch vom Magistrat zu überhören.

Von der Frühzeit der gewerblichen Bierherstellung an bis weit ins 18. Jahrhundert hinein veränderte sich in den Brauwerkstätten technisch kaum etwas.

Beide reagierten allerdings erst 1420, mit der Folge, daß zum ersten Mal eine Bierprüfungskommission aktiv wurde. Sie bestimmte, daß von nun an auf städtischem Grund »ein jeder prew das pir, das er sewdt (siedet), vor acht tag nit ausgeben«. Zusätzlich wurde es verboten, zum Brauen Bachwasser zu verwenden, und angeordnet, nur noch solches aus tiefen Brunnen zu benützen. Ferner mußte sich jeder Braustättenbesitzer verpflichten, durchreisenden Fremden Beherbergungen und Stallungen für Pferde anzubieten. Was ihnen nicht allzu schwerfiel, da die meisten sich auch als Wirte betätigten. Am heftigsten aber erregten sich die Bräu über die von den Herzögen Wilhelm III. und Ludwig VII. eingeführte »Piergschau« (Bierbeschau), die es sogenannten Kiesern erlaubte, jeweils Sud- und Bierproben zu nehmen und anschließend schlechtes Gebräu zu vernichten.

Einem Magistratserlaß von 1447 kam dabei eine besondere Qualität zu. An einer Stelle des Dekrets heißt es nämlich: »Item (die Bräuer) sollen auch pier und greussing nur allein von gersten/hopffen und wasser und sunst nichts darunter tun noch sieden/oder man straf es für falsch.« Was eindeutig belegt, daß das später so berühmt gewordene Reinheitsgebot von

1516 für Münchens Brauer schon siebzig Jahre früher Gesetzeskraft erlangte.

Um zehn Uhr Polizeistunde

Etwa zur gleichen Zeit kümmerte sich der Magistrat um die Sicherheit und Sauberkeit auf den Straßen. Niemand durfte von nun an, wie es bisher üblich gewesen war, seinen Unrat einfach vor die Türen werfen, sondern wurde angehalten, ihn gefälligst in den Stadtbach zu befördern. Nur gut, daß das Verwenden von Bachwasser zum Bierbrauen längst unter Strafe stand! Desgleichen kam es zu einem Verbot des Waffentragens bei Nacht, und nach dem Läuten der sogenannten »Bierglocke«, die um zehn Uhr abends die Zecher zum Verlassen der Wirtshäuser anhielt, durfte man nur noch mit einer Lampe die Straßen passieren.

Eine Viertelstunde nach Verklingen des Glockenjammertons kreuzte der Rumormeister mit seinen Trabanten auf und gebot endgültig Feierabend. Anfangs ließen sich die Schergen fast immer noch

Biergärten vor den Münchner Wirtshäusern gab es schon während des späten Mittelalters. Freilich waren sie so klein und bescheiden wie die Lokalitäten selbst.

auf einen Nachtrunk ein und begnügten sich mit freundlichen Ermahnungen. Je weiter freilich das Jahrhundert fortschritt, um so drakonischer und rigoroser wurden die Strafandrohungen des Herzogs und des Magistrats bei Übertretungen solcher Vorschriften, die immer nachhaltiger das Leben jedes einzelnen reglementierten.

Noch im 17. Jahrhundert wurden Münchens Brauer mit hohen Strafen belegt, wenn sie nach dem Läuten der Bierglocke – jetzt »Hossaus«- oder »Hofsaus«-glocke genannt – weiter den Gästen Bier vorsetzten. 1677 schrieben die Bräu an den Rat:

»Und wird den ain prew gefunden, bei welchem nach dem Ausklang des Hofsaus noch ain Zecher sich tut vergnügen, wird er oft mehr an Geld bestrafft, denn er hat erhalten den ganzen Tag über.

Dabei ist es desgleichen bei Straff verboten, den Fremden vom Hofsaus Kund zu tun, vor er ertönet.

Oft kömmt es bei den Hohen Herren zu einem groß plesier bis nach Mitternacht. Die Diener solcher Herren kommen geloffen um pier und schlagen die Fenster ein, wenn ihnen nicht aufgetan, was vom hochlöblichen Rat ohnehin verboten.«

Dem Zeitgeist entsprechend ging es bei den meisten Anordnungen um Abgrenzung und das Aufzeigen von Klassenunterschieden. Wehe dem armen Hascherl von Küchenmaid, das sich erdreistete, für seine sauer verdienten Pfennige einen Pelzkragen zu kaufen und umzulegen! Da ein solches Kleidungsstück nur Bürgersfrauen zustand, riskierte die Sünderin, zwei volle Wochen über bei Wasser und Brot eingelocht zu werden.

Schon damals gab es Nobellokale

Natürlich unterlagen auch die Wirtshäuser einer strikten Klasseneinteilung. So konnte man die einfache Bierwirtschaft für den »gemain mann« am ausgesteckten grünen Kranz ausmachen, während der Weißbierwirt mit einem grünen Buschen auf sein Haus aufmerksam machte. Weinwirtshäuser der gehobenen Art kennzeichnete ein grüner Baum. Die Kranz-, Buschen- und Baummarkierung der Gaststätten wurde durch den Umstand bestimmt, daß die meisten Münchner dieser Epoche Analphabeten waren. Leute unteren Standes, die sich in ein nicht ihrer Klasse entsprechendes Wirtshaus verirrten, konnten sich kaum aufs Nichtlesenkönnen berufen. Ein rigoroser Hinauswurf durch den Wirt war ihnen sicher.

Um 1500 hatte sich die Stadt mit ihren 13 477 Einwohnern zu einem Gemeinwesen von beachtlicher ökonomischer Potenz entwickelt. Jährlich kamen jetzt mehr als 20 000 Fahrzeuge und Fuhrwerke nach München, in dessen Gewerbeliste sich zu Beginn der Neuzeit folgende Angaben finden:
3 Apotheker, 15 Bader, 62 Bäcker, 7 Bandwirker, 23 Bier- und Weinwirte, 2 Buchhändler, 1 Buchdrucker, 6 Drechsler, 24 Fischer, 10 Goldschmiede, 13 Hutmacher, 80 Krämer, 9 Kürschner, 4 Kammmacher, 2 Kartenmacher, 11 Kistler, 4 Küchelbäcker, 24 Lederer, 72 Loden- und Tuchmacher, 67 Schmiede aller Fachrichtungen, 9 Müller, 69 Metzger, 16 Obstler, 11 Schäffler, 10 Wagner, 76 Weber, 16 Weißgerber und 33 Brauer.

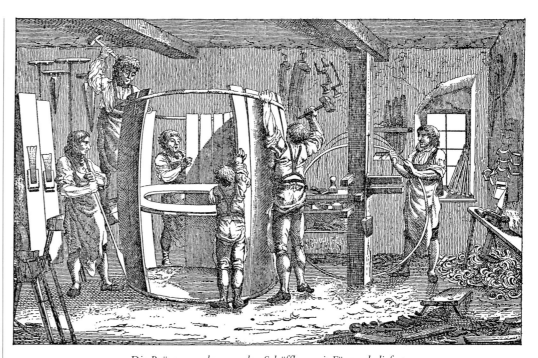

Die Bräuer wurden von den Schäfflern mit Fässern beliefert. Noch heute erinnert die Schäfflerstraße an diesen wichtigen Altmünchner Handwerkszweig.

Brauverbot für Frauen

Die schon erwähnte Sonderstellung der Bierbrauer unter allen Gewerbetreibenden in München – sie ist durch die ganze Stadtgeschichte hindurch nachweisbar – wurde sowohl von der jeweiligen Obrigkeit, dem Landesherrn und dem Rat der Stadt, aber auch von allen Bürgern, vom Volk, akzeptiert. Der »prew«, später »Bräu« genannt – die Bezeichnung, ebenso Singular wie Plural, steht für ihr Gewerbe ausübende Bräustattbesitzer – waren Elite-Handwerker, waren eine Art Super-Münchner allein schon deswegen, weil ein gütiges Geschick sie dazu auserwählt hatte, das in München geradezu sakral behandelte und verstandene Produkt *Bier* herzustellen. Machten sie ihre Sache gut, war ihnen Reputation und hohes Lob von allen Seiten sicher. Um so größer und erbitterter aber auch des Volkes Zorn in Zeiten minderer Bierqualität (die es leider nur zu oft gab) oder überhöhter Bierpreise (die nicht minder häufig zu Tumulten, Aufruhr, ja zu Revolutionen führten). Man kann es in diesem Zusammenhang gar nicht nachdrücklich genug betonen: *Bier* war immer, *Bier* blieb zu allen Zeiten, *Bier* ist noch heute (und wahrscheinlich bis in jede überschaubare Zukunft hinein) das Politikum Nummer eins. In München!

Daß das Produzieren einer so hehren Sache nur gestandenen Männern anvertraut werden konnte, versteht sich natürlich von selbst! Frauen – wo wäre man hingekommen! – Frauen hatten im Braugewerbe nichts zu suchen! Allein der Gedanke, Frauen oder überhaupt weibliche Wesen im Braugewerbe dulden zu müssen, erfüllte die alten Münchner Bierbräuer mit Schaudern. Noch lange spukten Ideen von femininer »Unreinheit« in den Bräuerköpfen herum und fanden ihren Niederschlag in den diesbezüglichen Satzungen der Bierhersteller-Vereinigung. (Um die Bezeichnung »Zunft« drückte man sich aus nicht mehr auszumachenden Gründen über Jahrhunderte hinweg herum.) Lediglich der Tod des Gatten rückte eine »prew-Ehalten« vorübergehend in die Position der Betriebsherrin. Nur unter ganz bestimmten Voraussetzungen räumte man den Witwen ein zeitlich begrenztes Braurecht ein, wobei sich an oberster Stelle der Satz findet: »So ist verboten, daß sie sich vergreifen oder vergehen an ihren eigen Bräuknecht oder in anderer Arbeit stehenden Mannsbildern«.

Den Witwen war ein Weiterwirtschaften nur dann erlaubt, wenn sie sich in der vorgeschriebenen Zeit »bis auf Georgi desselben oder des darauffolgenden Jahres, in welchem ihr Ehewirt verstorben ist«, mit einem amtsgemäßen Bräuer wieder verehelichten und dieser das Lehen vom Landesherrn und das Bürgerrecht vom Rat erhielt. Vor einer zunftgerechten Wieder- oder Neuvermählung dieser Art durften weder Witwen noch erbende Töchter über »die Zeit hinaus« brauen oder brauen lassen.

Das Regiment der »prew«-Witwen

Andererseits, und so glich sich vieles wieder aus, bescherten die Zunftregeln den verwitweten Bräuer-Damen ebenso wie den ledigen erbenden Töchtern eine Trumpfkarte, die fast immer stach. Zum einen bestand für jeden sich um eine Braugerechtsame bemühenden Bewerber die aus dem Mittelalter stammende Verpflichtung, sich eine »Ehalten« zu besorgen, ehe er zum »prew« avancierte. Noch im 18. Jahrhundert empfahl der Münchner Stadtrat Braurechtsbewerbern ganz offiziell, sich »sofort um ain vermögend Heirath« zu bemühen, da sonst negativ beschieden werden müsse. Natürlich sahen sich die Aufgeforderten zuerst im Kreis der Bräuertöchter und -witwen um. Zum andern hatte der Magistrat gegen Ende des 16. Jahrhunderts den bis dahin ziemlich liberal gehandhabten Zugang zum Braugewerbe wesentlich erschwert. So bekamen über lange Zeiträume hinweg Altgesellen, und mochten sie als Biersieder noch so tüchtig sein, kaum eine Chance, selbst »prew« zu werden, es sei denn, sie »besorgten« sich, so war die Anweisung formuliert, eine Bräutochter oder -witwe. Auf diese Weise kamen selbst die unattraktivsten weiblichen Bräuerben noch unter die Haube. Tatsächlich wurden über vier Jahrhunderte hinweg die meisten Braurechte über eine Heirat erlangt. Das Regiment der Witwen über die Altgesellen als potentielle Aufsteiger war dementsprechend und in München sogar lange Zeit sprichwörtlich. Von bösen Ehefrauen hieß es noch im 18. Jahrhundert: »Die schikaniert ihren Alten wie einen Bräuknecht!«

Bräuer blieben arme Schlucker

Nun waren es – finanziell betrachtet – nur äußerst selten sogenannte »gute Partien«, die sich die Bräu-Anwärter auf diese Weise einhandelten. Allzuviel Geld konnte man nämlich im Braugewerbe damals kaum verdienen. Die Aussichten, als Münchner Brauer zu Vermögen zu kommen, stiegen erst ab 1800; von da an freilich beträchtlich.

Die mittelalterliche Steuer des »Zehent« wurde von den Brauern mit einer Bierlieferung bezahlt. Dieses Glasgemälde aus dem 15. Jahrhundert befindet sich in der Kirche zu Tournai in Frankreich.

Schuld an der jahrhundertelang recht prekären Lage der Münchner Brauer waren vorrangig die ihnen – im Gegensatz zu anderen Gewerbetreibenden – vom Landesherrn abverlangten überhöhten Steuern. An zweiter Stelle rangierten ständige Preiserhöhungen für die Biergrundstoffe Gerste (Weizen) und Hopfen infolge von Kriegen und Naturkatastrophen. Als ebenso folgenschwer erwiesen sich die seit dem 15. Jahrhundert immer nachhaltiger grassierenden Geldentwertungen. Um das Maß voll zu machen, betätigten sich die Landesherren auch noch als direkte Konkurrenten, indem sie – mitunter über vierzehn Wirte – ihr eigenes Gebräu unters Volk brachten! Am schmerzlichsten für den Gewerbestand aber wirkte sich die Positionierung der Bräuer zwischen den beiden Gewalten Landesherr und Stadt aus. Während der Herzog und die Landesregierung danach trachteten, von den Bräu so viele Abgaben wie möglich herauszupressen, bemühte sich die Stadt im Interesse ihrer in der Mehrzahl doch recht armen Bewohner, den Bierpreis niedrigzuhalten. Daß in dieser Situation für die Brauer kaum großer Gewinn floß, ist klar.

Ganz schlimm kam es ab dem 19. Dezember 1543. An diesem Tag überreichte Kaiser Karl V. den deutschen Landesfürsten einen sogenannten »Freiheitsbrief«, der ihnen das Recht einräumte, auf das als üppige Einnahmequelle erkannte Bier eine Steuer zu erheben.

In München schlugen die Wittelsbacher umgehend zu und verlangten, kaum daß die kaiserliche Signatur unter dem »Freiheitsbrief« trocken war, pro Eimer 2 Kreuzer »Bieraufschlag«, vom Volk »Türkensteuer« genannt, da man die Einnahmen zur Deckung der Kosten des Krieges gegen die Türken heranzog. Sooft sich von nun an in München schwere Zeiten ankündigten, wurden die Biertrinker und Brauer mit einer weiteren Anhebung dieser Spezialsteuer zur Kasse gebeten. 1594 betrug der »Bierpfennig« bereits 17 Kreuzer pro Eimer. Der dritte »Bierpfennig« kam 1634 hinzu, ein weiterer, der die Kosten der österreichischen Besatzungstruppen in München decken mußte und deshalb als »Kasernenpfennig« in die Stadtgeschichte einging, anno 1706. Alle diese Steuererhöhungen wurden selbstverständlich, wie noch heute üblich, nie wieder rückgängig gemacht. Auf diese Weise stieg nach und nach im Verlauf von eineinhalb Jahrhunderten der ursprüngliche Bier-»Pfennig« auf die saftige Summe von einem Gulden, zwei Kreuzer und einem Heller pro Eimer! Der Bierkonsum wurde dadurch kaum gefördert.

Reinheitsgebot und Bierpreise

Zum Schicksalsdatum fürs Münchner Bier und das heimische Braugewerbe wurde das Jahr 1516. Zwar sotten die Brauer der Stadt auf Geheiß des Rates – so sie sich daran hielten – schon seit siebzig Jahren ihr Gebräu ausschließlich unter Verwendung der Grundstoffe Gerste (Weizen), Hopfen, Malz und Wasser, während Herzog Albrecht der Weise dieses Gebot 1487 – auch eine Pionierleistung – noch durch einen Einheitspreis für alle in der Stadt zum Ausschank kommenden Biere ergänzte. Das berühmte Reinheitsgebot aber, das von nun an den Grundstock für die Güte der Biere aus München bildete, ihnen praktisch das Qualitätssiegel aufdrückte, erließen die jetzt regierenden Herzöge Wilhelm IV. und Ludwig X. auf dem Landtag zu Ingolstadt anno 1516 mit Wirkung in ganz Altbayern. Als »ältestes Lebensmittelgesetz der Welt« beschäftigt es noch heute Politiker und Regierungen.

Den ab jetzt unter Eid stehenden Brauern, nur noch die aufgeführten Zutaten zum Sieden zu verwenden, erschien der Erlaß lange Zeit als Katastrophe schlechthin. Hatten sie sich doch trotz aller Verbote längst wieder daran gewöhnt, ihrem Bier alle jene Ingredienzen beizumischen, die sie als Qualitätsverbesserer, als »Strecker« oder »Rauschmacher« verstanden. Von nun an aber zeigten sich die Beschauer noch penibler. Diese Beamtenkommission, bestehend aus zwei Beauftragten des Herzogs, einem des Rates und zwei weiteren Mitgliedern der »G'mein«, führte ihre Untersuchung im Winter zweimal wöchentlich und im Sommer dreimal durch. Am Ende verschloß sie die Fässer mit dem Landsiegel, das nur von der Kommission selbst wieder entfernt werden durfte, wenn das Bier zum Ausschank kam. Die Beschauer waren ferner berechtigt, minderes, aber noch trinkbares Bier im Preis anzuheben, um es auf diese Art unverkäuflich zu machen oder es als »Armenbier« zu deklarieren, das verschenkt werden mußte. Die Bedürftigen dieser Epoche hatten den Plempel so zu trinken, wie er ihnen vorgesetzt wurde!

Beim Brauen von »roten« oder dunklen Biersorten – die Farbe geriet mitunter bis hin zu einem tintigen Dunkelbraun – setzte sich nach dem Erlaß des Reinheitsgebots die untergärige oder auch »kalt« genannte Gärweise durch, die während des Gärungsprozesses mit wesentlich niedrigeren Temperaturen auskommt. Untergäriges Bier forderte zwar eine längere Reifezeit, war dafür aber viel länger haltbar und lagerfähig. So braute man es am günstigsten im Winter, wo man die zur Lagerung nötige Kälte frei Haus von der Natur geliefert bekam.

Sommer-Märzen und Winterbier

Seit dem Jahre 1553 (bis 1850) durfte grundsätzlich nur noch zwischen dem 1. Oktober und dem 30. April gebraut werden. Die Brauer sahen sich von nun an gezwungen, das für den Sommer bestimmte Bier gegen Ende der jeweiligen Brauperiode zu sieden, und es, um seine Haltbarkeit zu steigern, mit einem größeren Hopfenzusatz zu versehen, der es kräftiger, süffiger werden ließ. Seit damals unterschieden die Münchner zwischen »Winter«- und »Sommerbier«, – letzteres auch »Märzenbier« genannt, weil es zum Frühlingsbeginn eingebraut wurde. Es galt lange Zeit – nach dem Weißbier – als beste Münchner Biersorte. Sogar Wissenschaftler befaßten sich im 17. Jahrhundert mit der Güte dieses Märzenbieres. So kam der niederländische Gelehrte Heinrich Schook im 24. Kapitel seines 1661 erschienenen Werkes »De cerevisia« zu dem Schluß, daß die Beschaffenheit der Luft, des Wassers und des Getreides im Monat März am günstigsten sei. »Wenn alle diese Umstände zusammenfallen und mit Sorgfalt beachtet werden, so verdient das Märzenbier fast jedem anderen Bier vorgezogen zu werden.«

Altdeutsche Bierbrauer. Kupferstich aus dem ältesten Kommentar zum Bierbraurecht, Quedlinburg, 1677 (Im Besitz von E. Stiegler, Gräfelfing).

Ausgegeben wurde es während der Sommermonate zuerst innerhalb von drei, später von zwei Schankperioden. Die erste dauerte vom 1. Mai bis zum 24. Juli, die zweite bis zum 29. September. Die einzelnen Brauer waren gehalten, ihre Sommerbiere nacheinander auszuschenken. Über die Reihenfolge innerhalb der Schankperiode bestimmte das Los. Die Losziehung geschah in feierlicher Form. Jedes Los beinhaltete das Recht, an der Bräustube am gezogenen Termin für die Dauer von sechs Tagen einen grünen Kranz auszuhängen, der für die Gäste das Zeichen setzte, daß hier Märzen- oder Sommerbier zu haben war. Zuerst wurde das Gebräu von der zuständigen Kommission auf Qualität und Preis überprüft. Erwies es sich als minderwertig, mußte der grüne Kranz durch einen solchen aus Stroh ersetzt, der »Stoff« vernichtet und zusätzlich noch Strafe bezahlt werden. Erst wenn im Herbst die letzte Maß Sommerbier durch die Kehlen der Münchner geronnen war, kam Winterbier in die Bräu- und Schankstuben. Die genaue Einteilung erfolgte im Interesse der Konsumenten, die davor geschützt werden sollten, von den Wirten und Bräuern billiges Winterbier als gutes Märzen angedreht zu bekommen.

Der Bierpreis steigt und steigt

Was kostete nun das Bier in früheren Zeiten in München? Während der biersteuerlosen Epoche vor 1516 mußte man für eine Maß Winterbier 1 Pfennig und für die Maß Sommerbier 2 Pfennig hinlegen. Der damalige Wert des Pfennigs ist schwer einzuschätzen. Man unterschied zwischen sogenannten schwarzen und weißen Pfennigen, deren Kaufkraft ständig variierte. 1520 kam es zur Einführung einer neuen Währung mit den Münzen Gulden, Kreuzer, Pfennig und Heller. Nach der Reichsmünzordnung von 1559 hatte ein Silbergulden 60 Kreuzer, jeder Kreuzer vier Pfennig und jeder Pfennig zwei Heller. Diese Münzeinheiten wurden erst 1872 durch Reichsmark und Reichspfennig abgelöst.

1673 kostete die Maß Winterbier schon 9 Pfennig, die Maß Sommer- oder Märzenbier 10 Pfennig. Für 1750 gelten die Preise 11 und 12 Pfennig bzw. 3 Kreuzer fürs »Märzen«. 1796 waren es bereits 3½ Kreuzer. Bei all dem handelte es sich um sogenannte »Ganterpreise«, auf die die Wirte, je nachdem, wie weit ihre Wirtshäuser von der jeweiligen Bräustatt entfernt lagen, noch 25% aufschlagen durften.

Um diese Beträge richtig einordnen zu können, an dieser Stelle ein paar Lohn- und Preisvergleiche aus dem Jahre 1750. Damals verdiente ein Bräu-Altgeselle mit Befähigung zur Betriebsleitung pro Tag 22 Kreuzer in München. Ein Taglöhner bekam 12 Kreuzer, bei einer zwölf- bis vierzehnstündigen Arbeitszeit. Beim Taglöhner entsprach die damals von den Wirten geforderte Summe von 4 Kreuzern für die Maß »Märzen« einem vollen Drittel seines täglichen Arbeitslohns! Um sich diese Maß kaufen zu können, mußte er demnach mindestens vier Stunden werkeln. Daß bei diesen Gegebenheiten die Maß Sommerbier nicht allzu oft auf den Tisch kam, läßt sich leicht ausrechnen. Der einstige Haustrunk, von den Müttern und Hausfrauen in der Küche zusammengesotten, war für die übergroße Mehrzahl der Münchner zum köstlichen Festgetränk geworden, andächtig genossen an hohen Feiertagen! Das Erstaunliche dabei ist nur, daß trotz aller Not die Stadt damals mehr als 53 Brauereien zählte, die zusammen im Jahr fast 40000 Eimer Sommerbier – das sind mehr als 27000 Hektoliter – produzierten.

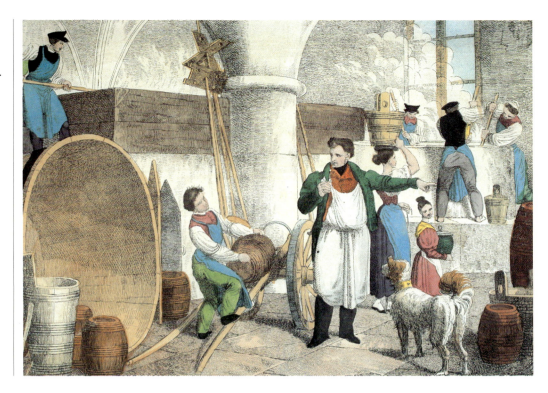

Der Brauer.
Kolorierte Lithographie der Sammlung Proebst aus dem Münchner Stadtmuseum.
Entstanden um 1830, als die Bräustätten der Stadt nach und nach größer wurden.

Münchner Bierfuhrwerk, 1862, an der Mauer des Zacherlgartens am Nockherberg.
Kolorierte Lithographie aus der Sammlung Proebst.

Die Brauer setzen sich gegen das »adlige« Weißbier zur Wehr

Weizen- oder Weißbier wiederum, das zur Zeit der Gründung Münchens und noch einige Jahrzehnte danach hin und wieder als Haustrunk in die Krüge der Bürger geriet, war von Mitte des 13. bis Anfang des 16. Jahrhunderts fast gänzlich aus der Münchner Gegend verschwunden. Lediglich der Hof bezog ab und zu welches aus Böhmen oder der Oberpfalz. Populärer wurde es erst wieder um 1550, als einige Fuhren böhmisches Weißbier in Münchner Wirtsstuben landeten und die Bürger erkennen ließen, wie minderwertig im Grunde noch immer jenes Gebräu war, das man ihnen als »pier« vorsetzte. Ein Weißbierbrauverbot des Herzogs Albert V. von 1566 verhinderte, daß das Volk erneut auf den Geschmack kam.

Draußen im Land freilich, besonders in Grenznähe zu Böhmen, wo man es seit eh und je verstand, ein für damalige Verhältnisse erstklassiges Weißbier zu brauen, versuchten sich immer wieder privilegierte, d. h. adlige Brauer an der Weizenbierherstellung. Mit der Erfahrung ihrer Bräumeister wuchs die Güte ihrer Produkte und damit die Menge ihres Weißbierausstoßes. Sehr zum Mißvergnügen der bürgerlichen Braunbierhersteller, deren Absätze gewaltig zurückgingen. Die Rivalität zwischen den beiden Gruppen nahm drastische Formen an. Immer wieder kam es zu »unaufklärbaren« Brauereibränden. Bis Kurfürst Maximilian I. dem Streit, der ihm gelegen kam wie selten ein anderer zuvor, ein Ende bereitete, indem er allen bayerischen Brauern 1602 »von nun an und für alle Zeiten« das Weißbierbrauen bei strengster

Der Bier- und Weinschenk. Aus dem Regensburger Ständebuch, 1698.

Strafandrohung untersagte. Mit einem Federstrich war aus dem bisher üblichen Braurecht ein landesherrliches »Regal« geworden, was nichts anderes bedeutete, als daß zukünftig nur noch Bayerns Herrscher Weißbier brauen durften. Ein Monopol, das über zwei Jahrhunderte hinweg eine Menge Geld in die Kassen der Wittelsbacher fließen ließ.

Das Hofbräuhaus wird gegründet

Für die herzogliche Hofhaltung stand natürlich neben dem Weißbier auch immer gutes braunes zur Verfügung. Allerdings mußte dies aus dem sächsi-

Herzog Wilhelm V. gründete 1589 das Münchner Hofbräuhaus.

schen Zschoppau oder gar vom noch nördlicheren Einbecker bezogen werden, da das Münchner Bier den Hofleuten als nicht genießbar erschien. Welche Schwierigkeiten und Kosten es verursachte, bei den damaligen Straßen- und Transportverhältnissen Bier durch ganz Deutschland nach München zu schaffen, kann man sich vorstellen. Das Gebräu aus Einbeck, »ainpokisch pier« genannt, verwandelte sich später in den berühmten »Bock« – Urform aller Münchner Starkbiere.

Herzog Wilhelm V., um das Seelenheil seiner Landeskinder weit mehr besorgt denn um ihr leibliches Wohlergehen (mit der Michaelskirche ließ er den größten sakralen Hallenbau nördlich der Alpen errichten), sann auf Abhilfe. Er hatte es satt, gutes, trinkbares Braunbier für seine Tafel für teures Geld irgendwo im Ausland holen zu müssen, und erinnerte sich an die Praxis einiger seiner Vorfahren, ein eigenes Hofbräuhaus zu unterhalten. Das letzte war anno 1325 von seinem Urahn Kaiser Ludwig dem Bayern an dessen Zeugwart gegen ein jährliches Darlehen von 100 Pfennig verpachtet worden und nie wieder in Wittelsbacher Besitz gelangt.

Dies mußte sich ändern, und zwar schnellstens. Am 27. September 1589 vernichtete ein Feuer Badstube und Tennengebäude der Residenz beim Alten Hof. Für den Herzog wurde der Brand zum Fingerzeig – die Natur selbst hatte nachgeholfen, den Platz für die neue landesherrliche Braustätte, fürs neue bayrische Hofbräuhaus zu schaffen. Schon zwei Jahre später wurde an der Stelle des heutigen Zerwirkgewölbes mit dem Bauen begonnen. Der erste Bräumeister unter dem Zeichen des nachmals so berühmt gewordenen HB-Signums hieß Heimeran Pongraz und hatte vorher schon in ähnlicher Position im Kloster Geisenfeld bei Ingolstadt gearbeitet. Bereits im ersten Jahr sott er 176 Hektoliter Winter- und 1440 Hektoliter Sommerbier. Bis auf einen kleinen Rest, den die Stadt erwarb, floß alles HB-Premierengebräu durch die Kehlen des Landesherrn und seiner Hofschranzen. Was durchaus für die Qualität des Pongrazschen Sudes spricht.

Mittelalterliche Brauerei, Holzschnitt um 1450.

Trotzdem dauerte es noch an die drei Jahrzehnte, bis den Hofbräuern der große Wurf glückte und ihr Gebräu die Güte des berühmten »Ainpöckischen« erreichte. Zu diesem Zeitpunkt freilich regierte längst Wilhelms Sohn Maximilian, ein cleverer, geschäftstüchtiger Landesherr, der nicht mehr Herzog, sondern »Churfürst« tituliert wurde. Dem Geldmachen hinterher wie kaum ein anderer seiner Landsleute, erklärte er neben dem Weißbiersieden – es erfolge längst in einem eigenen »Weißen« Hofbräuhaus am Platzl – auch noch die Herstellung des neuen Münchner »Bock« zum landesherrlichen Regal!

Aus- und Einfuhren beleben das Biergeschäft

Von einem Export Münchner Bieres ist erstmals gegen Ende des 16. Jahrhunderts die Rede. Am 20. Februar 1573 beklagten sich die Brauer der Stadt in einem Schreiben an den Magistrat über den »unmöglichen Zustand, daß die Bräu in Dachau, Erding, Tölz etc. ect. nach freiem Willen Bier aus ihren Orten führen dürfen, und dabei weder Sud- noch Beschaugeld bezahlen. Daß aber die bürgerlichen Bräuer Münchens noch immer daran gehindert sind, den Überschuß ihrer Produktion aufs flache Land zu schikken«. Des weiteren, hieß es, müßten sie bekennen, falls ihnen auch noch die Ausfuhr untersagt sei, »sie ihre Abgaben nicht mehr zu entrichten vermögen«. Wie die Stadt damals entschied, ist nicht bekannt. Die äußerste Grenze jeden Münchner Bierexports lag – bedingt durch die mindere Haltbarkeit des Gebräus – bei 30 Kilometer im Umkreis, etwa auf der Linie Freising, Wolfratshausen, Fürstenfeldbruck.

Dann kam der Große, der dreißig Jahre dauernde Krieg, und die bis dahin noch einigermaßen erträgliche Lage der Münchner Brauer änderte sich jäh. Bei Ausbruch des Krieges, 1618, zählte München 22 000 Einwohner. Die Zahl der Braustätten war auf später nie wieder erreichte 69 angewachsen, der Konkurrenzkampf erbittert.

Münchens Bürger darbten. Am Schwabinger Tor erneuerten zweihundert Männer und dreihundert Frauen die Verschanzungen. Monate später kam es zu einer Art ziviler Generalmobilmachung, die alle Einwohner »wes Standes denn Geschlechts« zu Schanzarbeiten heranzog. Der Geldwert sank rapid. Um an Hopfen und Malz zu kommen, verschoben viele Bräuer ihr gutes Bier aufs Land. Manche wurden erwischt und streng bestraft.

Auf ein Nachlassen der allerbittersten Not läßt der Stadtratsbeschluß vom 18. Oktober 1628 schließen, der die Ausfuhr von Bier ins Ausland (als Ausland wurden bereits die nächstgelegenen Orte bezeichnet) nur noch mit der Maßgabe einschränkte, erst dann zu exportieren, wenn der städtische Bedarf reichlich gedeckt sei.

Biereinfuhren nach München wiederum gab es schon im hohen Mittelalter. 1312 wurde von der Stadtkammer bezüglich der Zölle und Mauten gesagt: »von einem Fuder pieres geit man ainen pfennich, von den laeren geit man ainen helblinch.«

Tölzer Bier kam mit dem Floß

Danach ist von Bierimporten erst wieder gegen Ende des 17. Jahrhunderts die Rede. Und zwar erstmals 1681, als das Märzenbier vorzeitig ausging. Da mit »ainem anderen dergleichen gueten trunkh« offensichtlich nicht gerechnet werden konnte, beauftragte der Kurfürst am 30. August den Rat, die Bräu anzuweisen, »vom Land herein guetes und gerechtes märzen Bier« zu bringen.

Jahre danach, als erneut Biermangel die Bürger der Stadt in Aufruhrstimmung zu versetzen drohte, stellte der Landesherr eine Hundertgulden-Bestrafung in Aussicht, »falls die Bräuer nicht unverzüglich Bier vom Lande« brächten. Besonders beliebt war solches aus Tölz, das als »fremdes Gebräu« in großen Mengen auf Flößen in die Stadt transportiert wurde. Im Gegensatz zum Münchner Bier war das Tölzer Gebräu weder durch kommunale noch durch landesherrliche Steuern verteuert und trotz seines geringen Preises von vorzüglicher Qualität.

Schon wiederholt wurde auf bayerische und Münchner Klöster als Produzenten guten Bieres hingewiesen, dessen Güte die bürgerlichen Brauer nur selten erreichten. Ausgezeichnet war seit langem jenes der Münchner Augustiner, deren großartige Brautradition noch heute in der »Augustiner-Brauerei« fortlebt. Das bisher von Augustiner angegebene Gründungsdatum 1328 ist freilich nicht haltbar. Laut Helmuth Stahleder begann man im Klosterbau an der Neuhauser Gasse erst ab 1456 zu brauen.
Eine mögliche frühere Brautätigkeit der Augustiner war sicher lange Zeit wieder eingestellt worden.

Biertransporte per Floß von Tölz, wo ein vorzügliches Gebräu gesotten wurde, auf der Isar bis München und Passau waren noch im 19. Jahrhundert ein gewohntes Bild. Holzstich von O. Rostosky, 1865.

Beim Nockherberg beginnt der Salvator zu fließen

Den Vogel aber schossen die Paulanermönche mit ihrem später »Salvator« genannten Starkbier ab. Wer waren sie, wie kamen sie nach München und warum ausgerechnet an den Hang des nachmals »Nockherberg« genannten Höhenzuges, den die Isar gegen Ende der Würmeiszeit vor rund 12 000 Jahren hatte entstehen lassen?

Anno 1617 gab Herzog Wilhelm V., der Erfinder des Bierregals, als Dependance seiner Grünwalder Jagdburg nahe der Höfeansammlung Neudeck beim Fischerdorf Au einen Schloßbau in Auftrag, den er zusätzlich, als frommer Mann, mit einer Kapelle und einem kleinen Klostergebäude ausstattete, das 1622 fertig wurde und für Augustinerpatres bestimmt war. An deren Stelle kamen dann Mitglieder des kleinen byzantinischen Basilianerordens aus Rom, von denen es später in einer zeitgenössischen Schilderung beschönigend hieß, sie hätten »sich aber dieses Vorzuges nicht würdig erwiesen und mußten wieder in ihre Heimat zurückbefördert werden«. Tatsächlich oblagen die byzantinischen Brüder während der neun Monate ihres Aufenthaltes im »Neudeckkloster in der Au« vorwiegend »der Hurerei, des unziemlichen Saufens, gotteslästerlichen Fluchens und dergleichen Übel mehr«. Auf Geheiß des Herzogs – des Hofbräuhausgründers Wilhelm V. – wurden sie im November 1622 mit Schimpf und Schande nach Rom zurückgeschickt, wo sie mit ihren lockeren Sitten (wie der Herzog meinte) besser hinpaßten.

Das Paulanerkloster in der Au. Kupferstich von Michael Wening, 1707.

Mönchischer Kohldampf gebar die Salvator-Idee

Auf Empfehlung Kaiser Ferdinands II. zogen fünf Jahre später Paulanermönche in die Klosterzellen, diesmal wirklich fromme Männer aus dem norditalienischen Savoyen, der Heimat des Türkenbezwingers Prinz Eugen, die dort seit Jahrhunderten eine Außenstelle ihres Stammklosters Paola bei Neapel unterhielten. Zehn Mann hoch, räumten sie zuerst den von den Basilianern hinterlassenen Saustall auf und gingen dann in den zum Kloster gehörenden Gärten hart ans Arbeiten und bei den Bürgern und Bauern ans Betteln, wie ihnen dies ihre Ordensregeln vorschrieben. Bedauerlicherweise waren sie zudem verpflichtet, sich ausschließlich von Gemüsen, Fisch und Mehlspeisen zu ernähren, die weder Milch, noch Eier oder Butter enthalten durften. In der rauhen Luft der oberbayrischen Hochebene war dies entschieden zu wenig, wie sich bald herausstellte.

Kurfürst Ferdinand Maria überließ den Paulanern 1668 das Areal neben dem Neudecker Schloßgarten für ihren Klosterneubau.

Denn den kräftigen Wein, der die Patres in Savoyen in Stimmung und am Leben erhalten hatte, gab es in der Au ebenfalls nicht. Den braven Leuten blieb gar nichts anderes übrig, als sich nach einem kräftespendenden Wein-Ausgleich umzusehen, wenn sie nicht gänzlich auf den Hund oder gar zu Tode kommen wollten. Zu allem Unglück erwartete sie auch noch eine in ganz Bayern und für alle Münchner bei strengster Strafandrohung obligate vierzehntägige winterliche Fastenzeit mit nur einer Mahlzeit täglich. An Sonn- und Montagen waren während der Fastenwochen sogar die Gaststuben nur nachmittags für drei Stunden geöffnet. Die Paulaner hatten freilich das Glück, daß sich in ihren Regeln der Passus des »Liquida non frangunt ieiunium« fand, was bedeutete, daß alles Flüssige nicht den Fastengeboten unterlag. Auf diese Weise kamen die Brüder aufs Münchner Bier, das sich – zu ihrer Zeit – zwar nicht als beste aller für den Menschen verträglichen und ihn stärkenden, wohl aber als die für ihre Zwecke passendste aller Flüssigkeiten herausstellte. Da noch immer das seit Jahrhunderten praktizierte Recht bestand, daß jeder, dem es beliebte, »sein aigen hausstrunkh« brauen durfte, machten sich die Patres frisch ans Werk.

Ganz München wandert zur neuen Bierquelle

Schon nach kurzer Experimentierzeit – schließlich waren sie intelligente, wissenschaftlich bewanderte Männer – gelangen ihnen Sude von vortrefflicher Güte. Natürlich sprach sich die neue Paulaner-Bierkreation schnell in ganz München herum. Als nun die Patres massenweise Leute mit Krügen, Gläsern und Eimern anrücken sahen, die alle etwas vom trefflichen Paulanergebräu abhaben wollten, brachten sie es nicht übers Herz, nein zu sagen, obwohl ihnen natürlich jeder Bierverkauf untersagt war.

Die Bräuer jenseits der Isar, denen es besonders sauer aufstieß, daß die Brüder ihr köstliches braunes Bier auch noch preiswerter abgaben, als sie es zu tun vermochten, reagierten sofort und überschwemmten den Magistrat samt des Herzogs Kanzlei mit geharnischten Beschwerdebriefen, ohne daß freilich viel dabei herauskam. Der Streit zog sich in die Länge, bis die Patres den neuen Kurfürsten Maximilian I. 1634 zu überreden vermochten, ihnen offiziell ein steuerfreies Brauen zu genehmigen.

Dennoch dauerte es noch fast eineinhalb Jahrhunderte, ehe der »Salvatorbetrieb« am Fuß des Nockherberg genannten Rückens des Isarhanges zur Institution wurde. Dazu bedurfte es vorher noch des großen Brandes, der die Klosterbrauerei zu Beginn des 18. Jahrhunderts einäscherte, anschließend des Brauerei-Neubaues in großzügigstem Rahmen und endlich des Teilerfolges der offiziellen Genehmigung des Kurfürsten Maximilian III. Joseph von 1751, die verfügte: »Ihro Churf. Durchlaucht haben den PP. Paulanern zu Closter Neudeckh ob der Au gnädigst bewilligt, daß, ob ihnen schon das Bierausschenckhen in Kriegen (Krügen) und Flaschen verbotten worden, selbe doch für heuer am fest ihres Heyl. Ordens-Patrons St. Fransisci, wie andere Jahr ehedessen beschechen (geschehen), denen zu ihrem Closter kommenden Leuthen in Flaschen und kleinen Geschürln (Geschirren) einen Trunckh braunes Bier abgeben mögen.«

Das »allgemeine und uneingeschränkte« Schankrecht bekamen die Paulaner erst von Kurfürst Karl Theodor 1780, der damit den Startschuß für die von nun an sich jährlich wiederholende Salvator-Frühjahrskur gab. Von welchem Ursprung sich die »Salvator«-Bezeichnung ableitet, steht dahin. Zur Auswahl bieten sich drei verschiedene Versionen an, wobei die erste die Verbalhornisierung eines »Sankt-Vater-Bieres« als des Rätsels Lösung offeriert, die zweite den Empfangsgruß für den Kurfürsten »Salve pater patriae« als Urform benennt, während die dritte unterstellt, daß die Bezeichnung auf die nahe beim Kloster gelegene Ländereistiftung zurückzuführen ist, die als Pfründe »ad sanctum salvatorem« galt.

Oftmals im Laufe seiner Regierungszeit (1745–1777) lud Kurfürst Maximilian III. Joseph von Bayern die Hofgesellschaft in den Paulaner-Brauereigarten neben seinem Auer Schlößchen Neudeck, um dort zünftige Bierfeste zu feiern.

Das farbenprächtige Gemälde des Holländers Jan Josef Horemans entstand 1776, ein Jahr vor dem Tod des Kurfürsten, mit dem die altbayerische Linie der Wittelsbacher erlosch.

Kein Bier bei der Landshuter Hochzeit

Zu den glanzvollsten und aufwendigsten Festen, die während des Mittelalters im ferneren Umkreis der bayrischen Landeshauptstadt gefeiert wurden, gehört an oberster Stelle die noch heute berühmte und immer wieder im Spiel nachgefeierte Landshuter Fürstenhochzeit von 1475. Damals heiratete der nachmals als Herzog Georg der Reiche in die Geschichte eingegangene bayerische Landesherr Hedwig, die Tochter des Polenkönigs Kasimir. An die 9 000 Gäste kamen an die Isar. Allein für den Weinverbrauch wurde laut Abrechnungsprotokollen die riesige Summe von 5 616 Pfund Pfennige (1 Pfund = 240 Silberpfennig) ausgegeben. Von einer Bierabrechnung findet sich keine Silbe. Tatsächlich wurde auch kein Tropfen davon getrunken, denn der fürstliche Hochzeiter hätte sich geschämt, seinen hochgestellten Gästen jenes Gebräu vorzusetzen, das man in seinen Landen dem Volk als »pier« verkaufte. Die mindere Qualität des nachmaligen bayrischen Nationalgetränks kam nicht zuletzt von der schlechten Beschaffenheit des verwendeten Hopfens, dessen Dolden beim Brauprozeß ihrer bitternden, aromatischen, schaumbildenden, konservierenden und antiseptischen Wirkung halber Verwendung finden.

Seit 1680 bezogen die Münchner Brauer ihren Hopfen vorwiegend aus der Hallertau. Der Holzstich »Die Hopfenpflücker« entstand 1872 nach einem Gemälde von H. Stelzner.

Die Sache mit dem Hopfen

Fast das gesamte Mittelalter hindurch wurden die Hopfendolden ausschließlich als Heilmittel verwendet, obwohl noch die heilige Hildegard, Äbtissin in Bingen, behauptete, der Hopfen mache die Sinne traurig und beschwere die Eingeweide. Patres waren, wie geschildert, die ersten, die ihn hierzulande um die Zeit der Gründung Münchens mit in ihre Braupfannen schütteten. Ehe die bayerischen Bräuer bei der Bierherstellung wirklich mit dem Hopfen umzugehen verstanden, dauerte es noch etliche Jahrhunderte. Um 1370 finden sich in der Wolnzacher Gegend, also in der Kernzone des heutigen berühmten Hopfengebietes an der oberbayerisch-niederbayerischen Grenze, die ersten Brauereien, die ihren Hopfenbedarf selbst produzierten. Was es wirklich

Der Holzstich zeigt ein typisches Nobelwirtshaus des 17. Jahrhunderts. Arme Schlucker durften entweder gar nicht herein oder mußten ihr Bier abseits der feinen Herrschaften trinken.

Hopfenanbau in der Stadtmitte

Der spezifische Münchner Hopfenanbau läßt sich über drei Jahrhunderte hinweg verfolgen. Qualitativ spielte er allerdings kaum eine Rolle. Im 15. Jahrhundert existierten unmittelbar vor den Stadttoren 19 Hopfengärten, insbesondere in der Gegend der heutigen Klenze- und Buttermelcherstraße. Hundert Jahre später sind es 26, ihre Zahl sinkt dann wieder auf 14 ab. Die letzten verschwanden während des Baues der neuen Stadtbefestigung im 17. Jahrhundert am Oberanger und beim späteren Lenbachplatz. Selbst im Stadtkern fanden sich eine Zeitlang sogenannte Hausgärten entlang der Mauer-Innenseite bei der Sonnenstraße und zwischen der Sendlinger und Kreuzstraße. Jene Hopfenkulturen, die nicht dem Bau neuer Häuser weichen mußten, gingen durch die Klimaänderung in ganz Mitteleuropa am Ende des Dreißigjährigen Krieges zugrunde. Allzu wertvolles Gut war mit dem Münchner Hopfen freilich nicht verloren.

mit dem bayerischen Hopfen damals und noch lange Zeit später auf sich hatte, schildert ein Dokument aus dem Jahre 1641, das sich im Besitz des bayerischen Hauptstaatsarchivs befindet. Dort heißt es u. a.: »Es sind vielerlei Hopfen. Der Bairisch ist der schlechteste, sonderlich der um München wächst, ist gar schlecht; der zu Pernriedt und um dieselb Gegend ist ein feiner Hopfen. Zum Schenk oder zum Zör Bieren aber man muß ain andern ain wenig darunter haben, ain Gladauer oder dergleichen. Wenn man zum Schenkbier einen Bairischen Hopfen nimmt, so muß man zu 1 Südt bei 11 Pfund haben und dennoch ein 3 Pfund anderen festeren darunter.
Der Böhmische Hopfen ist der Saazer der ist der aller störkist. Wenn man diesen zum Märzen Bier nicht hat, so bleibt das Bier nit leicht über Sommer, daß es nit früh sauer wird. Man soll eben acht geben darauf das man zum Mörzen Bier einen Saazer Hopfen hat. Zum Märzen Bier nimmt man gar kainen bayrischen, man muß zu dem störksten Märzen Bier, das am längsten liegt, auf 18 oder 20 Pfund Hopfen haben, darnach allweil weniger bis das erst. Der Spalter Hopfen ist schlechter als der Gladauer, der Kipfinger ist auch ein guter Hopfen.«

Deutlicher konnte man es nicht sagen – mit dem bayerischen, insbesondere mit dem Münchner Hopfen war damals wirklich kein Preis zu gewinnen.

Die ersten Hopfenlieferungen für Münchner Bier kamen deshalb auch aus der Gegend von Freising, später aus der Hallertau, dessen Hopfenerzeuger freilich bis zum Dreißigjährigen Krieg noch in erster Linie Weinbauern waren (die Weinberge wurden durch Kriegseinwirkung zerstört und danach wegen der inzwischen erfolgten Klimaänderung mit Hopfenkulturen bestückt). Ab 1600 kam es zu den schon erwähnten Mischungen mit böhmischen Hopfendolden, die für teures Geld eingeführt werden mußten. Deshalb ließ Kurfürst Ferdinand Maria 1657 kostenlos Hopfenstangen an die Hallertauer Bauern verteilen, in der Hoffnung, sie auf diese Weise zum Anbau der begehrten Bierwürze anzuregen. Böhmens Regierung wiederum konterte mit einem Verbot der Ausfuhr von Hofpenfexern.

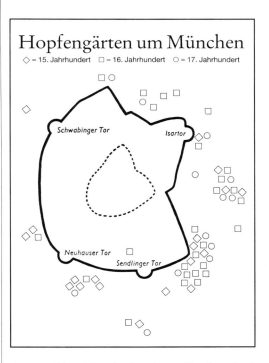

Die getüpfelte Linie zeigt den ältesten Münchner Stadtkern, die in Strichen gezeichnete Linie die Münchner Stadtbefestigung vor dem 30jährigen Kriege. Hieraus ist ersichtlich, daß es sogar innerhalb des Münchner Stadtkerns einen Hopfengarten gab. Er gehörte der Brauerei zum Oberottl und befand sich hinter dem Brauhaus in der Sendlinger Gasse. Die anderen Hopfengärten lagen unmittelbar vor den Toren; merkwürdigerweise die meisten gegen die Isar zu.

Die Haupt- und Residenzstadt in Krieg und Frieden

Die Stadt wuchs langsam. Weit über zwei Jahrhunderte lang stagnierte die Einwohnerzahl. 1492, als Christoph Kolumbus Amerika entdeckte und im Verständnis der Europäer die Neuzeit begann, zählte München 20 000 Bewohner. Ein Jahrhundert später waren es um eintausend weniger. Anno 1700 lebten 24 000 Münchner innerhalb der Mauern, die lange Zeit, besonders seit die Stadt zur »Veste« ausgebaut worden war, eine Ausdehnung des Gemeinwesens verhinderten.

Pest- und Kriegszeiten taten das ihre, den Wachstumsprozeß zu stoppen oder ihn, wie während des Dreißigjährigen Krieges geschehen, in sein Gegenteil zu verwandeln. Am 17. Mai 1632 zog Schwedenkönig Gustav Adolf an der Spitze seines Heeres in München ein und verlangte 30 0000 Reichstaler Kontributionszahlung. Da die Bürger nur die Hälfte der Summe aufbrachten, nahm er 42 Geiseln mit. Zwei Jahre danach stieß die schwedische Armee erneut bis in die Gegend von Schwabing vor. Viel schlimmer wütete freilich die Pest. Von spanischen Soldaten eingeschleppt, forderte sie 7 000 Todesopfer. Es dauerte Jahrzehnte, ehe sich München von diesem Aderlaß erholte. Mit zu seiner wirtschaftlichen Gesundung trug ein Ereignis bei, das 1665 Bayerns Hauptstadt ans mitteleuropäische Verkehrsnetz anschloß. Nach Vereinbarungen mit dem Hause Thurn und Taxis wurde ein Reichspostamt eingerichtet. Von nun an verkehrten regelmäßig Postkutschen nach Augsburg, Regensburg, Salzburg und Innsbruck. Auch in der Vorstadt Au tat sich Unerhörtes: Still und leise wuchs und wuchs die dortige Tuchfabrik, bis 1690 – man nimmt es mit Verblüffung zu Kenntnis – dort zweitausend Arbeiter schufteten. Im gleichen Jahr etablierte sich *vor* dem Neuhauser Tor der erste »Bierzäpfler«.

Der Einstieg ins achtzehnte Jahrhundert begann wenig verheißungsvoll. Ganz Europa ächzte unter der Furie des Spanischen Erbfolgekrieges. Das als »Mordweihnacht« in die Geschichte eingegangene Massaker von 1705, bei dem vor dem Dorf Sendling 3 000 Oberbayern unter den Hieben der Österreicher verbluteten, markierte einen der schlimmsten Augenblicke in der Münchner Historie.

1717, am Mittag des 17. September, wurde als letzte »Hexe« die siebzehnjährige Maria Theresia Kaiser auf dem Schinderanger enthauptet. Vier Jahre nach diesem abscheulichen Ereignis wurden die Straßen der Stadt von den ersten öffentlichen Lampen erhellt, deren Licht unter anderem auch das Portal des neuesten Gastronomieunternehmens der Residenzstadt beleuchtete, das 1734 als »Bauerngirgl« an der Stelle aufmachte, die ein Jahrhundert später den Standort der Feldherrnhalle bestimmte.

Brauerei als Musentempel

Große Verdienste um die deutsche Schauspielkunst erwarb sich ab 1745 der Eberlbräu an der Sendlinger Gasse. Er gestattete fahrenden Komödianten, seine Malztenne, in der tagsüber die Bräuburschen mit Schaufeln, Fässern und Kübeln hantierten, allabendlich in ein Theater zu verwandeln. Zeigten am Anfang vorwiegend Wandertruppen in diesem – hier stimmt die Bezeichnung – »Komödienstadl« ihre Künste meist in extemporierten Stücken mit ausgiebiger Verwertung des »Lipperl«, einer damals beliebten Bühnenversion des Münchner Kasperl, wurde später unter dem Juristen Niesser ein richtiger Musentempel daraus. Mit einem Wochenetat von 57 Gulden und 44 Kreuzer wagte er sich an so spektakuläre Münchner Erstaufführungen wie Lessings »Emilia Galotti« und 1774 an »Minna von Barnhelm«. Ohne jede Übertreibung kann die Eberlbräu-Malztenne als künstlerische Wiege des späteren Hof- und Nationaltheaters benannt werden.

Wo Mozart logierte und Casanova abstieg

Die 1752 erlassene letzte Münchner Kleiderordnung tangierte bereits die Gäste des vornehmen Hotels »Zum Schwarzen Adler« nicht mehr, das der Weinwirt Franz Joseph Albert 1755 an der Kaufingerstraße gegenüber der Wohnung des Historikers Lorenz von Westenrieder eröffnete. Die Leute hatten es satt, sich weiter reglementieren zu lassen, und leisteten passiven Widerstand.

Wie C. A. Regnet in seinem Werk »München in guter alter Zeit« berichtet (erschienen 1879), war der Fremdenverkehr um 1800 in München noch denkbar schwach und durch viele Polizeiauflagen erschwert. So mußte jeder Fremde nicht nur einen Paß vorlegen, sondern bedurfte zur Einreise in Bayern auch noch einer »gnädigsten Bewilligung«. Eine landesherrliche Vorschrift, erlassen am 15. Oktober 1798, besagte ferner, es hätten »sämmtliche Fremden, weltlichen und geistlichen Standes, die sich in hiesiger Residenzstadt, dem Burgfrieden, in Giesing oder in der Au aufhalten, entweder in 14 Tagen die churfürstlichen Lande zu verlassen, oder binnen gleicher Frist die erneute gnädigste Bewilligung für sich, ihr Gefolge und Dienerschaft, sich in Hochdero Staaten aufhalten zu dürfen, vorzuzeigen, wogegen sie eine Aufenthaltskarte erlangen«.

In den ersten Häusern am Platz, im »Schwarzen Adler«, im »Goldenen Hirsch« und im »Bären« kostete ein Zimmer 24 Kreuzer bis 2 Gulden 24 Kreuzer, (die Maß Bier 4 Kreuzer), das Mittagessen an der Table d'hote 1 Gulden, der Abendtisch 40 Kreuzer. Der im Hotel zu mietende Lohndiener bekam 1 Gulden pro Tag. Nahm man Unterkunft bei einem der besseren Bräus oder Weinwirte, verringerten sich die Summen um die Hälfte.

Die Kaufingerstraße war damals das Zentrum des Münchner Beherbergungs- und Gastronomiegewerbes. Ein Hotel, ein Quartier reihte sich ans andere, eine Bier- oder Weinschenke an die nächste. Neben dem »Schwarzen Adler« war der »Blaue Bock« besonders renommiert. Er gehörte dem ehemaligen Kammerdiener und Hofmaler C. D. Asam. Das Lokal »Zum Deutschen Ritter« wiederum – es hieß nachmals »Londoner Hof« – war dort, wo sich heute Woolworth befindet. Im ebenfalls an der Kaufingerstraße gelegenen »Goldenen Kreuz« stieg späterhin oft der Komponist Felix Mendelssohn-Bartholdy ab. Münchens Fürstenherberge aber war das ganze 18. Jahrhundert über der Gasthof »Zum Goldenen Hirsch« in der Theatinerstraße 18. Hier erholte sich Giacomo Casanova, der selbsternannte »Chevalier de Seintgall«, 1756 nach seiner Flucht aus Venedig von den Zuchthausstrapazen in den Bleikammern der Lagunenstadt, war später Leopold Mozart mit Sohn Wolferl und Tochter Nannerl zu Gast, logierten Lessing, Meyerbeer, Flotow und selbst Kaiser Joseph II. Auch Lola Montez wohnte hier, ehe ihr König Ludwig I. an der Barer Straße ein Haus schenkte. Aber damit eilen wir der Historie weit voraus.

Die hübsche Rokokofassade des Gasthofes »Zum Goldenen Hahn« bestimmte bis 1902 diese Ecke an der Wein-/Filserbräustraße.

Der »Schwarze Adler« an der Kaufingerstraße/Ecke Liebfrauengasse – im 18. und 19. Jahrhundert das wohl beste Hotel am Platze.

Eines der beliebtesten Münchner Wirtshäuser des 18. Jahrhunderts war der »Spöckmeier am Roseneck«. Aquarell von Puschkin aus der Neunersammlung.

Bleiben wir noch ein wenig beim 18. Jahrhundert. Es bescherte der Stadt einen Rekord an Feiertagen, von denen es neben den normalen 52 Sonntagen zusätzlich 51 traditionelle Sonderfesttage – samt 19 »gebotenen« – aufwies.

Das Stadtbuch von 1783 nennt 19 Klöster mit 677 Ordensleuten, 4 Einsiedler und 56 Juden als »vorhanden«, während sich im Gästebuch des genannten »Schwarzen Adler« am 6. September 1786 ein Kaufmann namens Jean Philipp Möller aus Frankfurt am Main einträgt. Hinter dem Pseudonym verbarg sich Johann Wolfgang Goethe auf seiner Reise nach Rom.

Ein Kurfürst zum Verlieben

Der Hof praßte wie nie zuvor. Fast das gesamte bayerische Steueraufkommen ging an die 10000 Hof- und Staatsbeamten, sowie an 3000 Bedienstete, die der beim Volk verachtete und verhaßte Kur-

Kurfürst Karl Theodor (1733–1799).

fürst Karl Theodor, ein wirklich übler Zeitgenosse, beschäftigte. »Viele Hofdamen können außer dem Bette keine andere Tätigkeit wie mit Papageien, Hunden und Katzen spielen«, schrieb Riesbeck in einem seiner Briefe »an einen reisenden Franzosen«, und Westenrieder meinte: »Standespersonen, so sie sich verdächtig machen, eine Untersuchung, schuldig zu sein, noch nicht entledigen, werden in eigenen Häusern oder in einem anständigen Behältnis auf der Hauptwache bewacht. Mindere Personen kommen in den neuen Turm oder, wenn Schwerstverbrechen beschuldigt, in den Falkenturm. Dort sind sie dauernd angekettet, und nicht einmal die Gnade harter Arbeit gewährt man ihnen. Auch sind sie bis zum Geständnis der Tortur schlimmster Art unterworfen.«

Die Zeit war auch in München für Reformen überreif geworden. Nach dem Tode Karl Theodors 1799 hieß es in einer Münchner Zeitung: »Aufs freudigste ging es heute in den Wirtshäusern zu. Man hatte bezüglich des Fürsten nur die eine Gesinnung und stieß sich tausendmal die Gläser in die Hände, um selbiges zu bekräftigen.«

Nicht ganz ein Jahrzehnt vor seinem längst vom Volk herbeigewünschten Ableben, anno 1790, hatte der infame Wittelsbacher noch zur großen Hatz auf Münchens Bettler blasen lassen, deren Zahl während dieser Notzeit (der Bierpreis war auf sagenhafte 20 Pfennig geklettert, so viel, als müßte man heute 10 Mark dafür hinlegen) ständig stieg. An die 2000 Krüppel, Kriegsinvaliden und sonstige arme Teufel wurden zusammengetrieben und »behufs nützlicher Arbeit« ins Auer Militärarbeitshaus geschafft. Am 21. Mai 1791 befahl Seine »Durchlauchtigste Hoheit« den gesamten Münchner Magistrat, dem der Kurfürst »Insubordination« vorwarf, in die Maxburg, wo die Ratsmitglieder im Rahmen einer entwürdigenden Zeremonie vor dem Bild des Landesherrn niederknien und Abbitte leisten mußten. Der Kniefall wurde zum Auftakt der völligen Entmachtung der Stadtverwaltung.

Noch 1795, vier Jahre vor seinem Tod, auf dem Höhepunkt der Französischen Revolution, mokierte sich der im Stil französischer Könige residierende Kurfürst über die verzweifelten Rufe seiner notleidenden Untertanen nach Brot vor dem Münchner Rathaus.

»Gutes und schlechtes Bier«, ein Holzstich nach Gemälden von Hugo Kauffmann, München 1884.

Gutes und schlechtes Bier

In Sachen Bier wiederum häuften sich die Auseinandersetzungen zwischen den Bräuern auf der einen sowie dem Landesherrn und dem Magistrat auf der anderen Seite, der immer mehr Wirten die Zulassung erteilte. War die Anzahl der sogenannten »Zäpfer« noch zu Beginn des 18. Jahrhunderts relativ gering gewesen, so kam es, je weiter die Zeit fortschritt, zu immer neuen Kneipengründungen, die den Brauern die Gewinne schmälerten. Während sich die Wirte in der ersten Jahrhunderthälfte ihr Schankbier noch in Kannen und Krügen bei den Bräuern holen mußten, lieferten es diese ab 1750 in Fässern an.

Die Klagen der Bürger darüber, für ihr gutes Geld schlechtes Bier zu bekommen, wurden immer lauter. Offensichtlich nahmen Bierfälschungen aller Art solche Formen an, daß ein Aufruhr zu befürchten stand. 1721 wurde den Beschauern aufgegeben, nach dem Ausschank die Fässer der Bräu besonders daraufhin zu untersuchen, »ob sie nicht gekochtes Bier mit Kohle, Asche und dergleichen Materialien angemacht haben, wodurch leichtlich Krankheiten entstehen«.

Bierfälschungen

Eine Jahrzehnte danach vom Hofapotheker von Brentano untersuchte Bierprobe erhielt von ihm die Beurteilung, daß das Bier »nicht nur 1. mit vegetabilischen, dem trinkbaren Gebräu nicht zukommenden Zusätzen adulteriert«, sondern auch »2. einen bedeutenden Zusatz von Laugensalz« enthalte und »sohin 3. ohne Gefahr nicht getrunken werden kann«. Als typische Betrugsdelikte der Bräuer dieser Jahre wurden wörtlich genannt:

»1. Dem Beschauer wird gutes Bier vorgesetzt; sobald sie dann fort sind, mitunter einen Tag lang wird dieses ausgeschenkt.
2. Dann wird schlechtes Bier dazugeschüttet, indem der Hauptspund aufgeschlagen, das Siegel auf einer Seite etwas weggenommen wird, um in die freiwerdende Öffnung schlechtes Bier einzuschütten.«
Oder:
»3. Unter dem Faßreifen war ein verborgener Spund, durch welchen schlechtes Bier in das beschaute Faß geschüttet wird.
4. Das Wachssiegel wurde durch Abdruck nachgemacht.
5. Die Bräuer lassen nur kleine Fässer beschauen. Sind diese geleert, werden sie hinter dem Rücken der Beschauer wieder gefüllt, als daß oft 20 oder 30 Eimer mehr ausgeschenkt werden ohne allen Aufschlag und Steuer.
6. Um zu einem billigeren Schenkpreis zu kommen, gießen sowohl Bräuer als

auch Wirte immer wieder Wasser zu, was dem Biere gar nicht bekömmet.«

Verständlich, daß ein Chronist 1794 schrieb: »Es ist schon so, daß die bayrischen Biere überall in Deutschland als die besten gelten. Was jedoch das Münchner Gebräu betrifft, so kann demselben schwerlich günstig angerechnet werden, daß die oberen wie die mittleren Stände immer mehr fremde Biere von Dachau, Tölz und Starnberg etc. konsumieren. Im Herbst kommen auf der Isar immer eigene Bierflösse von Tölz herab, dessen 21 Brauer immer reicher werden.«

Ein anderer »Journal-Correspondent« kam zur selben Zeit zu ähnlichen Überlegungen, wenn er schrieb: »Die Baiern lieben insbesonde den Trunk sehr. Es gibt abscheuliche Saufer unter ihnen, und wenn Handwerker und Bauern bankrott werden, ist die Ursache gemeiniglich im Bierkruge zu suchen. Diese Untugend wird sich nur durch eine anhaltende gute Nationalerziehung bessern lassen. Aber der Regierung sollte auch das Wohl jedes einzelnen gemeinen Mannes, dessen einzige Nahrung oft nur Bier und Brod ist, besser am Herzen liegen.

Man nennt Baiern das Bierland, und der gemeine Mann bekommt oft selbst in der Hauptstadt nicht einen guten Tropfen Bier und muß ein gefärbtes Wasser hineintrinken (schlechter als das natürliche), welches seinen Magen mit Blähungen ausspannt, und ihn, da er sich zu stärken glaubte, entkräftet. Daran ist in München nebst anderen Umständen auch dieser hauptsächlich Ursache, weil es den Bräuern nicht erlaubt ist, ihr Bier zu gleicher Zeit zu verkaufen, sondern es geht noch immer nach Loosen, und da machen allemal nur zwei Bräuer allein auf, und diese behalten so lange offen und es darf kein anderer aufschließen, bis nicht ihre Fässer, sie mögen nun gutes oder schlechtes Bier enthalten, ausgeschenkt sind. Und dann die Bierbeschauer – eine der einträglichsten Stellen beim Münchner Magistrate, die, so oft ein Keller aufgemacht wird, bei dem selben Bräuer auch allemal wieder ein besonderes Festin haben, und für ein gespicktes Papierchen in die Hand gedrückt bei dem elendsten Bier das Auge zudrücken. Und doch

Einer der begehrtesten Altmünchner Berufe war jener der »Kieser« oder Bierbeschauer, die von Staats- und Magistratswegen laufend die Bierqualität überprüften.

In den siebziger Jahren befaßten sich zahllose Maler mit dem Thema Bier. Bilder dieser Art fehlten kaum in einer gutbürgerlichen Münchner Wohnstube.

ist dies des gemeinen Mannes täglicher Trank, den er noch dazu um theueres Geld, die Maß zu 4 Kreuzer, bezahlen muß.
Alle Bräuer sollen ihre Keller zu einer und der nemlichen Zeit aufmachen, wer dann gutes Bir hat, dem wirds abgehen und er wird keinen Schaden haben, und wer schlechtes hat, dem geschiehts recht, wenn es ihm versäuert und am Ende die Zapfen eingeschlagen werden.«

Feiertagsmaß und Kinderbier

Wie sehr das Bier damals als »Nahrung für den gemeinen Mann« herhalten mußte, unterstreicht die Aufzeichnung des Heiliggeistspitals von 1770: »Es gibt ordinari und extraordinari Ausgaben an Bier. Die ersteren sind diejenigen, welche von Woche zu Woche wiederkehren. z. B. dem Gesellpriester und Spitalmeister jedem täglich 1 Maß, dem Spitalschreiber täglich 2 Maß, den Reichenpfründnern täglich 1 Maß, dem Kindsvater und der Kindsmutter jedem täglich 2 Maß, die 219 Spitaler und sonstigen Ehalten Montag, Mittwoch, Freitag und Samstag je ½ Maß, die Hebamme und die Schopperin (Stopferin, die den kleinen Kindern das Mus ein»schoppte«, -stopfte) zusammen wöchentlich 2 Maß, eine Kinderbetterin für 14 Tage täglich 1 Maß, zur Biersuppe wöchentlich 4 Maß.

Die aussergewöhnlichen Ausgaben sind des meist mit einem gestiftet Mahle verbunden, so zu Neujahr 259 Personen à ½ Maß und 31 Kinder à ¼ Maß. Dazu kommen noch viele Fälle, welche 1 Maß Bier mitsichbringen. Wer dem Spitalmeister einen Zins entrichtet, erhält von ihm eine Maß Bier vorgestellt. Wer sonst den Spitalleuten einen Dienst erweist – 1 Maß Bier. So oft die Spitaler ins Pad gehen, hat der Bader und sein Geselle je 5 Maß. Auch der Kaminkehrer, hat, so oft er kummt, jedesmal 5 Maß. Fast jeder Festtag und da gibts viele (124) bringt jedem Menschen im Spital mindestens 1 Maß. Am Palmsonntag halten 36 Ehalten ihre österliche Kommunion; die bringt für jeden 2 Maß Bier. Am folgenden Dienstag halten 218 Personen ihre Osterandacht und erhalten jede 2 Maß. 20 Kinder, welche ihrer Osterpflicht genügen, erhalten jedes 1 Maß. Der Gerichtsdiener, welcher in der Woche dreimal anwesend ist, ‚wegen Verhütung von Ungebühr bei der Pmyrmette', erhält jedesmal 2 Maß.

Am Gründonnerstag ist für alle Leute ½ Maß. Die Musikanten bei der hl. Kommunion in der Sakristei vier Maß, die Musikanten beim hl. Grab haben 10 Maß, die Zimmerleute, welche das Grab auf- und abschlagen, erhalten 8 Maß. Am Ostertag hat jede Person 2 Maß, die Kinder jedes eine halbe Maß. Bei den Bittgängen in der Bittwoche haben die Kreuz- und Fahnenträger sowie die Vorsänger jeder 1 Maß. Am Himmelfahrtstag haben alle Leute 1 Maß, die Kinder ein

Spitäler und Klöster schenkten Kinder- und Armenbier kostenlos aus.
Selbst Säuglinge bekamen ihr Quentchen ab. Der Stich rechts zeigt die Armen-Bierspeisung im Franziskanerkloster zu München.

An jedem der 124 Fest- und Feiertage, die es um 1800 zu begehen galt, gab es im Franziskanerkloster Freibier für arme Münchner. Selbst die Jüngsten holten sich vergnügt ihre Maß.

viertel Maß, die bei der Auffahrt mitgeholfen haben«!

Bier in München ein Nahrungsmittel? Wenn selbst eine gutchristliche Spitalverwaltung den Gerstensaft in solchen Mengen als selbstverständliches Anrecht unter die Leute brachte und jedes Trinkgeld überhaupt in Bier entgolten wurde – wer zweifelt da noch? Bier hatte den Rang eines Grundnahrungsmittels wie Brot oder Kartoffeln.

Die ersten Bierkeller entstehen

Drei wichtige Veränderungen ausgangs des 18. Jahrhunderts waren es, die für jene, die sie zu deuten wußten, in München ein neues Zeitalter des Bieres ankündigten. Da entschloß sich zum einen der schon erwähnte Kurfürst Karl Theodor 1789, auf das jahrhundertealte Recht des alleinigen Weißbierbrauens zu verzichten, weil sich in München kaum noch Leute fanden, die Weizenbier trinken wollten. Gegen ein sogenanntes »Kammer-Surrogat« stand es nun allen Brauern im Land offen, Weißbier zu brauen.

Zum zweiten ist erstmals von Flaschenbier die Rede. In einem Ratsprotokoll von 1785 wird bestätigt, daß »es ab sofort den hiesigen Bräu zu gestatten sey, Bier in Flaschen oder Poutollien abzufüllen, falls sie solches zu thun wünschen, und es sodann um einen Pfennig theuerer als offenes Bier zu verkaufen«.

Zum dritten endlich wurde eine Institution populär, die seitdem aus Bayerns Hauptstadt nicht mehr wegzudenken ist, die zu ihr gehört wie die Frauentürme, das Hofbräuhaus oder die Bavaria: Münchens Bierkeller!

Über all die vergangenen Jahrhunderte hinweg hatten die heimischen Brauer ihre Biervorräte in kleinen, meist unter den jeweiligen Bräustadel befindlichen Kellern gelagert. Als in der zweiten Hälfte des 18. Jahrhunderts Münchens Bevölkerungszahl immer rascher stieg und immer mehr Leute immer mehr Bier tranken, wurden diese Keller zu klein. Obwohl sich der Magistrat lange dagegen sperrte, begannen ein paar wohlhabende Bräuer entgegen allen Vorschriften außerhalb ihrer Anwesen Bierlagerkeller anzulegen und einzurichten. Solche Kelleransammlungen entstanden schon ab 1725 beim Dorf Haidhausen, am Rosenheimer Berg, entlang des heute Hochstraße genannten Giesinger Weges, in der Gegend des Alten Botanischen Gartens und ab 1750 auf der nachmals »Theresienhöhe« geheißenen Erhebung. Der Kühlung wegen bettete man alle diese Gewölbe tief ins Erdreich, wobei eine Seitenfassade nach Norden, die andere nach Süden gelegen war, damit beim Öffnen der Luftzufuhrschächte im Winter die Sonne an der Südseite die ausströmende Kellerluft erwärmte und dadurch von Norden her einen Luftstrom hervorrief, der nun alle Räume mit kalter Luft füllte. Keller dieser Art kosteten damals an die 50 000 Gulden, ein halbes Jahrhundert später mußte man das Zehnfache dafür aufwenden.

Um ein übriges zu tun, wurden über den Kellergewölben Kastaniengärten angelegt, deren Schatten im Sommer die Kellertemperaturen um ein paar weitere Grade sinken ließ.

Der »Chinesische Turm« um 1860.

Biergärten werden populär

Je größer und stattlicher die Bierkellerkastanien ihre Äste in den weißblauen Münchner Himmel zu recken begannen, um so beliebter wurde es bei den Bürgern, sich darunter das frische Gebräu an der Quelle schmecken zu lassen. Aus der Magistratsgenehmigung, die den Brauern gestattete, zum jeweiligen Märzenbieranstich im privaten Kreis ihre Freunde und Verwandten »auf den Keller« zu laden, wurde noch in den letzten Jahren des 18. Jahrhunderts für alle Bürger ein Gewohnheitsrecht, dabei gegen Bezahlung ihrer Konsumation mitzufeiern. Zu essen gab es allerdings nichts. Wer eine Brotzeit wollte, mußte sich diese selbst mitbringen. Der noch heute in den Münchner Bierkellern praktizierte Brauch, seine kalten Schmankerl dabei zu haben, basiert auf dieser Vorschrift des Jahres 1794. Die

Ecke Landsberger und Martin-Greif-Straße markierte der Filserbräukeller – später Spatenkeller – den Weg zur »Schwanthalerhöhe« und zur Theresienwiese.

mitgebrachten Genüsse können nun an einem gescheuerten, nicht aber auf einem der gedeckten Tische einverleibt werden. Diese Bierkellerverfügung bekam später von König Ludwig I. »als für immer und ewig gültig« ihre Bestätigung.

Das 18. Jahrhundert, und damit die »alte Zeit«, ging mit einem Paukenschlag zu Ende, der in ganz Europa gehört wurde. Am 13. Dezember 1799 übertrug die neue französische Konsulatsverfassung dem Ersten Konsul Napoleon Bonaparte »alle Gewalt«. Nichts und niemand konnte den Korsen jetzt noch aufhalten.

In München lebten an diesem Dezembertag 35 000 Bewohner; unter ihnen 56 Bräuer und 183 Schankwirte.
Die Maß Winterbier kostete 16, die Maß Märzen 19 Pfennig.

Münchens Bierprobleme häufen sich

»Während in den meisten anderen Gewerben die Bayern ihre Söhne ins Ausland schicken, um sich auszubilden, ist vielleicht die Brauerei das einzige, zu dessen Erlernung Eltern aus den entferntesten Ländern Europas ihre Söhne nach Bayern senden, bayrische Bräumeister werden fast in allen Theilen der Welt zu engagiren gesucht, um überall Brauereien nach bayrischer Art einzurichten.
In der Regel ist sonst wohl eine Nation stolz auf solche Eigenthümlichkeit, aber sonderbarerweise ist dies bei uns Bayern in Beziehung auf Biererzeugung kaum der Fall.
Wenn ein Ausländer mit einer sehr hohen Meinung über die bayrische Bierfabrikation nach München kömmt und sich unter das biertrinkende Publikum mischt, so muß er mit Staunen hören, wie ganz anders das bayrische Volk über sein berühmtes Bier und über dessen Fabrikation urtheilt, als solches auswärts geschieht«, vermerkt Josef Danzinger in seinem Traktat »Bierfrage in Bayern«, erschienen auf dem Höhepunkt des späteren sechzigjährigen Münchner Bierkrieges in der bayerischen Landeshauptstadt. Grimmig fährt der Erzürnte fort:
»Nicht *ein* Wort der Anerkennung, nicht *ein* Lob vermag er zu hören, immer wieder und wieder Tadel, die bittersten Vorwürfe, die niedrigsten Schmähungen erfüllen sein Ohr, wohin er es auch wendet. Dies ist aber nicht etwa nur dann der Fall, wenn er die gewöhnlichen Schenklokale, wo sich die niedersten Stände des Volkes einfinden, besucht, ganz dasselbe findet er zu seinem größten Erstaunen selbst in den höheren Schich-

ten der Bevölkerung, in den Gesellschaften der sogenannten gebildeten Stände. Dem eigentlichen, an sein gutes Bier gewöhnten Bayern fällt dies alles nicht mehr auf. Der Fremde aber weiß sich nur schwer darein zu finden. Fragt er nach Ursach und Grund, wird stehts eine Klage über den hohen Preis des Bieres und über unverhältnismäßigen Gewinn und entsprechende Bereicherung der Brauer auf Kosten des Publikums zu zeitigen sein. Wenn er dann diesen Preis mit den weit höheren Bierpreisen in anderen Ländern vergleicht und hört, daß es hierzulande nicht in der Macht der Brauer steht, den Bierpreis zu bestimmen, sondern daß dies der Staat tut, so wird alles noch rätselhafter.

Daß dies ein getreues und streng wahres Bild der Stimmung des bayrischen, in *specie* aber des Münchner Publikums gegenüber den Bierverhältnissen zu gegenwärtiger Zeit ist, wird Jedermann zugeben!«

Der Staat greift ein

Zweifellos – genau so war es! Aber nicht erst seit 1861, als der Autor diese Philippika gegen die »undankbaren« und – schlimmer noch – »unpatriotischen« Biertrinker losließ. Die berühmte Bierfrage in Bayern stand lange zuvor zur Lösung an. Die aufmüpfigen Parolen der Französischen Revolution »Freiheit«, »Gleichheit«, »Brüderlichkeit« hatten selbst im lammfrommen München die Atmosphäre zumindest dahingehend verändert, daß die Leute nicht mehr jede noch so absurde Anordnung der Obrigkeit als gottgegeben hinnahmen, sondern mitunter lauthals protestierten, wenn sie sich über alle Maßen gegängelt oder übervorteilt meinten. Selbst Kurfürst Karl Theodor erkannte die Zeichen der Zeit und bequemte sich zu einigen Zugeständnissen ans Volk, das seit 1790 sogar im bis dahin nur Leuten von Stand zugänglichen Hofgarten lustwandeln durfte, wenn ihm danach war. Und was in der Bierfrage auch immer Zugereiste oder Abwiegler sagen mochten: Die Münchner, ob arm oder reich, des Lesens und Schreibens unkundig oder sich zu den »gebildeten Ständen« zählend, fanden das Gebräu, das ihnen die Biererzeuger im ersten Jahrzehnt des neuen Jahrhunderts nach althergebrachter Manier vorsetzten, 1. zu dünn, 2. geschmacklich zu »minder« und 3. viel zu teuer. Nun war die Obrigkeit, war der Staat gefordert, regulierend einzugreifen, um dafür zu sorgen, daß der einfache Mann sein Bier in entsprechender Qualität und zu einem akzeptablen Preis auf den Tisch bekam.

Der Staat, insbesondere der Landesherr aber hatte zu diesem Zeitpunkt andere, dringendere Sorgen. Denn inzwischen machte Napoleon mit seiner Grande Armee in Mitteleuropa tabula rasa, fegte zementiert erscheinende Landesgrenzen in den Kehrichteimer der Geschichte und setzte neue Maßstäbe nicht nur im Militärwesen, sondern auch in Staatsökonomie und Jurisprudenz.

Am 24. Oktober 1805 zieht der Korse erstmals in München ein, um sich anschließend mit seinen Truppen in Eilmärschen Richtung Österreich zu bewegen, wo er nach der vorangegangenen Einnahme Wiens die sogenannte »Dreikaiserschlacht« bei Austerlitz (gegen Alexander I. von Rußland und Franz II. von Österreich) zu seinen Gunsten entscheidet. Am Tag vor Silvester kommt er erneut in die bayerische Landeshauptstadt zurück, läßt Kurfürst Maximilian IV. Joseph aus der Wittelsbacherlinie Pfalz-Zweibrücken (da Karl Theodor kinderlos starb) als Max I. zum König krönen, und weil der Kaiser schon am Reformieren ist, unterstützt er die Liberalisierungsbestrebungen Graf Montgelas', des leitenden Ministers Bayerns, der nun die Folter abschafft.

Kurz vor seiner Weiterreise an den Rhein betätigt sich Napoleon sogar noch als Ehestifter, indem er der bayerischen Prinzessin Auguste, einer Tochter des Königs, seinen Stiefsohn Eugen Beauharnais als Hochzeiter verpaßt.

Nur mit ihren Bierproblemen müssen die Bayern, insbesondere die Münchner, selbst fertig werden, denen bei all ihrer Nörgelei, bei aller Erbitterung über hohe Preise und dünnes Gebräu noch immer nicht klar zu sein scheint, daß sie so ziemlich das beste und preiswerteste Bier bekommen, das um diese Zeit in ganz Europa zu haben ist.

An der Brautechnik hat sich im Grunde seit Jahrhunderten ebensowenig geändert wie an den Brauhäusern selbst, die alle noch immer in recht bescheidenem kleingewerblichen Rahmen von Handwerkern betrieben werden. Ehe sich hier etwas tut, ehe vor allem das große, mit viel Vorschußlorbeeren bedachte Reformwerk in Szene gesetzt wird, muß noch einige Zeit vergehen. Die Männer freilich, die dafür sorgen, daß dieses 19. Jahrhundert für München im nachhinein zu einem Säkulum des Bieres wird, stehen schon bereit oder verdienen sich eben als Jungbrauer die ersten Sporen.

Er machte den Salvator berühmt: Franz Xaver Zacherl

Einer von ihnen ist Franz Xaver Zacherl. 1772 in München geboren, erlernt er zuerst wie sein Vater den Kochberuf und arbeitet später mit ihm zusammen bei einem hiesigen Adeligen. 1796 wird er mit der drei Jahre jüngeren Bauerntochter Elisabeth Schmederer bekannt und schließt mit ihr – zum einen (unterstellen wir es) weil er sie mag, zum andern, um durch eine »vortheilhaffte Eheschliessung« die notwendige Voraussetzung für

Salvator-Gedenkblatt von 1845, gezeichnet und zusammengestellt im Stil der damals sehr beliebten Bildgeschichten, wie sie sich auch auf den Tafeln der Moritatensänger und später in den illustrierten Familienblättern à la »Gartenlaube« fanden.

ten Brauerbrief als auch Münchens Bürgerrecht. Ab dem 25. September 1799 ist es ihm gestattet, seine Briefschaften mit dem Zusatz »Münchner Bürger und Hallerbräu allhier« zu unterzeichnen.

Im selben Jahr 1799 läßt Graf Montgelas, der Erste Minister Bayerns, im Zuge grundlegender Reformen und im Vorgriff auf die schon längst geplante Säkularisation (1803 durchgeführt) alle Klöster der Bettelorden auflösen, von denen manche über stattliche Brauereien verfügen. Ende April 1806 wirft Zacherl, seit fast einem Jahrzehnt angesehener Hallerbräu, ein Auge aufs frühere Paulanerkloster in der Au, in dessen Zellen jetzt verurteilte Spitzbuben hausen, seit das Gebäude in eine Strafanstalt umgewandelt wurde. Im Paulaner-Bräustadel aber wird noch immer Bier gesotten. Und zwar das beste, das in München und Umgebung seit je zu haben ist. Hergestellt unter der Leitung des ehemaligen Klosterbräuburschen Peter Ludwig, der seinen Beruf noch unter dem legendären Frater Barnabas erlernte und jetzt als Bräumeister des Malteserordens wirkt, dem der Staat die Bräustatt verpachtete. Dem Zacherl Xaver genügt ein Rundgang, um sich zu entscheiden. In langwierigen Verhandlungen gelingt es ihm anschließend, die Malteser-Oberen zum Pachtverzicht zu bewegen und selbst zu pachten. Am 1. Oktober 1806 wird er bürgerlicher Paulanerbräu in der Au, 1813 kauft er Bräustatt und Anwesen. Am Ende seines Lebens zählt er zu den fünf angesehensten Brauherren der Stadt.

eine Münchner Braugerechtsame vorweisen zu können – vor Zeugen einen amtlich beglaubigten »Eheversprechungsvertrag«. Da die Braut 7 000 Gulden mitbringt und er selbst vom Vater 3 000 Gulden bekommt, steht sowohl der Hochzeit als auch der längst geplanten Erwerbung der Hallerbrauerei in der Neuhauser Gasse anno 1797 nichts mehr im Weg. Selber Bier sieden darf er allerdings vorerst, als Nichtbrauer, noch nicht. Bereits Ehemann, verdingt er sich für zwei Jahre als Biersiederlehrling und bekommt am Ende sowohl den begehr-

Unter dem berühmten Braumeister »Pater Barnabas« (bürgerlich: Barnabas Still) erreichte das Salvator-Starkbier seine Spitzenqualität. Später nannten es die Münchner nach Franz Xaver Zacherl, der es in gleicher Güte weiterbraute, anerkennend »Zacherl-Öl«.

Altes Pschorr-Haus, Neuhauser Straße 11.
Bierbrauerei zum Pschorr in München, erbaut 1820 vom Stammvater der Familie Pschorr, Joseph Pschorr (geb. 2. Juni 1770, gest. 3. Juni 1841), an der Stelle der alten Braustätte »Zum Bauernhansl« (an der Kaufingerstraße, seit 1422).

Der Pschorr-Bräu

Ein anderer Münchner Jungbräu der Jahrhundertwende, der Biergeschichte machte, hieß Joseph Pschorr. Er stammte aus Kleinhadern, einem kleinen, südwestlich von München gelegenen Dorf, in dem der aus Gilching zugezogene Vater ein Anwesen bewirtschaftete. Was den Pschorr Sepp – als Hoferben – letzten Endes bewog, im Spätherbst 1785, knapp fünfzehnjährig, sein Bündel zu packen und 16 Kilometer bis München zu marschieren, um beim Oberkandlerbräu in der Neuhauser Gasse 6 eine Lehre als Biersieder anzutreten, verschweigt die Chronik.

Beim Oberkandler blieb er an die acht Jahre. Dann schaute er sich, wie so viele junge Bräuknechte vor ihm, unter den einheimischen Biersiedertöchtern nach einer passablen Hochzeiterin um – die noch immer eleganteste Art für einen ins Gewerbe drängenden Aufsteiger, zu einem Eheweib und vor allem – zu einer Braulizenz zu kommen! In der Sendlinger Gasse, beim freilich arg um seine Existenz ringenden Hackerbräu, wurde er fündig.

1793 gaben sich Joseph Pschorr und Therese Hacker in der Peterskirche das Eheversprechen. Noch im gleichen Jahr erwarb er das Münchner Bürgerrecht, und – nachdem er mit seinem väterlichen Erbe von 4 000 Gulden die Schulden des Schwiegervaters bezahlt hatte, – den begehrten Brauer-Lehensbrief. Er war – vorerst – am Ziel seiner Wünsche, durfte sich »Bräu« nennen, Hackerbräu!

Joseph Pschorr (1770–1841), Münchens erster Großbrauer.

Sein Einstieg in den Kreis der Privilegierten erfolgte zum bestmöglichen Zeitpunkt, am Beginn einer Epoche, die die Welt gründlicher veränderte, als es Menschen vorher je zu denken vermochten. Bereits im ersten Jahrzehnt seiner Bräu-Etablierung verfolgte er mit Befriedigung, daß immer mehr der alten, die unternehmerische Entfaltung hemmenden zünftisch-engen Bestimmungen aufgeweicht oder durch neue, moderatere Regeln ersetzt wurden. 1804 fiel endlich der Zunftzwang, 1806 das längst antiquierte Bannrecht, das bisher einen nennenswerten Bierexport verhindert hatte, und selbst mit dem immer noch strikt überwachten sommerlichen Brauverbot nahm es der Magistrat nicht mehr so genau. Jetzt hieß es nur noch, kostengünstig zu wirtschaften und ein Bier zu brauen, das den Münchnern schmeckte. Joseph Pschorr tat beides. Er wurde Münchens Bräu Nummer eins seiner Generation.

Spatenbräu Gabriel Sedlmayr I.

Der dritte Anwärter auf einen Spitzenplatz in der Münchner Brauerhierarchie des neuen Jahrhunderts kam aus Maisach, einem dreißig Kilometer nordwestlich der bayrischen Landeshauptstadt gelegenen, schon damals respektablen Ort, wo seine Vorväter seit 1695 eine Braustatt betrieben. Er hieß Gabriel Sedlmayr und war, 1772 geboren, im gleichen Alter wie seine zuvor genannten Kollegen. Nach einer Lehr- und Gesellenzeit in der Brauerei zu Ellingen wurde er Bräumeister in Schleißheim und später Königlich Bayerischer Hofbräumeister in München. Trotz dem exorbitanten Jahresgehalt von 2000 Gulden, das ihm das Hofbräuhaus bezahlte, zögerte er keinen Augenblick, als sich die kleinste und ärmlichste der damals 52 Münchner Brauereien, genannt »Zum Oberspaten«, an der Neuhauser Gasse 1807 zum Kauf anbot. Ein volles Jahrhundert hatte die Bräustatt der alten Münchner Bürgerfamilie Siessmayr gehört, war aber in den letzten Jahren völlig heruntergekommen. Trotzdem mußte der seit zwei Jahren verheiratete Hofbräuer 30 000 Gulden dafür bezahlen und sich mehr als zwei Drittel des Betrages leihen. Sein Vater Franz Sedlmayr schrieb ein halbes Jahr nach dem Kauf an einen Freund in höchst eigenwilliger Orthographie: »Wir könnten viell mehr siden, wegen Mangel an blaz liesse sich aber um Keinen schrit nichts weitheres tain, hernach Könten Keine 2 bersonen Vor enge im breuhauss ein ander Vorbey gehen und wäre noch keine Aussicht genueg oder mehrer als jetzt malz zumachen.«

Schulden!

Kein Start nach Maß also für den nachmaligen Spatenbräu, beileibe nicht! Nicht einmal ein Lagerkeller existierte, wie ihn die übrigen Bräu längst besaßen. Folglich mußte der Jungunternehmer noch einige tausend Gulden mehr aufbringen, um sich einen solchen zu beschaffen. Und auch hier wieder, versteht sich, den bescheidensten und kleinsten, der zu haben war. Er lag freilich günstiger, am Gasteig – und nicht am Rosenheimer Berg, wo die übrigen Münchner Brauer ihre Keller hatten. Günstiger deshalb, weil Haidhausens Bräu ihre Münchner Kollegen in der Form ärgerten, daß sie deren Kellervorgärten mit Dunghaufen bestückten, um die unliebsame Konkurrenz aus der Gegend zu vertreiben. Was natürlich nicht gelang, wohl aber dazu führte, daß die Münchner Biersieder auch noch den Grund der Vorgärten erwerben mußten.

Innerhalb von zwölf Monaten vervierfachte Gabriel Sedlmayr I. (wie ihn die Geschichtsschreibung später zur Unterscheidung von seinem Sohn Gabriel Sedlmayr II. nennt), den Bierausstoß seiner Spatenbräustatt. Prototyp eines rührigkühlen Unternehmers des heraufziehenden Industriezeitalters, der er war, ging er in den folgenden Jahren immer wieder das Risiko neuer Schulden ein, vergrößerte Zug um Zug seine Brauerei und schuf so die Keimzelle des späteren Großbetriebes Spaten-Franziskaner-Bräu.

Spatenbräugründer Gabriel Sedlmayr I. (1772–1839), rühriger Sproß einer uralten oberbayerischen Brauerfamilie.

Das alte Spatenanwesen an der Neuhauser Straße 4 nach seinem 1840 erfolgten Umbau. Gebraut wurde hier bis 1857, von da an nur noch in der neuen Spaten-Großbraustätte an der Marsstraße.

Der Löwenbräu Georg Brey

Während der Pschorr Sepp, der Sedlmayr Gabriel und der Zacherl Xaver schon in eigenen Bräuhäusern ihr Bier sotten, ehrgeizig am Umsatzsteigern waren und der Konkurrenz das Fürchten beibrachten, quälte sich der im Dezember 1784 in Aidling bei Murnau geborene Bauernsohn Georg Brey beim Wagnerbräu Sebastian Seidl in der Neuhauser Gasse als Biersiederlehrling oder »Lerner«, wie es damals hieß, durch jeweils 13 Stunden zählende Arbeitstage. Wahrscheinlich war

Die Löwenbrauerei an der Nymphenburger Straße um 1860.

Löwenbräu Georg Brey (1784–1885).

der Fünfzehnjährige von seinem älteren Bruder Michael nach München geholt worden, der hier als Eisenhändler am Beginn einer Kaufmannskarriere stand.

Wie lange Georg Brey beim Wagnerbräu, einem der größten Unternehmer seiner Branche in diesen Jahren, später als Bräuknecht in Stellung war, ist nicht bekannt. Daß er aber seine Zeit dort nach Kräften nutzte, um als Brauer voranzukommen, verdeutlicht seine nächste Position. 1810 ist er nämlich bereits wohlbestallter Bräumeister in der Schloßbrauerei des Grafen Törring in Seefeld nahe dem Ammersee, – der Graf galt selbst als exzellenter Brau-fachmann und hat sich gewiß seinen ersten Brauer sorgfältig und mit Bedacht ausgesucht.

Freilich, ein Leben lang nur Braumeister zu bleiben, selbst als höchstbezahlter im Land, hatte Georg Brey nicht im Sinn. Und als er es an der Zeit fand, endlich selber Bräu zu werden, beschritt er den Weg, der noch immer als schnellster und gangbarster für einen Biersieder galt, zur eigenen »Sach« zu kommen trotz des Umstandes, daß die Braurechtsvergabe als Lehen vom Landesherrn durch den König 1814 abgeschafft worden war – er ging auf Freiersfüßen. Als Kenner der Spielregeln vermied er es, sich branchenfremd zu verlieben, sondern suchte sich Anna Maria Rapolt aus Inning am Ammersee als »Hauserin« aus, deren Vater dort als Posthalter, Brauereibesitzer und Gastwirt zu den Honoratioren zählte. Mit Breys Erspartem aus seiner Bräumeisterzeit und der Mitgift seiner Hochzeiterin konnte er sich 1818 nach einer eigenen Bräustatt umsehen. Er fand sie in München, in der Löwengrube. Klein, bescheiden, uralt (1524 gegründet), aber für seinen Fall genau das Richtige. Im Lauf der nächsten dreißig Jahre hievte er den Handwerksbetrieb ins Industriezeitalter und mit an die Spitze der Münchner Brauereien. Ohne ihn gäbe es heute wahrscheinlich keine Löwenbrauerei München.

Die spätere Aktiengesellschaft »zum Löwenbräu« stellte der noch recht biedermeierlich wirkenden Braustätte von 1860 ein Vierteljahrhundert später diesen Industriekomplex gegenüber.

Maria Theresia und Anton Wagner

Zu den genannten Münchner Braupionieren, die mit ihrem Wirken während der ersten Hälfte des vorigen Jahrhunderts Biergeschichte schrieben und dem Gebräu aus Bayerns Metropole Weltruhm verschafften, gesellte sich zuguterletzt noch eine Frau. Ein für die damals herrschenden gesellschaftlichen Gegebenheiten schier unglaublicher Vorgang!

Sie hieß Maria Theresia Wagner, geborene Brunner, und stammte wie ihr späterer Ehemann, der Wirtssohn Anton Wagner, aus Freising, wo ihre Vorfahren väterlicherseits seit Generationen die 1412 erstmals erwähnte Veitmühle betrieben. In dieser Müllerstochter vereinten sich drei Vorzüge, die sie später mit bestem Erfolg einzusetzen verstand: Sie war schön und anmutig, verfügte über Verstand und ein besonders von männlichen Konkurrenten gefürchtetes Urteilsvermögen und besaß die Energie und den Durchhaltewillen einer großen Unternehmerpersönlichkeit.

1818 wurde sie die Ehefrau des Wagner Toni, der kurz danach, siebenundzwanzigjährig, auf Anraten seiner jungen Gattin die Freisinger Hasüber-Brauerei kaufte und dann daran ging, durch sehr erfolgreiche Handelsgeschäfte mit Getreide und Heu ein Vermögen zu verdienen, während Theresia, von ihm kurz »Theres« genannt, sich vorwiegend um

Die alte Augustiner-Bräustatt an der Neuhauser Straße samt Gaststube (links).

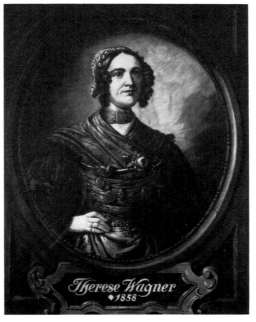

Maria Theresia Wagner (1794–1858).

die Brauerei kümmerte. Mit dieser Bräustatt war freilich nicht allzu viel zu wollen. Zum einen hatte Freising damals nur 5 000 Einwohner, und zum zweiten warben achtzehn weitere Brauhäuser mit ihren Bieren um die Gunst der Kundschaft.

Nicht, daß dies die schöne Brauerin allzu sehr verdroß. Tatsächlich hatte sie seit langem anderes, Höheres im Sinn. Als der Wagner Anton ab den frühen zwanziger Jahren das Familienvermögen durch immer gewinnträchtigere Handelsschaften kontinuierlich vermehrte, überraschte sie ihn mit dem Plan, den gesamten Freisinger Besitz zu veräußern und nach München zu ziehen, um dort eines der durch die Säkularisation freigewordenen Klosterbrauhäuser zu kaufen. Anton Wagner, sonst durchaus ein gestandenes, selbstbewußtes Mannsbild auf Erfolgskurs, hatte keine Chance, der Angetrauten die ehrgeizigen Pläne auszureden. Am 5. März 1829 wurde das Augustinerbräuhaus auf seinen Namen verbrieft – die Wagners waren in den illustren Kreis von Münchner Bräuern aufgerückt.

Das Schicksal gewährte dem Wagner Toni nur fünfzehn gute Jahre in München. 1844 verstarb er, knapp fünfundfünfzigjährig, an Herzversagen. Maria Theresia Wagner aber bekam nun, nach dem Tod des geliebten Ehemanns, Gelegenheit, auch nach außen hin unter Beweis zu stellen, was an unternehmerischer Energie und geschäftlichem Weitblick in ihr steckte. In der Folge gelang es ihr, dem bis dahin kleinen, mittelständischen Bräuhaus den Anschluß an die immer rasantere industrielle Entwicklung zu verschaffen. Alle wichtigen Umstellungen im Augustinerbräu vollzogen sich während der dutzend Jahre ihres Wirkens als Alleininhaberin des Betriebs.

1853 vergrößerte sie die Brauerei durch den Zukauf des Nebengebäudes an der Neuhauser Straße, das einen Teil der ehemaligen Oberkandlerbrauerei beherbergte. Den für die Zukunft des Unter-

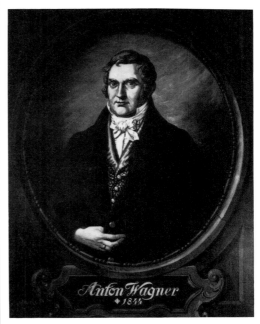

Anton Wagner (1789–1844).

nehmens wichtigsten Schritt aber wagte sie 1857, ein Jahr vor ihrem Tode, indem sie beherzt zugriff, als ihr der Hofbankier Baron Josef von Hirsch das bisher von ihr gepachtete Buttlerkelleranwesen an der Landsberger Straße zum Kauf anbot. Nun waren auch räumlich die Voraussetzungen für die weitere Entwicklung von Augustiner zu einer der führenden Münchner Großbrauereien geschaffen, die in den nächsten Jahrzehnten Theresia Wagners ältester Sohn Josef in Gang setzte.

Drückende Kriegslasten für die Brauer

Gegenüber dieser kleinen Gruppe von Pionieren ihres Gewerbes gerieten die meisten der übrigen Münchner Brauer bald gehörig ins Hintertreffen. In ihrer Mehrzahl konservativ bis auf die Knochen, zum Teil des Lesens und Schreibens nur sehr unvollkommen kundig, scheuten sie jedes Risiko, verurteilten das Schuldenmachen selbst für Investitionszwecke als im Grunde unseriöse Manipulation und trauerten den Zeiten nach, als noch strenge Zunftregeln vitalere Konkurrenten zügelten. Zudem mußten sie sich, mehr als andere einheimische Gewerbetreibende, mit dem durch die napoleonischen Kriegszüge heraufbeschworenen Ungemach der Soldateneinquartierungen herumschlagen, die nicht nur gewaltig ins Geld gingen, sondern noch zusätzlich ständigen Ärger schufen.

Wer Einquartierungen hatte, – und behelligt wurden damit vorwiegend die Brauer und Schankwirte mit ihren Fremdenzimmern, – mußte analog »allgemeinen Regulativs der Konkurrenz zu den Kriegslasten« vom 23. Februar 1809 jedem Unteroffizier oder Gemeinen – wobei ein Feldmarschall oder kommandierender Obergeneral für 24, ein Divisionsgeneral oder Generalleutnant für 16, ein Brigadegeneral oder Generalmajor für 10, ein Oberst für 8, ein sonstiger Stabsoffizier für 6, ein Offizier vom Hauptmann abwärts für 4 und ein Sergeantmajor oder Feldwebel für 2 Gemeine gerechnet wurde – als Verpflegung zur Verfügung stellen: zum Frühstück Suppe oder ein Gläschen Branntwein, zu Mittag Suppe, ein halbes Pfund Fleisch und eine Portion trockenes oder frisches Gemüse, als Abendmahlzeit Suppe und »Zugemüse«, dazu täglich eineinhalb Pfund Brot, eine Maß Bier oder einen halben Liter Wein. Wer von all dem, einschließlich aller Spanndienste, »Handfronen« oder Naturallieferungen nicht betroffen war, zahlte eine »Peräquation« genannte hohe Ausgleichssumme, bemessen nach dem jeweiligen Behausungswert oder Hauszins.

All diese Erschwernisse und Unwägbarkeiten, all dieses Ungemach zwar zähneknirschend, doch mit Anstand hinzunehmen – *c'est la guerre* –, hätten die Münchner Bräus noch einigermaßen geschafft. Als Schlag mitten auf die Nase aber empfanden sie die Ungeheuerlichkeit, die sich ihre eigene Regierung unter wohlwollender Duldung Seiner Majestät des Königs 1807 hatte einfallen lassen, ihnen ihr sauer verdientes Geld aus der Tasche zu ziehen:

Aus dem »Bierpfennig« wird der »Malzaufschlag«

Plötzlich, mit Wirkung vom 23. Juli 1807, galt nicht mehr die jeweils erzeugte und von Kiesern überprüfte Biermenge als steuerliche Bemessungsgrundlage, galt nicht mehr der »Bierpfennig«, der jahrhundertelang, wenn auch in ständig steigender Höhe, dem Ganterpreis zugeschlagen worden war, vielmehr ein durch und durch bösartiger, neumodischer »Malzaufschlag«. Nichts mehr ging ab sofort mit so bewährten, steuermindernden Praktiken wie jener der Bierverdünnung nach erfolgter Inspektion oder des Nachfüllens bereits leergeschenkter Fässer unter geschickter Siegelkorrektur, und was dergleichen fast zu Gewohnheitsrechten avancierten Manipulationen mehr waren. Standardwert war nun der Malzverbrauch jeder Bräustatt. Für den Staat wurde die Reform zu einem Riesenerfolg. Bei gleichen Brauerumsätzen verdoppelten sich die Steuereinnahmen aus diesem Gewerbebereich innerhalb von zwölf Monaten! Ab 1811, nach dem sogenannten »Bierregulativ«, der gleich noch näher beschriebenen Generalreform im bayerischen Braugewerbe, wurde zusätzlich die Norm festgelegt, daß aus einem Scheffel Malz (222 Liter) keinesfalls mehr als 70 Eimer Bier (44 Hektoliter) hergestellt werden dürften. Pro Scheffel Malz errechneten sich von nun an 5 Gulden zugunsten des Fiskus. Ein Betrag, der von 1812 an sechzig Jahre über konstant blieb, gleichwohl aber einen wesentlichen Eckpfeiler des bayerischen Staatshaushaltes markierte.

Den Münchnern entlockte all dies nur ein schadenfrohes Grinsen. Mochte man die immer hochnäsiger sich gebärdenden Bräu getrost zur Kasse bitten! Es traf mit Sicherheit keine Armen! Geld genug verlangten sie für ihr Bier! Der Staat sollte vielmehr noch ein weiteres Machtwort sprechen und endlich mit einer Generalbereinigung aller Mißstände im Brau- und Schankwesen neue, solide Maßstäbe setzen!

Das Bier-»Regulativ«

Der Staat reagierte. Am 25. April 1811 – aus dem schlichten Baiern war inzwischen ein ypsilonisiertes, verbal hochgestochenes »Bayern« geworden – kam es zu einem Erlaß »betreffs der künftigen Regulierung des Biersatzes im Königreich Bayern und die Verhältnisse zu den Wirthen unter sich als zum Publikum betreffend«, in Bräu- und Bierschenkkreisen kurz – und später zunehmend verächtlich – »Regulativ« genannt. Dessen durchaus akzeptable Grundidee bestand darin, Normen zu postulieren, die dem Staat die Erträge aus dem Malzaufschlag sicherten, den Brauern und Wirten angemessene Einnahmen bescherten und den Biertrinkern ein gutes, kräftiges Bier zu einem an jedem Jahresbeginn staatlich festgesetzten Preis garantierten – dies alles zugleich, was, wie sich bald herausstellte, in etwa der Quadratur des Kreises entsprach.

Unverständlicherweise hatten die Regulativ-Väter nämlich übersehen, daß sich die Preise der Biergrundstoffe Gerste und Hopfen erst zu einem Zeitpunkt nach der Ernte abzeichneten und von dauernden Schwankungen infolge unterschiedlicher Erträge und von Natur- und sonstigen Katastrophen abhängig bestimmt wurden. Mit dem Resultat, daß von nun an sowohl die Brauer als auch die Schankwirte alle Gewinneinbußen aus vom Staat zu niedrig eingestuften Bierfestpreisen in Form von Qualitätsminderung ihrer Ware auf die Konsumenten abwälzten. Was als »Jahrhundertwerk im Dienste des Bieres und seiner Freunde« in Szene gesetzt worden war, erwies sich, je länger es »regulierend« eingriff, als zunehmend schmerzender Dorn im Fleisch der Brauer, der Regierung, des Königs und nicht zuletzt in jenem der Biertrinker. Mit schlimmen Folgen, wie sich lange danach offenbarte.

Sternstunden des Münchner Bieres

Bis hierher scheint sich durch die Geschichte des Bieres in München als roter Faden eine Folge von negativen Begleitumständen zu ziehen. Ganz abgestritten werden kann dies sicher nicht. Trotzdem ließen sich die Münchner zu keiner Zeit – von einer kleinen, sehr kurz bemessenen, die Regel bestätigenden Ausnahme in der zweiten Hälfte des vergangenen Jahrhunderts abgesehen – davon abhalten, sich ihr Bier, wann immer es zu haben war, schmecken zu lassen, auch wenn sie als Grantler stets erneut daran herumnörgelten. Von einem Produktionsstreik der Brauer ist in der Stadtgeschichte ebenfalls nichts bekannt. Die »prew« und Bräu bemühten sich vielmehr zu allen Zeiten nach Kräften, den Bürgern der bayerischen Haupt- und Residenzstadt so viel von ihrem Gebräu – ob Edelstoff oder Plempel – zu verkaufen, als jeweils an den Mann zu bringen war.

Vor allem aber: Immer wieder kam es in München zu – man kann es durchaus so nennen – Sternstunden des Bieres, öfter und nachhaltiger wirkend als in jeder anderen Stadt der Welt mit Brautradition. Irgendwoher muß schließlich der gute Ruf der bayerischen Biermetropole kommen! Mehrere dieser Höhepunkte in der Entwicklung des Gerstensaftes zum bayerischen Nationalgetränk heutiger Güte wurden bereits genannt, so das Reinheitsgebot von 1516, die Weizenbierkultivierung, die Entwicklung des »ainpöckischen« bis hin zum »Heilig-Vater-Bier«, »Vater-Öl« und Maibock. Eine Liste, die sich unschwer fortsetzen läßt. Ein ganz besonderer Glücksfall freilich widerfuhr dem Münchner Bier zu Beginn des 19. Jahrhunderts, der es, wie bestellt, zum bestmöglichen aller Zeitpunkte weit über die Grenzen und das nähere Umfeld der Stadt hinaus bekannt machte – nämlich exakt zu Beginn jener Periode des sich entwickelnden Maschinenzeitalters, als sich im Brauwesen der Übergang vom noch mittelalterlich geprägten handwerklichen Biersieden zu rationelleren und produktiveren Herstellungsmethoden abzuzeichnen begann.

Bild oben: Überlandtransport-Bierwagen (bis zu 30 Kilometer im Umkreis). Bild unten: Typisches Münchner Bierfuhrwerk um 1850.

Die famose Idee eines Unteroffiziers

Während einer Exerzierpause der 1. Nationalgarde-Eskadron III. Klasse auf dem damaligen Brachgelände vor der Maxburg, dem heutigen Maximiliansplatz, überraschte gegen Ende September 1810 der Unteroffizier und bürgerliche Lohnkutscher Franz Baumgartner seinen Kommandeur, Andreas Dall'Armi, mit der Idee, die Münchner Nationalgarde III. Klasse möge anläßlich der bevorstehenden Hochzeit des Kronprinzen Ludwig mit der Prinzessin Therese von Sachsen-Hildburghausen »zur Belustigung der allerhöchsten Herrschaften wie des gemeinen Mannes« ein Pferderennen ausrichten. Daß der Vorschlag von einem

Die Braut: Therese von Sachsen-Wildburghausen.

Der Bräutigam: Ludwig, Kronprinz von Bayern.

Angehörigen der Nationalgarde III. Klasse kam, war nichts Ungewöhnliches, da diese Formation als malerischer, farbenprächtiger Begleittrupp bei Aufzügen des Hofes, Prozessionen und bei Staatsempfängen fungierte und sich für öffentliche Festlichkeiten aller Art – und dazu gehörten auch Pferderennen – zuständig fühlen durfte. Selbst ein legeres Gespräch im Verlauf einer Exerzierpause zwischen dem Major und dem Unteroffizier fiel bei der Nationalgarde III. Klasse kaum aus dem Rahmen.

Bayerns Nationalgarden waren 1809 von König Maximilian I. Joseph gegründet worden. Während die I. Klasse dieser Armee-Einheit zur Landesverteidigung im Kriegsfall herangezogen werden konnte, beschränkte sich der Einsatz der II. Klasse auf die Bekämpfung von Feinden ausschließlich innerhalb der Landesgrenzen. Die Nationalgarde III. Klasse wiederum war Zivilisten vorbehalten, die die Woche über ihren bürgerlichen Berufen nachgingen und nur an den Wochenenden in ihre selbstgekauften Uniformen schlüpften, um als eine Art Heimwehr oder »Bürgersoldaten« (aus denen später die Landwehr wurde) an ebenfalls selbsterworbenen Waffen zu üben. In dieser Truppe Dienst zu tun, galt als Ehre und Auszeichnung, steigerte die bürgerliche Reputation und förderte zivile Aufstiegschancen. Befehlsgewalt über ihre Gardisten hatten deren Offiziere freilich nur während des Dienstes. In den Pausen oder gar im zivilen Leben war man sich im Rahmen der üblichen Klassengegebenheiten gleichgestellt.

Das allererste Oktoberfest von 1810

Unteroffizier Baumgartners Vorschlag erfolgte an einem der letzten Septembertage 1810. Und nun geschah – selbst unter Würdigung der damaligen Gepflogenheiten, solche Dinge unbürokratisch abzuwickeln – etwas durchaus Erstaunliches. Baumgartners Kommandeur gab nicht nur umgehend dessen Idee ans zuständige Innenministerium weiter, wo die Eingabe unter dem Datum vom 2. Oktober 1810 registriert wurde, vielmehr reagierten sowohl das Amt als auch der König selbst im gleichen Tempo! Bereits am 4. Oktober wurden gedruckte (sic!) Einladungen zum »Pferderennen auf den Ängern von der Pasinger Straße an, hinter dem neuen Spital bis an die Dorfschaft Sendling« verschickt, während die offizielle Genehmigung einen weiteren Tag später, am 5. Oktober erfolgte. All dies scheint den Verdacht zu erhärten, von dem Gerda Möhler in ihrem verdienstvollen Werk

Galopprennen waren im 19. Jahrhundert Oktoberfest-Hauptereignisse.

Halb München war auf den Beinen, wenn es alljährlich im Spätsommer hieß: »Wiesn-Rennats is!«

»Das Oktoberfest. Brauchformen des Volksfestes zwischen Aufklärung und Gegenwart« spricht: daß nämlich aller Wahrscheinlichkeit nach Max I. höchstgelost als spiritus rector hinter allen Aktivitäten stand, die auf die Einbeziehung eines Pferderennens ins Hochzeitsprogramm seines Sohnes Ludwig zielten, und daß sowohl der genannte Unteroffizier Baumgartner wie auch Major Dall'Armi nur vorgeschobene Anreger waren. Möglich sogar, daß der König schon zu diesem frühen Zeitpunkt mit dem Gedanken spielte, die sportliche Veranstaltung alljährlich zu wiederholen und sie zum Kern eines zukünftigen bayrischen Nationalfestes werden zu lassen.

Die Kirche war gegen Volksfeste

Volksfeste in unserem heutigen Sinne – und das unterstreicht das schier Revolutionäre an des Königs (möglichen) Überlegungen – waren bis dahin, von Kirchenfeiern und ihrem Umfeld abgesehen, in Bayern unbekannt. Noch Mitte des 18. Jahrhunderts verhinderten Reglementierungen durch die Obrigkeit, überall moralische Verderbnis witternd, selbst harmloseste Lustbarkeiten mit ausschließlich weltlichen Anlässen oder Bezügen. Dem »gemainen Mann« frommten nichts, so dachte man, als Fleiß, Gehorsam, Biedersinn und Arbeitsamkeit, was

Oktoberfestszenen von 1880.

Frivolitäten wie das Feiern nichtsakraler Feste ausschloß. Noch immer eiferten frömmelnde Geistliche gegen so »volksverderbendes Zeug« wie Tanz, Schauspiel und Jahrmarktbuden und beteten um deren Verbote. Erst im Zuge des durch die Aufklärung bewirkten und die Französische Revolution beschleunigten Umdenkprozesses bei den Herrschenden bahnten sich dann atmosphärische Veränderungen an, die den Begriff des »Volks-Festes« auch im Deutschen mit Inhalt erfüllten, wobei die Leute nun ein Kunterbunt von Lustbarkeiten wie Wettkämpfe, Leibesübungen, Musik, Pferderennen und viel Essen und noch mehr Trinken darunter verstanden. Die nötige Voraussetzung dafür schuf allerdings erst die Festlegung der konstitutionellen Gleichheit aller vor dem Gesetz, die der König 1808 verkündete. Lorenz Westenrieder, Mitglied der Akademie der Wissenschaft und Historiker von Rang, formulierte es 1790 so: »So trägt ein fröhliches Volk zehnmal schwerere Lasten mit leichterer Mühe, daß es hundertmal leutseliger, offener und gewerbsamer sey, als ein trübseliges, bey dem bald alle Säfte zäh werden und abstehen, und unser Staat wende deshalb alles Mögliche an, eine gewisse Munterkeit durch öffentliche Zusammenkünfte zu erhalten, durch welche unglaublich viel Gutes geschieht.«

Das vom Volk freudig begrüßte Hochzeitsfest ging am Dienstag, dem 12. Oktober, mit großem Pomp und höfischem Zeremoniell über die Bühne, das groß angekündigte, von der Nationalgarde III. Klasse ausgerichtete, für »jeden Teilnehmer offene Pferderennen« auf dem weiten Wiesenoval unterhalb der »Sendlinger Höhe« mit ihrem Hang als natürlicher Zuschauertribüne. Um ein übriges zu tun, hatte Andreas Dall'Armi – er wurde ein Jahr später in den Adelsstand erhoben – die königliche, gern gegebene Erlaubnis für die Stadt erbeten, den Schauplatz des Rennens von nun an zu Ehren der jungen Braut »Theresienwiese« nennen zu dürfen.

Der achtzigjährige Xaver Krenkl beim Einritt auf die Festwiese am Oktoberfest-Hauptsonntag 1859.

Wiesn-Organisator Andreas Dall'Armi

Dieser Nationalgarde-Major gehörte damals zu den wohlhabendsten Münchner Bürgern. 1766 in Trient geboren, war er zusammen mit seiner älteren Schwester um 1784 in die Stadt gekommen, wo die bildhübsche Trienterin wenig später den reichen Geldwechsler Jakob Nockher heiratete. 1786 lachte sich der noch nicht volljährige Andreas dessen 36jährige Cousine an, die mit ihren zwei Millionen Gulden Mitgift als Münchens beste Partie galt. Lange Zeit schnitten die tonangebenden Kreise der Stadt von diesem Augenblick an den jungen Mann ob dieser »skandalösen, unappetitlichen Geldheirath«, konnten aber dessen gesellschaftlichen Aufstieg kaum verhindern. Im November 1789 wurde der knapp Dreiundzwanzigjährige als Protegé des Landesherrn Karl Theodor zum »äußeren Stadtrat« und »Assessor am Merkantilgericht« ernannt. Während der nächsten Jahrzehnte betrieb Dall'Armi dann zusammen mit seinem Schwager Nockher das angesehene Bankhaus gleichen Namens.

Wen wundert's, daß der wohlbestallte Bankier und Bürgersoldaten-Major beim nachmals »Oktoberfest« betitelten Hochzeits-Pferderennen die Oberregie übertragen bekam.

Wiesn-Heros Franz Xaver Krenkl

Wie schon angedeutet, entschloß sich der König, die Genehmigung zur alljährlichen Wiederholung »dieser wunderschönen Festlichkeit auf der Theresienwiese in alle Zukunft« zu erteilen. Ein Jahr später konnten die Münchner und Zugereisten auf der hinzugekommenen Landwirt-

schaftsschau 1 200 Stück Rindviecher bestaunen, und beim Pferderennen siegte erstmals der bürgerliche Lohnkutscher und Pferdehändler Franz Xaver Krenkl, damals einunddreißig Jahre alt. In Landshut gebürtig, brachte der als Pferdenarr bekannte Krenkl später das Kunststück fertig, sieben weitere Oktoberfestrennen zu gewinnen und bei drei Rennen Zweiter zu werden. Krenkl avancierte zum populärsten und beliebtesten Münchner seiner Epoche, war Held und Heros der Volksmassen, die in ihm den erfolgreichen Aufsteiger bewunderten, mit dem sie sich identifizieren konnten, der Narrenfreiheit genoß, dies aber nie ausnützte und der trotz aller Berühmtheit nie sein Herkommen vergaß oder sich dessen schämte. Jeder in der Stadt wußte um seine Vergangenheit als wandernder Bäckerbursch, der um 1800 nach München gekommen und bei einem Meister als Geselle untergeschlüpft war, dann nach Überwindung eines Sacks voll Schwierigkeiten die Tochter des Meisters geehelicht und es zum angesehenen Lohnkutscher gebracht hatte. Vom gleichen Schlag wie die genannten Brauer Brey, Pschorr, Sedlmayr und Zacherl, verkörperte Krenkl den Idealtyp des Karrierebürgers Münchner Prägung im besten Sinn. Er starb 1860.

Am Anfang kein Bier auf der Wiesn

Die Wiesn wuchs aus kleinsten Anfängen und – ohne Bier zu Beginn. Mit dem Gerstensaft, um endlich darauf zu kommen, hatten diese ersten Feste auf der Theresienwiese noch wenig zu schaffen. Bis auf das 500 Quadratmeter große Königszelt am Rand der Rennstrecke, wo sich die Hofgesellschaft verlustierte, existierten keinerlei Baulichkeiten, Stände, Buden oder dergleichen auf dem Festgelände. Nicht einmal an toilettenähnliche Einrichtungen hatten die Organisatoren der Premierenwiesn gedacht. Noch im Jahr darauf herrschten in dieser Hinsicht schlimme Zustände. Immerhin verbrachten die Zuschauer bereits 1811 an die fünf Stunden unter freiem Himmel, um zuerst die Auffahrt der Hofschranzen und hohen Militärs und das Erscheinen der

königlichen Familie bewundern zu können, später die Viehausstellung samt der Preisverteilung zu sehen und am Ende beim Pferderennen mit dabei zu sein. Dementsprechend überfüllt waren nach der Veranstaltung die auf der westlichen Anhöhe gelegenen Bierkeller, wobei jener des Wagnerwirts, der spätere »Bavaria«- und heutige Pschorrkeller, die größten Besucherscharen anzog. Hier boten Brot-, Käse- und Radiverkäuferinnen ihre einfachen Stärkungen an, während

sich vor den Abtritten hunterte Meter lange Menschenschlangen bildeten.

Von 1812 an wurde Abhilfe geschaffen. An der Wiesn-Südwestecke entstanden primitive Aborte, und durch die Zuschau-ermengen drängten sich jetzt Brot- und Käsefrauen mit ihren Körben. Seine Maß Bier konnte man sich auf der Theresienwiese selbst erst ab 1815 schmecken lassen. Damals tauchten die ersten, winzigen, an zusammengenagelte Bauhütten erinnern-

Massenbesuch aus dem Umland erlebte die Wiesn, wenn die große Landwirtschaftsausstellung eröffnet wurde. Im besten Sonntagsrock rückten die Ökonomen an, um sich preisgekrönte Rindviecher vorführen zu lassen.

den Bretterbuden auf, keine größer als höchstens 25 oder 30 Quadratmeter, mit rohgezimmerten Tischen und Bänken davor und einer Stellage voll Maßkrüge aus Steingut oder mitunter sogar aus Holz, aber alle mit Zinndeckeln versehen. Für die Krüglklauer von heute ein Eldorado der Spitzenklasse!

Schon damals gab es ein »Münchner Helles«

Als Wiesnbier bekam man ein relativ dünnes Gebräu vorgesetzt, dessen Farbe keineswegs so dunkel war, wie uns das bisher Legionen von Chronisten weismachen wollten, die alle offensichtlich stur den Satz voneinander abschrieben, daß im München des vergangenen Jahrhunderts bis weit in dessen zweite Hälfte hinein nur dunkles Bier bekannt gewesen sei. Tatsächlich trifft genau das Gegenteil zu, wie der bekannte Brauhistoriker Fritz Sedlmayr, Enkel des Spatenbräuers Gabriel Sedlmayr II., nachwies. Er berichtet, daß die Farbe des Münchner Bieres zu Beginn des 19. Jahrhunderts keineswegs einheitlich dunkel oder hell war, vielmehr je nach Braustätte die gesamte Skala der möglichen Schattierungen umfaßte. Vom tintigsten Dunkelbraun über die Farbtöne rötlichbraun, hellbraun, bräunlichgelb, hellweingelb bis hin zu einem sehr blassen, an Champagner erinnernden Weingelb war alles möglich. Alle diese Farbtöne hingen vom jeweils vorherrschenden Publikumsgeschmack ab, der sich im Lauf des Jahrhunderts immer wieder veränderte. In diesem Zusammenhang schrieb Fritz Sedlmayr in seiner »Geschichte der Spatenbrauerei«: »Hier darf man wohl sagen, daß die Münchner Biere jener Tage von klarer, weingelber Farbe waren und höchstens noch in ein Hellbraun übergingen. Der Grund für das Überwiegen der hellen Farbe mag wohl der sein, daß früher, wo allgemein die Rauchdarre noch in Benützung war, eine stärkere Bräunung des Malzes wegen des damit verbundenen brenzlichen Geschmackes peinlichst vermieden wurde. Die Biertrinker waren mit diesen Bieren zufrieden, und die Bräuer hatten keine Veranlassung, etwas zu ändern. Der Übergang zu etwas dunkleren Farben vollzog sich dann ab Mitte der zwanziger Jahre.«

Die Pilsener Bräu brauten nach bayerischer Art

Und an anderer Stelle: »Dabei ist es noch bemerkenswert, daß die Münchner Biere ihre meist helle Farbe ausgerechnet zu der Zeit hatten, wo es in Pilsen wie seit altersher in ganz Böhmen überwiegend obergärige ‚rothe' Biere gab. Erst seit Beginn des 19. Jahrhunderts hatten einige böhmische Brauereien begonnen, zur ‚bayrischen', d. h. der untergärigen Bierbereitung überzugehen. Und als die bräuberechtigten Bürger Pilsens sich entschlossen, ein eigenes Brauhaus zu bauen, da ließen sie einen Bräumeister aus Bayern kommen und auch die Braugesellen dazu, um das gute bayrische Bier nachzumachen und siehe, das 1842 erstmals hinausgegebene ‚bayrische' Bier zeigte sich von ‚goldheller Farbe'.«

Bei den ersten Wiesn-Bieren konnte die gleiche Entwicklung beobachtet werden. Wurden noch während der ersten Feste hellgelbe Biere angeliefert, kam später immer dunkleres Gebräu in den Buden zum Verkauf, bis 1871 der Trend wieder in die andere Richtung ging.

Die Wiesn-Maß – ein Nahrungsmittel?

Mit der Ausrede, auf dem Oktoberfest biertrinkenderweise nur ein dringend benötigtes, auch armen Leuten zustehendes Nahrungsmittel zu sich zu nehmen, durfte man den Moralaposteln der Ära freilich nicht mehr kommen. Sie verwiesen auf die um die Jahrhundertwende auch in Bayern eingeführte Kartoffel als preiswertestes und in ausreichender Menge zur Verfügung stehendes Grundnahrungsmittel und prangerten die Genußsucht des niederen Volkes an, das sich anmaßte, »Herrengetränke« wie Bier oder gar Wein zu sich zu nehmen. 1816 führte Dall'Armi den Glückshafen ein, und durch die Straßen der Stadt bewegte sich der erste Schützenzug. »Im Land herrscht wegen der hereingebrochenen Getreidetheuerung bitterste Noth«, hieß es im Miesbacher Landboten. »Die Münchner aber feiern bei Bier und Landlermusik, als gälte es einen Schlachtensieg zu würdigen, auf der Theresienwiese.«

1820 errichtete der Isarinsel-Praterwirt Anton Gruber auf der »Sendlinger Höhe« zwei Karussells und eine Schiffschaukel und installierte neben seiner Bierbude eine Kegelbahn. All dies freilich nur unter der Voraussetzung, daß ihm der Magistrat für fünf Jahre die alleinige Oktoberfestkonzession »für solchenee Schauschtellungen und Iußparketen zusichert«. Der Praterwirt erhielt seine Garantie und wurde auf diese Weise der allererste konzessionierte Wiesnschausteller.

Wiesn-Geschäfte nur für Münchner

Um 1820 war das Fest im gesamten deutschen Sprachraum bereits so populär, daß von überall her Wirte, Schausteller, Andenkenverkäufer, Toilettenbewirtschafter, Vogelhändler, Akrobaten, ja, selbst Stoff- und Bildertandler, Huterer, Knöpfehändler und fahrende Zahnärzte mit dabei sein wollten, wenn es auf der Theresienwiese darum ging, den Münchnern das Geld aus den Beuteln zu locken. Ein Vorrecht, das ausschließlich den einheimischen Gewerbetreibenden zustand, wie es sowohl der König als auch der Stadtrat formuliert hatten. 1827 schrieb der Oktoberfestreferent des Magistrats an einen sich um die Zulassung auf der Wiesn bewerbenden auswärtigen Weinhändler:

»Das Oktoberfest ist nämlich kein Jahrmarkt, wo jeder Produzent seine Produkte frei verkaufen kann, sondern es ist nur ein Lokalfest, dessen ganze Anordnung nicht auf Gesetzen, sondern auf dem freien Willen der Gemeinde beruht. Die bedeutenden Kosten dieses Festes werden von der hiesigen Gemeinde bestritten, und wir können die Ausgaben für dasselbe nicht länger rechtfertigen, wenn auch auswärtigen Produzenten und Händlern gestattet würde, auch während diesem Feste, das bekanntlich seit Neuem 14 Tage dauert, zum großen Schaden der hiesigen Weinhändler und Bürger ihre Waaren wie auf einem Jahrmarkt zu verkaufen. Unser allergnädigster König läßt eben jetzt eine Untersuchung darüber pflegen, ob es nicht räthlich sey, die bereits bestehenden Jahrmärkte zu beschränken oder zu vermindern, und inzwischen kann man nicht wohl die Marktgesetze auf ein Fest anwenden, womit kein Jahrmarkt verbunden ist und das sich keines Marktprivilegiums erfreut. Das Fest wird auch nicht auf einem öffentlichen Platze, sondern auf Angern abgehalten, die im Privateigenthum der Stadt sind, und die daher nicht jeder willkürlich und ohne Bewilligung der Gemeinde beziehen kann.«

Villen auf die Theresienwiese?

Um eine mögliche Privatbebauung des Wiesngeländes zu verhindern, waren zwischen 1825 und 1830 dreißig Parzellen von der Stadt erworben worden. Die Gefahr einer Wiesnbebauung wurde erst im Jahre 1901 wieder aktuell, als die restlichen Privatbesitzer der Theresienwiese sich anschickten, ihr Eigentum einzuzäunen. Eine Verfügung des Prinzregenten Luitpold erstickte alle diese Bestrebungen im Keim, und das Wiesnrondell blieb bis heute erhalten. Natürlich war auch die Oktoberfestorganisation sowie deren Verwaltung längst (ab 1819) auf den Magistrat übergegangen, der sowohl die Verlosung der Wirtsbudenplätze vornahm als auch die Gebühren kassierte. Laut einer Verfügung vom 15. Juli 1820 betrug die »Kanzleytaxe pro Wirth oder Cafetier« einen Taler.

Den Brauern blieb das Oktoberfest während seiner Frühzeit verschlossen, weil alle »Festgeschäfte nicht verpachtet, vielmehr selbst und eigenhändig« betrieben werden mußten. Im gleichen Jahr erhob sich die »Kühne Luftschifferin Wilhelmine Reichard mit ihrem Gasluftballon von der Theresienwiese aus in luftige Höhen und entschwand gen Osten«, wie es in einem zeitgenössischen Bericht hieß, während sich zu den bisherigen Brot-, Wurst- und Käsestandln jetzt auch Buden für Tabak, Pfeifen, Zinn- und anderes Geschirr gesellten. Für den Wiesnsonntag wurde die Polizeistunde auf zwei Uhr nachts und an den übrigen Tagen auf acht Uhr am Abend festgesetzt.

Erste Kaffeehäuser auf der Wiesn

1828 versah man sämtliche zur Theresienwiese führenden Straßen der Stadt mit einer »Extrabeleuchtung«, und für alle Wirtsbuden wurde die Einheitshöhe von 15 Schuh vorgeschrieben. Besonderen Zulauf fand eine auf »Landgasthof« getrimmte Bude mit ausgestopftem Geflügel als Dekoration. 1834 hatten sich die vorher auf 18 vermehrten Wirtsbuden wieder auf 14 reduziert. Wegen des guten Wetters kam es zu einem noch nie erlebten Besucheransturm mit akutem Biermangel im Gefolge. Den Betreibern der neumodischen Kaffeehütten, unter ihnen die Hofcafetiers Rottmüller und Tambosi, nahm die Stadt 25 Gulden Platzgebühren ab, während die Bierwirte zwei Gulden an die Armenkasse zu entrichten hatten. Niemand fand es allzu störend, daß zwischen den Buden Misthaufen zum Himmel stanken, und an den Wiesnrändern Kühe weideten.

Besucherrekorde

Ab Mitte der dreißiger Jahre gruppierten sich die Wirts- und Kaffeebuden in einem länglichen Viereck, in dessen Zentrum eine Musikkapelle spielte. Musizierten ursprünglich vorwiegend sogenannte »türkische« oder »Janitscharen«-Orchester, so betitelt nach den von ihnen benutzten, während des letzten Türkenkrieges erbeuteten Instrumenten, bliesen später Oberlandkapellen zum Tanz. Nach und nach bemühten sich verschiedene Budenbesitzer, ihren Etablissements ein etwas freundlicheres Aussehen zu verpassen, hatten aber zuerst wenig Glück damit, da die meist recht einfachen Festbesucher fürchteten, hier besonders ausgenommen zu werden. Die Tanzerlaubnis wurde 1862 zurückgezogen, da es in der Nähe des Tanzpodiums immer wieder zu blutigen Raufereien gekommen war. Den ersten Besucherrekord verzeichnete die Jubiläumswiesn von 1835. Damals kamen insgesamt 100 000 Leute und tranken 240 000 Maß Bier. In der Bude »Zum König von Griechenland« trugen die Kellnerinnen griechische Gewänder, im »Grünhütl« hatte man die Bedienungen als »Miesbacher Deandl« herausgeputzt. Bis 1850 waren jeweils 18 Bierwirte oder Brauer zugelassen, ferner drei »Sonderwirthe«, die sich die Schützengesellschaften aussuchen durften, und zusätzlich vier Wirte aus dem Landkreis. Ursprünglich Stadteigentum, gingen ab 1845 einzelne Buden in Privathand über, und ab 1860 wurden überhaupt nur noch solche Gastronomen als Wiesnwirte zugelassen, die über ein eigenes mobiles Schankgebäude verfügten. Mit der Folge, daß von nun an die Budenpreise in die Höhe schnellten und bei den Budenversteigerungen Unsummen erzielt wurden. 1874 ging eine einfache, knapp 50 Personen fassende Bierbude für 3000 fl. weg, ein Jahr später brachte das gleiche Etablissement sogar 8000 fl.! Daß die Verdienste den in die Buden investierten Summen entsprachen, versteht sich von selbst. Das als Beiprogramm einer Kronprinzenhochzeit gestartete Pferderennen des Jahres 1810 hatte sich längst zum größten Bierfest der Welt gemausert.

Der Keferloher Pferdemarkt

Auf der anderen Seite der Stadt, gut an die 10 Meilen östlich des Isartores, lockte die Münchner seit vielen Jahrhunderten eine weitere Festlichkeit ums Bier. In einem Dorf, dessen Name noch heute jene steinernen Maßkrüge aus glasiertem Ton benennt, die praktisch zu einer Art Zweitwappensymbol für München avancierten: die Keferloher!

Die Veranstaltung hatte sich aus einem alljährlich in Keferloh abgehaltenen Pferdemarkt entwickelt. Die genannten Maßkrüge wiederum waren um 1835 vom Münchner Bierbrauer Joseph Pschorr zum einen deshalb eingeführt worden, weil sich deren rauhe Salzglasierung auf die Schaumbildung des Bieres besonders günstig auswirkte, und zum anderen ihrer geringeren Gefährlichkeit für bei Raufereien getroffene Festbesucherköpfe wegen, denen Krüge aus Glas bisher immer ganz erheblich zugesetzt hatten. Tatsächlich genossen Keferlohs gestandene Raufereien bei den daran Interessierten weit über Altbayerns Grenzen hinaus einen hervorragenden Ruf, weil es dabei, wie eine Berliner Zeitung 1822 berichtete, »so beachtlich zugeht, daß die Keferloher Fliegen vom vielen sich anbiethenden Biertrinkerblut, das in wirklich erstaunlich großen Massen fließt, ‚sternhagel-bsuffa' werden, wie das hiesige Landvolk derartiges benennt.«

Vergleich mit der Wiesn

In der Schrift »Münchner Hundert und Eins« verglich der Autor Sebastian Daxenberger-Fernau 1851 den Keferloher Markt mit dem Oktoberfest und kam dabei zu folgendem Ergebnis:
»Das Oktoberfest und der Keferloher Markt, dieser zu Anfang September, für den St. Egidientag bestimmt, nur wenige Stunden dauernd, jenes zu Anfang Oktober während einer ganzen Woche, können beide Volksfeste der Münchner genannt werden. Der Charakter derselben ist aber unter sich wesentlich verschieden. Bei dem Oktoberfeste auf der freien, weiten Theresienwiese im Angesicht himmelblau glänzender Gebirge, unter Theilnahme des Hofes, ringt sich eine bunte, zu keiner anderen Zeit so zahlreiche Menge von nahe an Hunderttausend zu jener schönen Epoche Altgriechenlands hinaus, wo Spiele ein Band um die Nationen schlan-

Oktoberfestszenen dieser Art erschienen während der Gründerjahre in allen großen Illustrierten Deutschlands.

gen. Seine nächste Bedeutung aber ist das Zentrallandwirtschaftsfest. Der Städter hört, wenn nie in dem Gebirge, jetzt in den Straßen das Alpenläuten der Kühe, und das glänzend geputzte Preisvieh ist mit Blumen und Kränzen, die Pferde sind mit Bändern geschmückt. Hier ist Streben zum Edleren! Dort aber, auf dem Keferloher Markte, drei Stunden von der Hauptstadt entfernt, ist ein Sinken zum Gemeinen. Es ist wie eine Volksbelustigung in einem slavischen Dorf. So widerlich kahl ist daselbst die Gegend: nur ein halbdutzend schmutziger Bauernhütten, von einem düsteren Forste eingeschlossen; ein grauer Himmel drückt gewöhnlich auf den einsiedlerischen Weiler herunter. Aber der Viehmarkt ist seit uralten Zeiten privilegiert und schon Kaiser Ludwig dem Bayer bekannt gewesen, einer der bedeutendsten in Bayern. Es werden ein paar tausend Pferde, das Hornvieh zu Hunderten, zahlreiche Schaf- und Schweineherden zugeführt. Baut man auf der Theresienwiese, wenigstens in den letzten Jahren, niedliche Landhäuschen und wohlgezimmerte, bequeme Bretterhütten zur Zeit des Festes und erhält dort eine Abtheilung der Bürgergarde Ordnung und Anstand, so werden in dem Dorfe Keferlohe, wenn der Tag kommt, wie im Fluge Krämerbuden errichtet, aus einigen Brettern und Holzschlägen schnell Wirthsbuden zusammengefügt. Herde rauchen mit Wursttöpfen; das Bier wird unter freiem Himmel verzapft; die sechs Scheunen von Keferloh werden zu Tanzplätzen umgeschaffen. Ein bunter Troß von unzähligen Personen jeden Standes, Geschlechts und Alters wogt den ganzen Tag lang im Dorfe und auf der Landstraße von Haidhausen und Trudring zusammen; vom frühesten Morgen bis in die späte Nacht drängt eine Equipage die andere, der Einspänner den Fiaker, eine Reiterkarawane den Gesellschaftswagen aus dem Geleise. Das allgemeine Losungswort ist: ‚Keferloherisch', womit alles erlaubt und alles entschuldigt werden will. Es herrscht ein dem Gesetze höherer Gesinnung hohnsprechender Zustand; ein Haus von Bacchanten hat sich hie und da von aller Zucht befreit! Viele Helden eines Tages, vom Gerstensafte berauscht, verleihen sich selbst den sogenannten Flegelorden und lassen nun vollends die rohen Kräfte walten. Zur Ehre von München ist eines Tages Frist alles vorüber: aber dieser ist in den Kalendern der Ärzte und Gendarmen rot gezeichnet.

Das Oktoberfest zu München andererseits hat bereits viele Nachahmungen in Provinzen und Städten gefunden. Es ist Pferderennen und freies Vogel-, Hirsch- und Scheibenschießen und manche andere Ergötzlichkeit damit verbunden. Die ganze Festwoche hindurch, insbesondere aber während des Sonntages und Montages, ist die Wiese von Tausenden besucht, und der Fremde hat hier gute Gelegenheit, nicht nur die vorzüglichere Personenwelt, sondern auch einen großen Theil des Tons von München kennenzulernen. Hier sind Frauen zu sehen, ‚der Dichter wahres Publikum'. In Keferlohe siehst du nur Männer oder auch Harfenmädchen und Troßweiber!«

Nun ja, Sebastian Daxenberger, Künstlername Fernau, war dabei und hat sich persönlich alles aus nächster Nähe angesehen. Wohl oder übel muß man ihm glauben.

Die große Notzeit von 1816/17

Daß sich die Münchner der frühen Jahre des 19. Säkulums selbst während der schlimmsten Notzeiten kaum davon abhalten ließen, ihre Feste zu feiern, wann immer diese kalendermäßig anstanden, wurde schon erwähnt. Vielleicht hängt dies ein wenig damit zusammen, daß das Volk, die armen Leute, der »gemain Mann« überhaupt damals nur recht selten Gelegenheit bekam, sich ein wenig des Lebens zu erfreuen, und die Chance nützte, wann immer sie sich bot. 1816 und 1817 allerdings setzte es geradezu ein Übermaß an Lebenswillen voraus, aller Not zum Trotz, die das Land und zumal die Stadt München im Würgegriff hielt, sich den Ausflug aufs Oktoberfest oder nach Keferloh zu gestatten. Die trotzige »Jetzt-gerade«-Haltung der Münchner erinnerte ein wenig an jene Schäffler des Jahres 1517, die auf dem Höhepunkt der Pest durch die Straßen der Stadt zogen und ihren Tanz aufführten, den äußeren Umständen zum Hohn, und damit dokumentierten, daß das Leben weiterging, daß ihnen nicht einmal der Tod die Schneid abzukaufen vermochte.

Warum herrschten plötzlich wieder Hunger und Elend? Napoleon saß auf Sankt Helena, mattgesetzt für immer, der Krieg schien für lange Zeit aus Deutschland verbannt, seit all die Kaiser, Könige und Landesfürsten im Verlauf des Wiener Kongresses sich auf eine Neuordnung Europas geeinigt hatten, und die vielen neuen technischen Erfindungen und wissenschaftlichen Entdeckungen, sowie die von Montgelas eingeleiteten Reformen, die selbst dem kleinen Mann einen Hauch Freiheit anzukündigen schienen – all dies zusammen rechtfertigte doch ein bißchen Vertrauen auf eine bessere Zukunft! So oder so ähnlich mochten sie denken, die Münchner, zu Beginn des Jahres 1816. Dann aber machte die Natur selbst einen Strich durch die optimistische Rechnung. 1818 schrieb Staatsrat Hazzi, der 1811 die Landwirtschaftsschau auf die Theresienwiese gebracht hatte, in seiner Schrift »Betrachtungen über Theuerung und Noth der Vergangenheit und Gegenwart«:

»Es gab fortwährend Regen, nicht selten mit Hagel begleitet. In der Mitte des Sommers fühlte man oft solchen Frost, daß man zum Ofenfeuer Zuflucht nehmen mußte. Die Ernte verspätete sich um zwei Monate, wodurch die Früchte theils auswuchsen, theils naß in die Scheunen kamen und den Bauern wunderlich zu Mute ward, wenn er im Korn meist nur leeres Stroh gedroschen, denn der Druschertrag blieb um 2/3 gegen normale Jahre zurück.

Bettler erschienen auf allen Seiten, gleichsam aus der Erde Grüfte hervorgekrochen. Man erstaunte und schauderte über diese gräßlichen Gestalten, denn entwöhnt war man, wenigstens in München, dieses fatalen Anblicks seit Rumfords kräftigen Zeiten. Für Bettler, Landstreicher und sonstiges Gesindel wurde in Bayern die Prügelstrafe verordnet; solche 1. Klasse hatten 6 bis 18 Streiche oder 1 bis 8 Tage Arrest, die 2. Klasse 12 bis 24 Streiche oder 8 bis 14 Tage Arrest zu gewärtigen, für bettelnde Kinder aber gabs im Wiederholungsfall Ruthenstreiche. Schnecken, Mäuse, Ungeziefer und Unkraut kamen wie 1570 und 1770 zahllos zum Vorschein. Schon im August donnerten die ersten Bannstrahlen von Rom gegen die Kornhändler als Wucherer und Kipper, denn die Getreidepreise stiegen in allen Ländern, und immer knapper und knapper wurden die Zufuhren zu den Schrannen. Der Komet von 1811, der einen glühenden Sommer gebracht hatte, wurde bezichtigt, der Sonne den Wärmestoff entzogen zu haben, daher die Flekken und daß seit dieser Zeit nur kühle nasse gewitterschwangere Sommer gefolgt. Viele Wohlthätigkeits- und Hilfskomitees, namentlich in München, wurden errichtet. Die Knochen wurden gesammelt und daraus sogenannte Gallert- oder Suppentafeln verfertigt, was einen wertvollen Zuwachs zu den Rumfordschen Suppenanstalten bildete. Es war dies aber auch höchst nothwendig, denn im Frühjahr konnten namentlich auf dem Lande viele Arbeiter vor Entkräftung kaum die Hälfte dessen leisten wie vordem und manch einer war frühzeitig zu Grabe gekehrt.«

Brot aus Holzmehl

Selbstverständlich stiegen auch die Bierpreise. Und zwar innerhalb eines halben Jahres von 5 Kreuzer auf 8 Kreuzer 2 Pfennig, also um fast 80 Prozent. An die zwei Jahre hielten sie sich dann in dieser Höhe. Auf der Suche nach Ersatznahrungsmitteln wurde allerorts herumexperimentiert. Man versuchte, aus Queckenwurzelmehl und aus Kartoffelmehl, aus dem Mehl der Wurzeln von Wasserlilien, ja, selbst aus Käsewasser und Holzmehl Brot zu backen. Im Mai 1817 berichtete eine Münchner Zeitung, daß »es dem ebenso einsichtsvollen als auch thätigen Essigfabrikanten und Bierbrauer Sedlmayr« gelungen sei, »aus dem Teige des Maischebottichs Brot zu backen, das der Farbe nach wohl ein wenig schwarz, doch von gutem Geruch und Geschmack ist. Leider wurde der Bräu erst dann auf diese Möglichkeit aufmerksam, als er im Begriff stand, das letzte Sommerbier zu brauen. Er stellt aber, wie er versprach, weitere Versuche an.«

Wegen der noch immer herrschenden Not wurde an Weihnachten 1817 unter den Münchner Brauern eine Sammlung »für die in Almosen stehenden Armen« veranstaltet, die 1650 Gulden brachte, sowie 10 Klafter Fichtenholz als »Wärmespende«. Zu dieser steuerten die Spaten-Wagner-Eberl- und Gilgenrainer-Bräu je ein Klafter bei.

Wissenschaft und Technik erreichen die Brauhäuser

Nach der Kälte kam die Hitze. 1819 wurde den Münchner Brauern ihr gesamtes Sommerbier sauer, da sich selbst die tiefsten Lagerkeller am Gasteig nicht mehr ausreichend kühlen ließen. Noch waren die Bräu nicht auf den Dreh gekommen, zur Extrakühlung im Winter aus Seen und Bächen geschlagenes Eis zu verwenden. Ansonsten versuchten die agilsten und intelligentesten, auch im Braugewerbe technische Neuerungen einzuführen. Zacherl und Sedlmayr experimentierten schon ab 1817 mit Dampfmaschinen in ihren Bräuhäusern, Pschorr ebenso wie Sedlmayr ließen sich als erste neuartig ventilierte, bis zu 40 000 Hektoliter fassende Lagerkeller bauen, installierten wie Georg Brey neueste Malzdarren, während sich der Spatenbräu schon 1814 in den neuen »Polytechnischen Verein« hatte aufnehmen lassen, um als einer der ersten Münchner raschestens mitzuerfahren, was es an technischen Neuerungen in der Welt gab. Über diese Epoche schrieb später (1861) Josef Deuringer: »Es kamen nun lauter wohlfeile Gerstenjahre. Da füllten sich die Vorrathsspeicher, das Betriebskapital war wohlfeil und damit war der Animo zu lebhafteren Betrieb gegeben.

Da sehen wir in dieser Periode einzelne Brauereien sich hoch erheben; hoch durch ausgedehnten bisher nicht geahnten Betrieb, aber auch hoch durch bisher nicht dagewesene Vervollkommnung und Veredelung des Bieres. Die Intelligenz hatte das Phlegma aus diesen Brauereien vertrieben; Verbesserungen an Geräthen, an Lokalen und Gebäuden wurden eingeführt; die erste englische Malzdörre ward ohngefähr 1818 in München gebaut, wodurch der bisherige rauhe, widrige, ja fast ekelhafte Rauchgeschmack aus dem Biere entfernt ward. – Der Thermometer fand Eingang, und durch ihn lernte man die hohe Wichtigkeit der Temperaturverhältnisse beim Malzen, Dörren, Maischen, bei der Gährung kennen; dessen Folge die Herstellung zweckmäßiger Malz- und Gähr-, besonders aber trefflicher Sommerkeller war.

Diese ersten Männer der Erkenntnis gelangten rasch zu großem Reichtum, nicht wie man etwa glauben könnte, durch direkte Vergünstigung der Bestimmungen des Regulativs, sondern theils durch ihre Intelligenz, theils durch billige Getreidepreise überhaupt, – theils aber durch Vortheile, welche das Regulativ indirekt in Zeiten billiger Getreidepreise den Brauern gewährt. Es waren aber immer noch sehr wenig Brauer, die ihr Geschäft mit Intelligenz betrieben. Die Mehrzahl führte ihr Geschäft in angeborener phlegmatischer Gemüthlichkeit fort, bis auch sie von dem unaufhaltsam fortrollenden Rade der Zeit erfasst und mit fortgerissen werden sollten.

Diese Periode ist so recht eigentlich das Goldene Zeitalter der Münchner und auch bayrischen Brauereien gewesen. Die Regierung war mit ihnen höchst zufrieden. Denn die Bier-Consumation und damit der Ertrag des Aufschlages waren gestiegen. Das Publikum war ebenfalls vollkommen zufrieden, denn das Bier war sehr billig und zudem besser geworden. Nicht minder waren die Brauer zufrieden, denn ihr Geschäft gab eine gute Rente, und ihr Stand war sehr geachtet.«

Schmähbriefe und Drohungen

Ganz so eitel Wonne dürfte die Stimmung der Münchner in diesen Jahren, in allen Dingen, die ihr National- und Stammgetränk betraf, dennoch nicht gewesen sein, wie eine Reihe von zeitgenössischen Dokumenten unterstreicht. In einer Hinsicht liegt der Chronist allerdings richtig: Sowohl der Staat als auch ein Großteil der Brauer verdienten an der Bierherstellung wie nie zuvor. Während sich die

Preise nach der Not- und Teuerungszeit wieder bei 5 Kreuzer für die Maß Sommerbier einpendelten (von »Märzen« ist jetzt nicht mehr die Rede, der Begriff war unmodern geworden) und wenigstens annähernd stabil blieben, stiegen die Umsatzzahlen der Brauer von 70 368 verarbeiteten Scheffel Malz im Jahre 1810 (bei 51 700 Einwohnern) auf 188 402 Scheffel anno 1830 bei 78 500 Einwohnern. Der Bierausstoß hatte sich innerhalb von zwei Jahrzehnten fast um das Vierfache gesteigert! Um so erstaunlicher mutet es an, daß ausgerechnet während dieses »Goldenen Bierzeitalters«, wie Deuringer es nennt, die ersten Schmähschriften gegen die Brauer bekannt wurden und auf die Münchner Bräu eine Flut meist anonymer Protestbriefe niederprasselte, mit Texten, die es in sich hatten. Ein Beispiel, das für viele spricht: »München, den 17-zehnten März 1825. An den Spaten-Bräu. Herr Sedelmeier! Ich setze sie in Kenntnis da man schon wieder reden hört das das Somerbier wieder 8 Kreuzer kosten soll und Herr Sedlmeier wieder an der Spitze spitze steht den preis von 8 kr. zu erhalten die Leute ganz auszuziehen wo die Gerste heuer gar nichts kostet wären 7 kr. auch genug viel leicht geht heuer das Drum doch an ihnen aus. Und die Herrn strotzen Wirthe welche 3 Pfg. per Liter haben, wo sie ganz gut mit 2 Thaler pro/von Hektoliter auskommen, leben könen, könten, wo es den Pächter doch nichts hilft das er abermal für sein Lokal mehr bezahlen muß. Lauter hier aufgetriebener Schwindel wenn die Herren Bräuer und Wirthe ein wenig ein Ehrgefühl hätten dann glaube das sie nicht so unverschämt sein könnten. Der Grobian Vorstandt der Wirthe nimbt 6 Pfg. von Liter das er sein Lokal noch theuriger verpachten kann. Ich glaube daß Herr Sedlmeier als Thonangebender mann doch wüssen wird daß heuer wirklich zu was großen füren kann würde er sich mit die anderen Bräuer ins benehmen setzen und denken das er nicht das Land ausdrücken kaann was heuer bevor steht. Wir verhalten uns bis weilen ruhig und warten die Sache ab. Wo man jetzt das arme Volk ganz umbringen will. Der erste Mai wird kein guter Tag werden für euch! Militär und Zivil werden dieses Mal zusammenhelfen! Von uns allen!«
Da hatte man es ihm gegeben, dem Spatenbräu!

Hetzschriften ohne Ende

Ab 1821 lief der gegenseitige Schmähschriftenkampf auf vollen Touren. Immer mehr festigte sich im Volk die Meinung, die Brauer erzielten bei den angesetzten Preisen übermäßige Gewinne und bereicherten sich auf Kosten der Biertrinker, in der Mehrzahl arme Leute, auf ungebührliche Art. Den Reigen hatte ein Pamphlet mit dem Titel »Freie Gedanken auf der Bierbank über den Gewinn der Bierbrauer von einem Biertrinker« eröffnet, dem eine Schrift, betitelt »Gespräch zwischen 2 Bauern, einem Wirthe und einem Reisenden in der Schenke zu Nulldorf« und viele andere folgten. Ihr meist überaus rüder, derber Ton und der sarkastische Hohn, der sich aus den Texten über Brauer und Wirte ergoß, kamen beim Volk an und steigerten die Auflagen.

Die Flut derartiger Publikationen riß von da an nicht mehr ab und führte am Ende mit zu den Bierkrawallen der vierziger Jahre. Anno 1829 kam in München die erste periodisch erscheinende Zeitschrift heraus, in deren Artikeln es ausschließlich ums Bier ging. Sie wurde zum Vorläufer einer Serie ähnlicher Blätter, die sich bis ins 20. Jahrhundert hinein der Sache der Münchner Biertrinker annahmen. Die Thematik und Programmatik all dieser Schriften wird aus der »Ankündigung einer Wochenschrift für Biertrinker« vom 9. Juni 1829 deutlich, die ein Redakteur Franz, »Bauer zu Nulldorf«, wie folgt formulierte:
»In einer Hauptstadt, welche mit ihren nächsten Umgebungen mehr als 80 000 Menschen zählt, dürfte neben der amtlichen Kontrolle jene der Öffentlichkeit nicht unter die überflüssigen, sondern unter die sehr nützlichen Dinge zu zählen seyn, daher hat sich der Unterzeichnete entschlossen, vom July d. J. an ein Blatt herauszugeben, betitelt: Wöchentlicher Anzeiger für Biertrinker, verfaßt von Franz, Bauern zu Nulldorf. Diese Zeitschrift soll enthalten:
1. Als stehenden Artikel, die Ergebnisse aus den in der vorhergegangenen Woche angestellten unparteyischen Untersuchungen über den Gehalt und die Beschaffenheit des Biers, welches sämmtliche Brauereien in München und jene Wirthe, welche mit auswärtigem Biere handeln, abgesetzt haben; damit das Publikum erfahre, wo es dieses Lebensbedürfniß in der besten Beschaffenheit für sein sauer erworbenes Geld befriedigen könne;
2. Von Zeit zu Zeit Nachrichten über den Gehalt- und die Beschaffenheit des Bieres an den vorzüglichsten Belustigungs-Orten in der Umgebung Münchens;
3. Eben solche Nachrichten wie in Nr. 2 über die übrigen bedeutenden Städte Bayerns;
4. Geschichtliche Aufklärung über die Fortschritte der Bierbrauerei sowohl in Bayern als in anderen Ländern, nebst Erörterungen über die verschiedenen Gattungen des Bieres, welche in Europa gebraut werden;
5. Geschichte des Malz-(oder Bier-)Aufschlags in Bayern und anderen Ländern;
6. Kurze Lebensbeschreibungen merkwürdiger Bierbrauer;
7. Während der Sudzeit Nachrichten über die Mittelpreise der Gerste und des Hopfens auf allen bayrischen Märkten (Schrannenplätze)
8. Kurze Erzählungen und Bemerkungen. Von dieser Zeitschrift erscheint wöchentlich ein halber Bogen jedesmal am Freitage. Da die nothwendigen Untersuchungen, und die Correspondenzen sehr beträchtliche Kosten verursachen, so kann der halbjährige Preis nicht geringer als auf Einen Gulden gegen Vorauszahlung bestimmt werden. Es wird von der Theilnahme des Publikums abhängen, ob dieses Blatt sich einzig auf den angezeigten Gegenstand beschränkt, oder sich auch noch mit anderen Lebensbedürfnissen befassen soll.
      Franz, Redakteur.«

Brand des Nationaltheaters

Über zwei Münchner Lokalereignisse spektakulären Charakters hätte der Gründer des »Wöchentlichen Anzeigers für den Biertrinker« allemal berichten können, ohne den Themenbereich seines Blattes zu überschreiten, wenn es seine Schrift zum Zeitpunkt der Geschehnisse schon gegeben hätte. In beiden Fällen handelte es sich um Brandkatastrophen, wobei die Nachricht von der einen, aufregenderen in den großen Blättern aller Erdteile registriert wurde, während die zweite im lokalen Bereich von bierhistorischer Bedeutung war.

Am Abend des 14. Januar 1823 brach während der Aufführung der komischen Oper »Die beiden Füchse« von Méhul ein Feuer aus, das rasch um sich griff und das erst anno 1818 errichtete Nationaltheater zerstörte. Im Jahrbuch der Stadt heißt es dazu u. a.:
»Während das Parterre noch nicht ganz geleert war, loderten schon große Feuermassen aus den obersten Fenstern des Gebäudes zum Himmel empor. In kürzester Frist ergriff der Brand das ganze Haus, weithin war die Gegend beleuchtet. Im ersten Augenblick des Unglücks war der gute König Max Joseph untröstlich. Man hörte ihn wiederholt rufen – mein schönes Theater, mein schönes Theater – das überleb ich nicht!«
Zu allem Unglück versagte auch noch die erstmals in einem Theater, von dem Münchner Ingenieur von Reichenbach konstruierte Berieselungsanlage, deren Wasser in den Bassins als Folge der grimmigen Kälte, die seit Tagen auf die Stadt drückte, eingefroren war. Der Feuerwehr gelang es nur mit Mühe, wenigstens die Residenz zu retten.

Brauer löschen mit Bier

Dazu in der Stadtchronik weiter:
»Den 15. Januar 1823 morgen sechseinhalb Uhr. Von Minute zu Minute wird die Gefahr für die Residenz dringender. Es mangelt an Menschenhänden. Umsonst hat der beste der Könige, der Vater seines Volkes, gleich beim Anfang des Brandes seine braven Bürger zu tätiger Hilfe aufgefordert. Nur wenige erschienen. Sollen in einem Moment so großer Gefahr in einer Stadt von 50 000 Einwohner nicht Arme genug sich darbieten, um Hilfe zu leisten? Gibt es eine heiligere Pflicht für den Vorstand dieser Bürgerschaft, als den schlummernden Bürger zu wecken, ihn an das schmerzlich getäuschte Vertrauen seines Königs zu erinnern?«

Tatsächlich wäre der Schaden ohne den Einsatz der Münchner Brauer noch viel größer geworden. Sie rückten, einer erst kurz vorher erlassenen Vorschrift gemäß, mit dem in ihren Kesseln am Sieden befindlichen Bier an, benützten es als

Vorstellung der Feuersbrunst des königl: neuen Hoftheaters in München am 14ten Jänner 1823 Abends ½ 8 Uhr.

Löschwasser und verhinderten so eine Ausweitung der Katastrophe. Hinterher gab's dennoch handfesten Ärger. In seiner nie veröffentlichten Schrift von 1845 nennt der nachmalige Bürgermeister Dr. Bauer die Fixpunkte:
»Man machte den Bürgern Münchens den Vorwurf, als hätten sie bei der Löschung dieses ungeheuren Brandes nicht die gehörige Tätigkeit entwickelt. Wenigstens wurde dies dem König Max, dem eine solche Wut des Brandes unerklärlich schien, von Seiten einiger Militärs vorgespiegelt. Indessen klärte sich die Sache bald auf, nachdem bekannt wurde, daß die Bierbräuer ihr noch auf der Kühle liegendes warmes Bier zum Brande führten und ihre Pfannen mit Wasser füllten, um es zum Löschen zu bringen.«

Bierpfennig finanziert Opernhaus-Wiederaufbau

Der König freilich ließ sich nur langsam beschwichtigen. Schließlich hatte man ihm auch den Umstand gemeldet, daß eine große Anzahl von Bürgern, die »dicht an dicht, gaffenderweise den Schauplatz des schröcklichen Thuns umstanden und alles geschehen ließen, ohne eine Hand zu rühren«, von einer Abteilung Schwerer Reiter mittels flacher Säbelhiebe auseinandergetrieben und zum Mithinlangen gebracht worden waren. Der Magistrat mußte später tief in die Tasche greifen, um das Wohlwollen des Landesherrn erneut zu erringen. In die Tasche der Bürger, versteht sich. Und wieder verfiel der Staat aufs Bier, die Sache in Ordnung zu bringen, wie immer, wenn in der Haupt- und Residenzstadt finanziell etwas schief lief! Man verfügte kurzerhand einen weiteren »Bierpfennig« in Form einer Zusatzerhöhung des üblichen Malzaufschlages. Die Maß kostete vom 1. März 1823 an in ganz München einen Pfennig mehr. Erstaunlicherweise wurde über diese »Opernsteuer« nicht allzu sehr geschimpft. Tatsächlich ermöglichte sie es, daß das »Königliche Hof- und Nationaltheater« bereits am 2. Januar 1825 in neuem Glanz erstrahlte. In der Rekordzeit von noch nicht einmal zwei Jahren

Unter ihm wurde München zum »Isar-Athen«: König Ludwig I. von Bayern.

(nach dem Zweiten Weltkrieg brauchte man fünf Jahre für den Wiederaufbau) war der Neubau aus dem Boden gestampft worden.

Pschorr schafft den Neubau seiner Hackerbrauerei spielend mit eigenen Mitteln

Münchens Brandkatastrophe Nummer zwei dieser Jahre betraf 1825 die Hackerbrauerei. Über dieses Ereignis berichtete hinterher ein Zeitgenosse:
»Am vorgestrigen Sonntag (13. März 1825) erschollen gegen einhalbsieben Uhr des Abends die Feuersignale, eines Brandes wegen, der beim Hackerbräu in der Malzdörre ausgebrochen war. So schnell auch alle Löschzüge herbeigeschafft waren und so groß auch die gutgeleiteten Anstrengungen der Löschenden gewesen, dauerte doch der Brand bis nach zehn Uhr, teils wegen des ungeheuren Malzvorrathes, der den Flammen nicht mehr entrissen werden konnte, teils wegen des starken Nordwestwindes, der eben ging. Der Feuerlärm in der Straße hatte bis Mitternacht gedauert. Wie am hellen Tag war der Horizont gelichtet und trieb der Wind die Flammen von der Brandstätte weg über die Häuser der Kaufingergasse, der Hauptwache bis in die Dienergasse. Das Feuer beschränkte sich zum Glück nur auf das Hackersche Brauhaus und griff nicht weiter um sich.«

Der Schaden bezifferte sich auf die für damalige Verhältnisse riesige Summe von 80 000 Gulden. Dem Besitzer Pschorr wurde hinterher von allen Seiten finanzielle Hilfe angeboten. Selbst der König fand sich bereit, für den Wiederaufbau der Hackerbrauerei Geld zur Verfügung zu stellen. Erst jetzt zeigte es sich auch nach außen hin, wieviel der Brauer in den letzten beiden Jahrzehnten verdient hatte. Tatsächlich konnte er nicht nur mühelos auf jede Hilfe verzichten. Vielmehr errichtete er an gleicher Stelle Ecke Sendlinger und Hackenstraße einen Brauereineubau von beachtlicher Größe, samt einem Wohngebäude, das sich sehen lassen konnte. Es zählte von da an zu den stattlichsten Bürgerhäusern der Innenstadt. (Das Anwesen wurde in den Jahren 1979/1982 wieder aufgebaut und unterstreicht heute noch Joseph Pschorrs damalige Möglichkeiten.)

Bereits sieben Jahre vorher, im Sommer 1818, war es dem Hackerbräu gelungen, an der Neuhauser Gasse die bankrotte Bauernhanslbrauerei samt einiger Nebenanwesen zu erwerben und einen weiteren Brauereineubau auf dem geräumten Platz hochzuziehen, die er von nun an »Zum Pschorr« nannte. Um 1830 gehörten ihm damit die beiden größten Münchner Brauhäuser. 1834 übergab Pschorr die Hackerbrauerei seinem Sohn Mathias, das Pschorrbräuanwesen bekam sein Sohn Georg.

Münchens erste Bürgerschicht: Bierbrauer

Fürwahr ein goldenes Zeitalter für Münchens Brauer! Jene unter ihnen, die sich jetzt durchsetzten, gehörten von nun an zur obersten bürgerlichen Gesellschaftsschicht der Haupt- und Residenzstadt, redeten mit bei allen wichtigen stadtpolitischen Entscheidungen und sorgten dafür, daß München den industriellen Anschluß nicht verpaßte. Sie waren oder wurden von ihrer wirtschaftlichen Potenz her die Krupps oder Borsigs Münchner Provenienz und spielten in ihrem heimatlichen Rahmen, je weiter das Jahrhundert fortschritt, bald ähnliche Rollen wie die Eisen-, Stahl- und Maschinenkönige an der Ruhr und in Berlin.

Für die übergroße Mehrzahl aller Stadtbewohner – »Bürger« durften sich nur solche nennen, die eigene große Häuser besaßen, ein unter Realrecht stehendes Gewerbe betrieben und deshalb vom Magistrat gegen eine entsprechend hohe Gebühr das Bürgerrecht erhalten hatten – verbesserte sich zur gleichen Zeit der Lebensstandard nur sehr zögernd. Sie waren – vom Stadtrecht her – entweder sogenannte »Beisitzer«, mit geringerem persönlichem Einkommen, dürftigerem Besitz und kleineren Häusern, oder gar nur – als drittklassige Einwohner – »Toleranzler« genannte Habenichtse, denen lediglich ein »städtischer Schutz« gewährt wurde, der zugleich eine Art stets widerrufliches Wohnrecht beinhaltete.

Hungerlöhne und viel Arbeit

Ein Blick auf die Preis- und Einkommensverhältnisse dieser Jahre macht deutlich, daß sich die meisten Münchner damals ihre Maß Bier täglich gerade noch leisten konnten. Um 1825 verdiente ein Bräuknecht (Geselle) mit 10 Dienstjahren 55 Kreuzer pro Tag (ein Gulden entsprach 60 Kreuzern), während ein Taglöhner 35 bis 40 Kreuzer heimbrachte. Die Maß Sommerbier kostete 5 Kreuer, etwa 20 Pfennig, das Pfund Rind- oder Kalbfleisch 8 Kreuzer, für vier Kreuzer bekam man 5 Eier, das Pfund Schwarzbrot war für 2 Kreuzer zu haben, das Pfund Butter für 17 Kreuzer. Um zu seiner Maß Bier zu gelangen, mußte ein Vorarbeiter mit dem Lohn des Bräuknechts von 55 Kreuzern 1 Stunde und 10 Minuten arbeiten.

Münchens Wirtshäuser im Biedermeier

In welcher Umgebung tranken diese Münchner ihr Bier? Wie sahen die Wirtshäuser aus, die von den Münchner Brauern damals beliefert wurden, wie ihre eigenen Bräustuben? Das Hofbräuhaus am Platzl behalf sich mit einer winzigen, bäuerlichen Ausschankstelle, bestehend aus der ehemaligen Bräuknechtstube und

Studenten im Filserbräukeller 1847.

Szenen aus dem Bockkeller um 1840.

zwei kleinen Zimmerchen mit einigen Tischen und Stühlen, weißgetünchten, schmucklosen Wänden und einem Bretterboden, der zweimal täglich gescheuert wurde. Während des Maibockausschanks gingen deshalb sogar die HB-Stammgäste lieber in den gegenüber dem Pfisterbach gelegenen Bockkeller, auch »Bockstall« genannt, »wo der köstliche Saft gleich von den aufgelagerten Fässern geholt wird, und wo das Brot in hohen Haufen aufgeschnitten liegt«, wie Georg Friedrich Blaul in seinem Skizzenbuch »Bilder aus München«, erschienen 1831, berichtet. Der Chronist weiter:

»In der großen Stube zu ebener Erde bewegte sich schon bei meiner Ankunft das Leben am wildesten durcheinander, und die Musik, die während der ganzen Maizeit diesen Platz nicht mehr verläßt, steigerte von Zeit zu Zeit die wilden Äußerungen der Freude bis zum Höllenjubel, während draußen in dem Hinterhofe mit dem reinlich ausgeweißten Schuppen, wohin sich die etwas gewähltere Gesellschaft zurückgezogen, eine Donna mit einer alten Harfe auf einer aufgestellten Biertonne saß und ihre sentimentalen Lieder durch Geige und Klarinette begleiten ließ. Wo die Bockwürste gleich zu Dutzenden aus den großen, dampfenden Kesseln herausgezogen wurden, wo die vollen Gläser windschnell wechselten, wo Finger und Fäuste auf allen Tischen den Takt zur Musik schlugen, wo die Männer wie die Löwen brüllten und die weiblichen Huldinnen Feuer aus den Augen sprühten und mit schwimmendem Blicke süße Minnelieder lallten, den Kopf gefühlvoll wiegten wie junge Orang-Utan, den Gegenübersitzenden leise mit dem Fuße traten und beide Nachbarn mit massiver Zärtlichkeit die Hände quetschten: da waren die Bockfreuden in der höchsten Blüte! So gings den ganzen Mai hindurch alle Tage, und wenn ich mir jetzt noch die höchste Lustbarkeit der unteren Volksklasse Münchens denken will, so denk ich mir die beim Bock!«

Das Hofbräuhaus am Platzl um die Mitte des 19. Jahrhunderts. Aquarell von Puschkin.

Münchner Bockkeller-Freuden während des Biedermeier.

Die »feinsten Bock-Adressen« von München verewigte dieser Künstler auf seinem Tableau des Jahres 1861.

Das Wirtshaus »Zum Grünen Baum« – der Stammgarten des Königs

Nicht minder hoch her ging's den ganzen Sommer über in der Flößerwirtschaft »Zum Grünen Baum« an der Isar, nahe der späteren Ludwigsbrücke. Hier gingen die aus dem Oberland kommenden Floßknechte ans Ufer, luden die Fracht ab und zerlegten die Flöße, die im hinter dem Wirtshaus gelegenen Sägewerk zu Brettern zerschnitten wurden. Unter den uralten Kastanienbäumen des »Grünen Baum« saßen an schönen Tagen, mit Blick auf den Fluß, nicht nur Floßleute, Bürger und Angehörige der Münchner Boheme, bei denen Garten und Lokal als schick galten, sondern oft und oft auch Mitglieder der Hofgesellschaft oder gar der König selbst, der sich unter den zechenden Künstlern am wohlsten fühlte.

Knappe 100 Meter flußaufwärts, unmittelbar an der Straße zur Ludwigsbrücke, lockten der »Turmwirtsgarten« und daneben das bescheidene Gasthaus »Zum Roten Turm«, untergebracht in einem Bauwerk, das einst als Eckstütze des zur Stadtbefestigung gehörenden »Roten Turmes« gedient hatte. Vor der Gaststätte erinnerte eine Pyramide aus Steinkugeln an das kriegerische Geschehen zu Weihnachten 1705, wo an dieser Stelle die gegen die Österreicher anrückenden Oberbayern vergeblich versuchten, in die Stadt einzudringen. Ihr Scheitern an diesem Punkt der Stadtmauer bildete den Auftakt zum späteren Massaker auf dem Brachfeld zu Sendling.

Selbst in dem vom gehobenen Bürgertum bevorzugten Lokalen war das Inventar noch um 1850 spärlich; es gab nur kargen Wandschmuck, und auch Vorhänge an den Fenstern waren unbekannt.

Das gemütliche Wirtshaus »Zum Grünen Baum« nahe der Ludwigsbrücke und der alten Floßlände.

Während der Sommermonate gesellte sich oft König Ludwig I. unter die Biergartengäste und ließ sich seine Maß schmecken.

Die Isarbrücke stürzt ein

Auf der anderen Isarseite nahe der heutigen Lilienstraße wartete der »Kaisergarten« mit Franziskanerbier auf. Am 13. September 1813 schien die letzte Stunde des Kaiserwirts angebrochen zu sein, als die Wogen der Hochwasser führenden Isar bis zu den Fenstern des ersten Stockwerks reichten und der mit seiner Familie auf dem Dach des Anwesens sitzende Bierzäpfler in Todesangst um Hilfe schrie. Aber nicht ihm und den Seinen ging es an den Kragen, sondern den auf der Brücke gaffenden Münchnern, die aus nächster Nähe mit dabei sein wollten, wenn die Kaiserwirtbehausung endlich in sich zusammenfiel. Plötzlich knickte der östliche Brückenpfeiler ein, die Brückendecke senkte sich und stürzte dann in die Fluten. Von den mehr als 150 Neugierigen, die sich als Logenplatzinhaber einer sich abzeichnenden Katastrophe in trügerischer Sicherheit wähnten, ertranken 105 im reißenden Gewässer.

Die Landbewohner der östlich von München gelegenen Dörfer stellten ihre Pferde und Fuhrwerke am liebsten in dem im Tal gelegenen »Ammertaler Hof« ein, dessen Tradition als »Tafernwirtschaft« bis ins Jahr 1314 zurückreichte. In seinen Stallungen konnten bis zu 70 Pferde untergebracht werden, und Übernachtungsmöglichkeiten gab's bereits für 20 Kreuzer. 200 Meter weiter stadteinwärts, auf der südlichen Seite des späteren Marienplatzes, befand sich im Anwesen Haus Nummer 21 die renommierte Weinhandlung und Weinstube Altmünchner Art namens »August d'Orvil«, wo man in schlichter, aber peinlich sauberer Umgebung ausgezeichnete Pfälzer Weine erhielt.

An der Sendlinger Gasse wiederum lag ein Wirtshaus neben dem andern. Auf der linken Seite (heute Konen) beim »Unterpollinger« traten schon während des frühen Biedermeier allabendlich Volkssänger auf. Gegenüber der Asamkirche lag die Gastwirtschaft der Singlspieler-Brauerei an der Stelle, wo ein Jahrhundert früher das Wirtshaus »Zum Jägerwirt« existiert hatte, dessen langjähriger Besitzer, eben besagter Jägerwirt, anno 1705 als Kommandeur der aufständischen Münchner Bürger gewirkt haben soll, wofür er später auf dem Marktplatz von den Österreichern hingerichtet wurde. Einige fünfzig Schritte weiter in Richtung Sendlinger Tor empfing der »Gilgenrainerwirt« seine Gäste in einer Art offenem Beichtstuhl sitzend und beobachtete von hier aus den Betrieb. Auf der anderen Straßenseite drückten sich die Brauhäuser Faber und Eberl dicht aneinander. Beide verfügten nur über höchst bescheidene Bräustüberl. Im Färbergraben gab es den »Krapfenwirt«, bei dem die in der Stadt weilenden Bauern ebenfalls ihre Fuhrwerke und Pferde unterstellen konnten, und am Altheimer Eck das Wirtshaus »Zum Mohrenköpfl«. Hier wurde jeden Samstagnachmittag ein Markt für billiges Schuhwerk abgehalten.

Der »Kaiserwirt« an der Lilienstraße. Als ein Hochwasser das Anwesen überschwemmte und das Bauwerk einzustürzen drohte, versammelten sich Hunderte von Neugierigen auf der Isarbrücke, deren Pfeiler plötzlich barsten. Über 105 Bürger ertranken.

Im Eberlbräukeller am Rosenheimer Berg.

Ein berühmtes Touristen- und Intellektuellenlokal war das »Stubenvoll« an der Sendlinger Straße, dessen Stammgäste – vorwiegend Studenten – später zu den Wegbereitern der 48er Revolution wurden. Der Stich entstand 1845.

Der Sterngarten gegenüber dem Hauptbahnhof auf dem heutigen Hertiegelände – über viele Jahrzehnte hinweg Treffpunkt der »Leiber« und Chevaulegers – aus Münchens Traditionsregimentern. Blick in die Schützenstraße, im Hintergrund das Karlstor. Puschkin-Aquarell um 1875.

Das Militär traf sich im Sterngarten

In der Herzogspitalstraße zapfte der »Gefängniswirt«, so benannt nach dem nahegelegenen Militärgefängnis, dessen finstere Mauern sich an die Überreste der alten Stadtmauer lehnten. Der Haupttreffpunkt aller in München stationierten Soldaten während des Biedermeier war aber nicht dieses düstere Verlies, sondern vielmehr der »Sterngarten«, mit vielen Kastanienbäumen, einem kleinen Tanzpavillon und zwei gemütlichen Wirtsstuben. Der »Sterngarten« galt bei den Münchner Militärs niederer Ränge als *die* Aufriß-Adresse Nummer eins, da sich hier jeden Mittwoch, Samstag und Sonntag nach Feierabend Münchens Kocherl und sonstige weibliche Dienstboten einfanden, um sich einen strammen Leiber, Hatschier oder »Schwollischee« (Chevauleger) anzulachen. Heute befindet sich auf dem Platz des Lokals das Kaufhaus Hertie am Bahnhof. Selbstverständlich gingen öfters die verschiedenen Waffengattungen mit Verve aufeinander los. In bezug auf handfeste Raufereien stand der »Sterngarten« dem Keferloher Pferdemarkt keineswegs nach. Von einer dieser Schlachten um Minne, verletzten Stolz und loses Schäkern wurde noch lange danach erzählt. Am Ende des Kampfes zwischen Angehörigen des Infanterie-Leibregiments und Münchner Schweren Reitern, in dessen Verlauf fast der gesamte »Sterngarten« auseinandergenommen wurde, ermittelte man die Leiber als Schuldige und meldete sie zur Bestrafung bei ihrem Oberst, der von der Sache bereits wußte. Mit grimmiger Miene und nach vorne gekrümmtem Oberkörper schritt er die Front ab, äugte von einem seiner Männer zum andern und fragte lauernd: »Wie is'? Habts se's g'haut, die anderen?«
Wie aus einem Mund rief daraufhin die ganze Schar: »Jawoll, Herr Oberst! Und wia!«
Die Augen des Kommandeurs sollen gefunkelt haben, während er sich die Hände rieb, zufrieden nickte und antwortete: »Brav, brav! Abtreten!«

Daß die Neuhauser und Kaufingergasse dicht gesäumt von Bier-, Wein- und Kaffeewirtshäusern der gehobenen Art waren, wurde schon erwähnt. Dazu kamen noch die Bräustuben von einem halben Dutzend Biersiedern, die mit steigendem Reichtum daran gingen, ihre schlichten Gästelokalitäten ein wenig auszuschmücken. Davon konnte bei den beiden uralten Wirtshäusern an der Theatiner- und »Fingergasse«, so genannt, weil man mit ausgestreckten Armen die Häuser beider Seiten gleichzeitig zu berühren vermochte, keine Rede sein. Das eine befand sich dort, wo sich heute die Bauten als Theatinerstraße 3 sowie Maffeistraße Nummer 1 und 3 ausweisen, zu der anno 1876 das Fingergäßl wurde, und hieß »Schleibingerbräu«. Wenn die Gäste zusammenrückten, und dies geschah allabendlich, gingen 80 Personen in das niedrige, verrußte Lokal, in dem, seiner Heimeligkeit wegen, besonders gerne die Lakaien der gegenüberliegenden Residenz verkehrten. Dem Schleibingerwirt gehörte auf der anderen Straßenseite auch der »Büchlbräu« mit seiner Gaststube, die dort bis gegen Ende des 19. Jahrhunderts existierte. Rechts neben dem Schleibingerbräu an der Theatinerstraße markierte die Drogerie A. Randlkofer das Eckhaus zum Fingergäßl. Der vierstöckige, im späten Mittelalter entstandene Bau mußte 1876 dem Durchbruch der neuen Maffeistraße weichen. Randlkofer etablierte sich neu an der Dienerstraße, wo später aus seinem Geschäft das nachmals berühmt gewordene Delikatessenhaus Alois Dallmayr wurde.

Auch Musiklokale gab es schon

Als nobelster Münchner Musikgarten des Biedermeier und noch lange danach galt das »Englische Café« am Maximiliansplatz auf dem nachmaligen Bernheimer-Grundstück. Besonders hübsch sah es hier an warmen Sommerabenden aus, wenn die Wirtin, eine als »etwas rauh« beschriebene Tochter des Lohnkutschers Krenkl, die bunten Glaslaternen anzündete, die nun die Bäume und das Buschwerk des Gartens illuminierten. Berühmte Kapellen aus Italien und Wien spielten Serenaden und flotte Walzer. Ansonsten gastierten damals in den Gaststätten, die sich Musikdarbietungen leisteten, entweder Militärkapellen oder Mit-

An der Ecke der Drogerie Randlkofer (rechts) an der Theatinerstraße zwängte sich das nur 130 Zentimeter breite »Fingergassl« zum Max-Joseph-Platz. Später wurde die Perusastraße daraus.

Das »Englische Kaffeehaus« (heute Bernheimerhaus am Lenbachplatz) galt damals als »vornehmstes Musiketablissement« der Stadt.

glieder des städtischen Orchesters, das in sechs »Musikcompagnien« von jeweils sieben Mann aufgegliedert war. Jede dieser »Compagnien« bekam vom Magistrat ein bestimmtes Lokal zugewiesen, wo sie musizieren durfte. »Compagnie« Nr. eins spielte im »Löwengarten« an der Sophienstraße auf, das der Architekt Gabriel von Seidl später in ein (Alt)-Deutsches Haus verwandelte. Nummer zwei agierte beim Bögner im Tal, Nummer drei in der »Arche Noah«, Nummer vier im »Schwarzen Adler« an der Kaufingerstraße, Nummer fünf in der Bürgertrinkstube am Marienplatz und Nummer sechs beim Eberlbräu in der Sendlinger Gasse. In allen übrigen Schenklokalen außer den schon genannten waren Musikdarbietungen unüblich.

Die besonders beliebte Vergnügungsstätte »Prater« auf der Isarinsel gehörte schon zu den etwas außerhalb der Stadt gelegenen Ausflugslokalen, von denen ein gutes Dutzend populär waren. Beim »Prater« handelte es sich um einen auf zwei Seiten von der Isar umspülten Baumgarten mit Bierschenken, Küchengebäuden, einem halben Hundert Tische und Stühle, mehreren Ringelbahnen und zwei Karussells. An Sonn- und Feiertagen spielte eine Militärkapelle. 1867 wurde der Prater mit allem Zubehör versteigert, und aus war's mit all den Herrlichkeiten.

Nicht minder gern wanderten die Münchner nach Bogenhausen, zu den Gärten des »Oberen Wirts« oder in jenen des Gasthofs Neuberghausen, wo es große, überdachte Tanzböden gab und jeden Sonntag ein öffentlicher Ball stattfand. Auf die Kinder warteten auch hier ein Karussell und eine Schiffschaukel. 1838, nach dem Tod des einst mächtigsten bayerischen Ministers Maximilian von Montgelas, verwandelte sich sein Wohnsitz, das Schlößchen Brunntal nahe Bogenhausen in ein lauschiges Gartenlokal so recht nach dem Geschmack des etwas »gehobeneren« Münchner Publikums, da gleichzeitig ein Badebetrieb angeschlossen war, dessen Kuren internationale Gäste an die Isar brachten. Der sich immer mehr ausdehnende Badebetrieb führte am Ende zur Schließung dieses romantischen Ausflugslokals.

Auf der anderen Isarseite, hinter den »Am Gries« genannten Herbergen, wo

Vom lauschigen biedermeierlichen »Paradiesgarten« nahe dem Englischen Garten mit seinem typischen Freiluft-Tanzpavillon blieb nur noch ein einfaches Wirtshaus übrig.

vorwiegend für den Hof arbeitende Wäscherinnen mit ihren Familien hausten, existierte neben den Resten des einstigen äußeren Befestigungswalls der »Paradiesgarten«, dessen verheißungsvoller Name zusammen mit Musik- und Tanzdarbietungen an allen schönen Sonntagen die Münchner in Scharen anlockte. Auch er mußte dem Bodenspekulantentum weichen. Der Name erhielt sich zwar in einer Gastwirtschaft, der Garten verschwand hingegen spurlos.

In Nymphenburg sollte eine neue Stadt gegründet werden

Im Westen, ziemlich weit vom Stadtkern entfernt, war der »Kontrollor« in Nymphenburg nahe dem königlichen Schloß besonders beliebt. Mit diesem »Kontrollor« hatte es eine eigenartige Bewandtnis, die in die Geschichte des 18. Jahrhunderts zurückgreift. Kurfürst Karl Albrecht – er regierte von 1726 bis 1745, hatte Bayern in den unseligen Österreichischen Erbfolgekrieg verstrickt und war sogar für ganz kurze Zeit als »Karl VII.« ein machtloser deutscher Kaiser – wollte sich auch noch als »Städtegründer« feiern lassen und trug sich allen Ernstes mit dem Plan, das Nymphenburger Schloß zum Mittelpunkt eines neuen, urbanen Gemeinwesens zu machen, wobei sich die einzelnen Stadtteile der neuen, selbstverständlich »Carlsstadt« geheißenen Metropole von den verschiedenen am Schloßrondell gelegenen Kavaliershäusern aus entwickeln sollten. Leider erwies sich das Ganze als Phantasieprodukt. Ein Schriftstück aber blieb erhalten. In ihm suchte der damalige »Hofkontrollor« Franz Christian Hieber um die Genehmigung nach, eine »Tafernwirtschaft jure reali auf die exzellente Behausung zu erhalten«, die von ihm unter Aufnahme erheblicher Darlehen auf dem Grundstück erbaut worden war, das ihm der Kurfürst »im zukünftigen Mittelpunkt von ‚Carlsstadt' gelegen« großherzigst für erwiesene Sonderdienste geschenkt hatte und das plötzlich, nach Aufgabe der Gründerpläne, wertlos geworden war. An der Genehmigung, ein Gasthaus aus der Spekulationsruine zu machen, ließ es der Landesherr am Ende nicht fehlen. Das als Patrizierbehausung konzipierte Bauwerk wurde, benannt nach Hiebers Beschäftigung, »Der Kontrollor«, ein biedermeierlicher Ausflugstreffpunkt besonders liebenswürdiger Art und Mittelpunkt des alljährlich im Herbst veranstalteten Magdalenenfestes.

München bei Nacht

Um ein »München bei Nacht« dieser Jahre war es traurig bestellt. Verwöhnte Reisende, die London oder gar Paris kannten und darauf hofften, sich in München wenigstens andeutungsweise im Stil dieser Weltstädte amüsieren zu können, wurden bitter enttäuscht. In August Lewalds »Panorama von München«, erschienen 1835, heißt es dazu lapidar: »Es wäre sicher nicht angenehm, nachts in Münchens Straßen zu lustwandeln. Da die öffentliche Beleuchtung zu den schlechtesten gehört, die man nur finden kann, so ist es stockfinster. Privatbeleuchtungen fehlen gänzlich. Die Laternen an den meisten Hotels, von einiger Erheblichkeit, entbehren nur des Dochtes, des Oels und der Flamme, aus begreiflichen, öconomischen Rücksichten. Die Läden, ich spreche hier von glänzenden, welche die Gegenstände des Luxus enthalten, werden mit anbrechendem Abend geschlossen und erleuchtete Caffeehäuser fehlen auch, welche ihr Licht auf die Straße verbreiten könnten. Die unbedeuthendsten Städte thun es München darin zuvor. Die Gendarmen wandeln hier still und wild, mit gespanntem Feuerrohre, durch die Straßen der Stadt wie am Tage, und ihre reitenden Glaubensgenossen patrouillieren nach allen Richtungen in gemessenem Schritte ebenfalls lautlos einher. Es ist sehr sicher in München, und wer einen gesunden Schlaf hat, darf sich ihm ungestört überlassen. Man ist so sehr besorgt, die Ruhe nicht zu stören, daß wenn es hie und da einem Fremden einfällt, zu pfeifen, zu singen, laut zu sprechen auf der Straße, sogleich diese Gendarmen da sind, als stiegen sie aus der Erde herauf, und ihm wohlmeinend rathen, ‚still zu seyn und nach Hause zu gehen'. Sie tragen sich auch ungebeten als Begleiter an und verlassen den Fremden erst an der Hausthüre, oder sie nehmen sich gar die unbequeme Mühe, ihn zur Hauptwache zu bringen und dort beherbergen zu lassen.«

Soziale Spannungen

Am 19. September 1830 schrieb Münchens Polizeipräsident von Rinecker einen warnenden Brief an die Regierung des Isarkreises, in dem er auf die sich häufenden Klagen der Bevölkerung »bezüglich eines Mangels an Verdienst, über Theuerung auf dem Viktualienmarkte und die schlechte Qualität der dort zu beziehenden Waaren« ebenso hinwies wie auf die »angeblich schlechte Verwaltung der Viktualienpolizei«. Zusätzlich hieß es in der Nachricht: ». . . muß erwähnt werden, daß die Anzahl derjenigen, welche teils aus eigener Schuld, teils durch sonstige Einwirkungen Mangel leiden, in der Stadt und Umgebung nicht gering ist, da die Unzufriedenen und vermeintlich Unglücklichen aus dem ganzen Königreiche nach und nach sich hier her begeben haben und viele Familien, die mit Frau und Kindern ihre Ansässigmachung hier erwirken, von dem ersten Augenblicke an, wo sie dieselbe erhalten, dem Bettelstabe verfallen sind. Dann steht da noch die Dürftigkeit der hiesigen Einwohnerschaft zu dem Vermögensstande in sehr großem Mißverhältnis, wozu noch der traurige Umstand kömmt, daß Immoralität und Arbeitsscheue immer allgemeiner sich verbreitet.«

Der oberste Sicherheitsbeamte der Stadt ergänzte sein Schreiben mit konkreten Vorschlägen, den angesprochenen Übeln zu begegnen. Er schlug vor, sowohl die Gendarmerie als auch die Wachen zu verstärken, unliebsam aufgefallene Fremde umgehend auszuweisen, Maßnahmen gegen Mehlmischungen und -verfälschungen zu ergreifen und die Bäcker zu veranlassen, ein besseres Brot zu backen, insbesondere aber darauf hinzuwirken, daß der Bierpreis ermäßigt und eine wesentliche Verbesserung des in München ausgeschenkten Gebräus herbeigeführt würde.

All dies unterstreicht: Die Atmosphäre im München der dreißiger Jahre verschlechterte sich zusehends. Zum einen war die sich verbreiternde Kluft zwischen dem ständig größer werdenden Heer der frustrierten Habenichtse und den offensichtlich immer reicher werden Besitzbürgern daran schuld. Zum andern wurde der Unmut der kleinen Leute durch zu übertreuerten Preisen angebotene Lebensmittel minderer Sorte gesteigert, und die Klagen gegen die Brauer häuften sich wieder. So hatten sich einige unter den Bräu darauf spezialisiert, den Ärmsten der Armen ein sogenanntes »Nachbier« zum Preis von 8 Pfennig die Maß anzubieten, der dann auf Veranlassung des Magistrats sogar auf 4 Pfennig pro Liter herabgesetzt wurde. Bei diesem »Nachbier« handelte es sich um eine Aufbereitung der allerletzten, aus den Trebern gewonnenen Würze zu einem Getränk, das, wie der Magistrat offen bekundete, »zwar den Durst löscht, aber keinerlei Nahrung gibt. Dieses Getränk ist daher nicht viel besser als gefärbtes Wasser«. Der Unterschied zum richtigen Bier war so eklatant, daß die Einsichtigen unter den Brauern selbst ein Nachbier-Brauverbot forderten, »weil die Wuth der niederen Klassen sich nur noch steigere, so bald sie erkennen, wie übel das Zeug ist, das man ihnen als Nachbier vorsetzt«.

Und wieder: Klagen gegen Bierfälschungen

Bis zur 1832 erfolgten Wiedereinführung der sieben Jahre vorher abgeschafften Pressezensur mehrte sich die Flut der Druckschriften gegen Teuerung und Bierfälschungen von Monat zu Monat. Daß die Kritiker mit ihren Hinweisen auf handfeste Übertretungen des Reinheitsgebotes durch einzelne Münchner Brauer durchaus nicht abseits der Realität agierten, bewiesen sogenannte »Verbesserungsrezepturen«, die damals bei den Brauern von Hand zu Hand gingen. Selbst in den wohlmeinendsten finden sich Passagen wie diese:
»Die meisten Bierbrauer und Braumeister thun stolz darauf, daß sie geheime Mittel zu kennen glauben, dem Bier einen besonderen Geschmack zu geben. Sie nehmen daher Gewürze und dererley unter das Bierzeug, so daß manchmal das Bier selbst verschiedenen Geruch von allerley Gewürzen und der Apotheken annimmt. Dabei läßt sich mit aller Wahrheit und Bestimmtheit behaupten, daß zu einem guten Bier nichts weiter gebraucht wird als Wasser, gutes Malz, guter Hopfen und gutes Unterzeug, welches sich vom Bier selbst macht. Nur wenn das Zeug etwas matt ist, kann man geistigen Branntwein oder lieber Kirschbranntwein darunter mischen. Das soll aber nur den Winter

über mehrmals geschehen. Um dem Bier einen guten Geschmack zu geben, braucht man kohlensaueres Gas. Wer davon zuviel drin hat, nehme etwas Zucker und werfe ihn ins Bier. Man darf dann trinken so viel man will und wird nicht mehr berauscht.«

Der Verfasser einer »Beleuchtungsschrift des Münchner Bräuervereins« ging das Problem so an: »Bei uns genießt der Bräuer gewiß alle erdenkliche Freiheit in seiner Bier-Manipulation. Die magistratischen Besuchsherren, die ihn von Zeit zu Zeit in seinem Geschäft überraschen (sollen), bringen nichts als ihre Geschmacksorgane zur Vornahme der Probe mit, und erst dann, wenn der Bräuer das Publikum mit gar zu ungenießbarem oder der Gesundheit schädlichem Bier benützt hat, und deshalb schon dreimal von der Polizeibehörde bestraft worden ist, darf der Wirth sein Bräuhaus verlassen, der Bräuer aber wird für die erstmalige Bierfälschung oder Alterirung nur mit 40 fl. bestraft, während er vielleicht schon um 4000 fl. und noch mehr hiervon abgesetzt hat.«

Und ferner: »So sagen wir ganz offen, daß wir uns noch sehr wohl aus den 1780er und zum Theil noch Anfangs der 1790er Jahre eines ebenso guten, aber gehaltreicheren Bieres erinnern, wobei das Halbglas, wenn es überfüllt war, am Tisch kleben blieb und die Maaß dennoch nur 3 Kreuzer kostete! Gegenwärtig aber, wo zuviel am Bier gekünstelt und geschminkt wird, giebt es dahier einige Bräuer, welche sich sogar öffentlich der Kunst rühmen, daß sie das am besten mundende Bier, ungeachtet dessen, daß es gehaltloser und substanziös geringer, als das in den übrigen Bräuhäusern sey, so zu fabriziren verstünden, daß es unter Hunderten, die es frisch vom Ganter weg trinken, nicht einmal zwey oder drei Gäste merken! Und solch ein Bräuer gilt dann unter vielen seiner übrigen Zunftgenossen und vor dem ununterrichteten Publikum als ein Löwe des Tages!«

In einer Pariser Zeitung las man zur gleichen Zeit: »Die Bayern sind ein derbes, aber gutmütiges Volk, sie ließen eher Holz auf sich spalten, als daß sie zu einem Aufstand zu bringen wären. Doch man nehme oder verkümmere ihnen ihr Bier, und sie werden wilder revolutieren als irgend ein anderes Volk!«

Aber bis zu diesem Zeitpunkt war es noch eine Weile hin. Es mußte erheblich dicker kommen, ehe in München das Faß überlief. »Irgendwann einmal aber wirds krachen«, prophezeite anno 1834 Münchens erster Ordnungshüter und fügte hinzu: »Dann aber wird was los sein, Leute!«

Zwanzig Bierbrauer gehen bankrott

Der Mann lag richtig. Die Armen würden immer ärmer, die Reichen immer reicher, hieß es im Volk. Zumindest für die Brauer in München traf dies zu. Tatsächlich begann um 1831/32 ein in der Bierstadt München in den vergangenen zweihundert Jahren nicht mehr beobachtetes Brauereisterben. Innerhalb von zwei Jahren gingen an die 20 Braustätten pleite, während sich die Betriebe der wohlhabendsten Biersieder zu Großunternehmen entwickelten, wo man alle auf dem Brausektor angebotenen technischen Neuerungen sofort auf ihre individuelle Brauchbarkeit überprüfte und im positiven Fall einführte. Schuld an dieser selektiven Entwicklung waren die ständig steigende Zahl der Bierschenken sowie die ruinösen Bemühungen der einzelnen Bräuer, sich Wirte zu angeln, die bereit wären, ihr Bier zu verkaufen.

Am 1. August 1831 schrieb Gabriel Sedlmayr II., der Sohn des Spatenbräu-Gründers, an einen Freund: »Wir hier in München leben und sieden drauflos, als wenn's Geld zum Fenster hereinflöge, während der Hausknecht es täglich mit vier Pferden zum Tore hinaus zu den Wirten fährt, die sich mit 3 Pfennig Mannesnahrung kaum mehr begnügen. Die Wirte brüsten sich ordentlich mit den Gunstbezeugungen der Brauer, die den Herren Bierschenk 2 000 fl. und mehr Capitalien zustecken, ohne sich zu trauen, einen Pfennig Zins zu verlangen, so sich diese nicht bei einem anderen Bräu engagieren!«

Mithalten konnten auf die Dauer nur die Großen, und dementsprechend war die Reaktion der Inhaber von Klein- oder Mittelbetrieben, die Sedlmayr mit dem Satz umschrieb: »Sie fürchteten sich wie der kleinste Hund den Bullenbeißer!«

Die erste Münchner »Bierrevolution« bereitet sich vor

Dies alles vollzog sich, während der König die nach ihm benannte Prachtstraße in die mageren, Richtung Schwabing gelegenen Wiesen des nördlichen Münchner Vorfeldes trieb, zwischen Nürnberg und Fürth die erste Eisenbahn fauchend und rußend einen Vorgeschmack der Segnungen des neuen Industriezeitalters gab, Hofmaler Stieler an seiner Schönheitsgalerie pinselte, während der Allgemeine Deutsche Zollverein ins Leben gerufen wurde, – eine Art wirtschaftlicher Vorform der späteren politischen Einheit Deutschlands –, in München eine schreckliche Cholera-Epidemie (1836) Hunderte von Menschen das Leben kostete, das erste Salvatorbier bis nach Griechenland exportiert wurde, wo König Otto aufs Wohl der Bayern die Humpen leerte ...

... während König Ludwigs Haupt- und Residenzstadt draußen an der Straße nach Landsberg, nördlich der Abzweigung zur Theresienwiese, auf dem sogenannten südlichen Marsfeld ihren ersten Bahnhof bekam, von wo aus man den neuen Zug nach Lochhausen benützen konnte, während die Staatsbibliothek an der Ludwigstraße ihrer Vollendung entgegenging und der Erzgießer Ferdinand Miller mit dem Guß seiner Bavaria beschäftigt war.

All dies geschah in einem Jahrzehnt ausnehmend niedriger landwirtschaftlicher Rohstoffpreise, ausgezeichneter Ernten und geringer Naturkatastrophen. Diese Phase ging im Sommer 1843 abrupt zu Ende. Die Preise stiegen plötzlich wie seit den Hungerjahren von 1816/17 nicht mehr, aus Württemberg, Baden, sogar aus der Schweiz, kamen Getreideaufkäufer zur Münchner Schranne und bezahlten

»Es kam im Sturmes Wogen das wilde grause Heer vor d'Wirtshäuser gezogen in aufgeregter Wehr. Die Fenster und die Läden, die nahmens schrecklich her. Die Wägen und die Fässer, die blieben auch nicht leer.« Revolutionsszene im Tal vor dem Isartor. Flugblatt von 1844.

Den Bräu geht es an den Kragen

Es wurde allerdings ein höchst münchnerischer, fast gemütlich zu nennender Aufstand daraus. Und wären nicht die beiden Toten gewesen, die Münchens erste Bierrevolte forderte – auf der Seite der Gesetzeshüter kam ein Schwerer Reiter ums Leben, während die Revoluzzer »einen Bürgersmann betrauerten, der von einem Gendarmen mehr gegen dessen Absicht im Gewirr und eigentlich ganz unschuldigerweise mit dem Bajonett erstochen ward«, wie ein Chronist schrieb –, hätte man das Ganze im nachhinein als eine etwas aus den Fugen geratene Riesengaudi abtun können. F. X. Gabelsberger, der Erfinder der Stenographie, notierte später ein wenig süffisant: »Die Revolte wegen dem Bier lief, wenn man so sagen darf, mit einer solchen Ordnung und ächt bayrischen Besonnenheit ab, daß ausser den Bräuhäusern, auf welche der derbe Unwille der Volksmassen und des Militärs selbst gerichtet war, keines Menschen Eigenthum beschädigt oder gefährdet ward!« Wo außer in der Hauptstadt des Bayernlandes hatte man so etwas später von einem Aufstand sagen können! Dabei war tatsächlich Unerhörtes geschehen, ehe die Volksseele ins Kochen geriet! Hatten sich doch die Biersieder von einem Tag auf den andern erdreistet, ob der eingetretenen Rohstoffverteuerung den Bierpreis von sechs Kreuzer auf sage und schreibe: sechseinhalb Kreuzer zu erhöhen! Die Nachricht von dieser Ungeheuerlichkeit wirkte, als hätte man den Münchnern für die nächste Woche den Weltuntergang angekündigt.

»Ham S' es g'hört – Maria 'nd Josef – 's Bier – um zwei Pfennig mehra!« – wütete es von Haus zu Haus, von Straße zu Straße, und dann ging's los! In den bayrischen Geschichtsjahrbüchern las sich das hinterher so:

»Die in der Stadt laufenden Gerüchte von den schlimmen Thaten bestätigten sich. Im Löwenbräuhause waren alle Fensterstöcke mit riesiger Gewalt eingerammt, im großen Pschorrhause, beim Wagnerbräu, beim Augustinerbräu zertrümmert, was der Wuth der Angreifer nicht Widerstand zu leisten vermochte. Die Manipulation, welche man dabei anwendete, war in der Regel folgende: Ein Trupp Men-

Unsummen für Gerste, Roggen, Weizen und Hafer, da in ihren Ländern als Folge über ganz Mitteleuropa hereingebrochener Naturkatastrophen – Serien von Unwettern, anhaltender Regen, Hagelschlag und frühe Nachtfröste – kaum noch Getreide vorhanden war. Als Sündenböcke fanden sich – Münchens Brauer! Daß man diesen plötzlich das Dreifache dessen für Gerste abnahm, was ein Jahr früher hatte bezahlt werden müssen, interessierte die Münchner kaum, als der Bierpreis stieg.

Es war ihnen wurscht. Mochte alles der Teufel holen – sie hatten die Nase voll von ihrer Regierung, vom Magistrat und von den Biersiedern, die sich daran gewöhnt hatten, »wie Fürsten und Grafen herumzustolzieren, die sich riesige Bierfestungen bauten und sich wie Pfauen zur Schau stellten, um zu zeigen, wie reich sie geworden waren«. Daß dieses herbe Urteil nur auf einige wenige zutraf, die zudem von ihren intelligenteren Kollegen belächelt und geschnitten wurden, wollte niemand mehr wissen, das sprichwörtliche Faß schwappte über: Die Münchner entschlossen sich, »Revoluzzion« zu machen, die Bier-Revolte brach aus. Am 1. Mai 1844, einem Freitag.

schen, ohne Unterschied des Geschlechtes, anständig und gewöhnlich (normal) gekleidet, wälzte sich, mehrere Hundert stark, unter durchdringendem, gleichsam die Anführertrompete ersetzendem Pfeiffen vor ein Bräuhaus. Die vor demselben stehenden Biertransportwägen, massiv gebaut, wurden im Nu ihrer Deichsel, oder wenn's nöthig war, ihrer Räder beraubt. Die Deichsel diente zum Thoreinrennen. Dieselbe wurde nämlich von sechs bis acht Individuen erfasst und wie ein regelmäßiger Perpentikel auf das verschlossene Thor zugestoßen, bis endlich dasselbe nachgab und nach allen Seiten aufsprang. Hatte man ein Thor eingeschlagen, gings über die Fenster los. Buben und Weiber, die aus den gegenüberliegenden Häusern dem Spektakel zuschauten, schleppten Steine herbei, mit denen man auf die Fenster schmiß.«

Tumulte während des Erzherzogs Hochzeit

All dies geschah – die Schand', oh, die Schand' – zur gleichen Stunde, als man in der königlichen Residenz die Hochzeit der Prinzessin Hildegard mit dem österreichischen Erzherzog Albrecht vorbereitete, die am Sonntag, den 3. Mai »unter gesitteter Theilnahme der Bürger Unserer Hauptstadt auf den dafür bestimmten Straßen und Plätzen« gefeiert werden sollte. Ob es dieses »allerhöchste Ereignis« war, das die Brauer veranlaßte, den Bierpreis umgehend wieder auf den alten Stand von 6 Kreuzern zurückzunehmen, um dem Königshaus die Blamage revoltierender Volkshaufen ausgerechnet am Hochzeitstag der beliebten Prinzessin zu ersparen, oder die Angst, daß sich der Bieraufstand zu einer richtigen Revolution auswachsen könnte, ließ sich später nicht mehr in Erfahrung bringen. Die Tumulte hörten dennoch nicht so schnell auf, wie die Bräu sich das gedacht haben mochten. Einmal in Fahrt, wollten die Leute das Vergnügen, es den Großkopfeten zu zeigen, bis zur Neige auskosten. Und so krachten weiter Bräuermöbel auf die Straßen und Bilderrahmen samt den Konterfeis stattlicher Biersieder gegen Hauswände, zersplitterten Fensterstöcke und Türrahmen, floß weiter frisches Sommerbier kostenlos aus weitgeöffneten Spunden in Revoluzzerkrüge, bis die sich daran anschließenden Riesenräusche selbst die wildesten Aufständler wenigstens vorübergehend müde werden ließen.

Trotz Revolte ein Hoch auf den König

Am andern Tag freilich, am Samstag, ging's weiter wie gehabt, und am Sonntagvormittag machte sich die Menge mit neuer Kraft ans Werk, den Bockkeller auseinanderzunehmen, was ihr auch prächtig gelang. Mitten in all dem Durcheinander passierte allerdings etwas so absurd Merkwürdiges, so umwerfend die tatsächliche Atmosphäre Erhellendes, Münchnerisches, daß es vielen nichtbayerischen Beobachtern der Szene die Sprache verschlug. Der preußische Gesandte von Küster bemerkte Tage später dazu: »Was nun aber am 3. Mai sich that, gehört zu den großen Denkwürdigkeiten der Landeshauptstadt! Vorher noch hatte es die schlimmsten Ausschreitungen gegeben, dann rief der königliche Hochzeitszug stürmische Begeisterung hervor, und am Abend desselben Tages wurde weiterrandaliert. Zwischen loderndem Kampfe gab es ebensolche Begeisterung für das Königshaus!«

Auch der städtische Chronist vermerkte ähnliches:
»Die Straßen durch welche der Hochzeitszug führte, waren wirklich sehr schön geziert. Es wurden fast ununterbrochen Vivats gehört und Niemand konnte bei so eklatanten Manifestationen der Volksliebe zum Königlichen Hause begreifen, wie Stunden vorher die nun so festliche Stadt von einem höchst traurigen Exzesse hatte heimgesucht werden können. Der festliche Umzug ging somit ohne alle Störung vorbei, ja, er erinnerte vielmehr an die schönste Zeit wahrer Volksbegeisterung für das erlauchte Haus Wittelsbach.

So nahte denn allmählig der Abend. Ich ging Nachmittags ins Thal und sah dort von einem Fenster aus, wie der große Platz vor der Hochbrücke durch Kürassiere gesperrt war, weil, wie ich hörte, neuerlichst grobe Exzesse beim Maderbräu vorgefallen. An demselben Nachmittage fand in gleich verheerender Weise ein Exzess im Bockkeller seine Fortsetzung. Krüge und Gläser, Bänke und Tische, kurz alles Bewegliche wurde entweder zertrümmert oder in den nahen Kanal geworfen. In der Nacht vom dritten Mai wurde die Hofpfisterei und das K. Hofbräuhaus in gleicher Weise wie die anderen früher beschädigten Bräuhäuser durch Steinwürfe verheert, alle Fenster eingeschlagen, respektive eingeworfen.«

Freisprüche für die Revoluzzer

Es wurde später nie angezweifelt, daß sich vorwiegend die unterste Volksschicht an diesen Ausschreitungen beteiligte. Andererseits – und auch darüber herrschte nirgends Unklarheit – war man selbst bis hinauf in die »höchsten Stände« der Meinung, daß »die Leute recht daran getan hatten, es den Brauern einmal zu zeigen, und daß man mit Bittschriften bestimmt einen ähnlichen Erfolg nicht hätte verzeichnen können«. Mit Sicherheit wäre es selbst für die größten Pessimisten dieser unruhigen Tage unvorstellbar gewesen, den Bieraufstand von 1844 als eine Art politisches Wetterleuchten zu begreifen, das dann vier Jahre später zu jenem Unwetter führte, das die Abdankung König Ludwig I. bewirkte. Und auch hier wieder: Um das bis dahin in München Undenkbare Realität werden zu lassen, mußte es schon viel schlimmer kommen, mußte – was dann ja auch geschah – eine Epoche zu Ende gehen.

Die Verhandlung gegen die Ruhestörer im Oktober führte zu einer von niemandem erwarteten Einstellung aller Verfahren. Die Ausnahme bildeten zwei Verurteilungen. In einem Fall begnügte sich das Gericht mit einer Sicherheitsleistung von 2000 Gulden an Stelle von fünf Jahren Arbeitshaus samt einer fünfjährigen Polizeiaufsicht, und im zweiten Fall mußte der Delinquent sogar nur 300 Gulden an Stelle von zwei Jahren Polizeiaufsicht bezahlen. Trotz einer königlichen Rüge sprach das angerufene Oberappellationsgericht später noch einen weiteren Angeklagten frei.

Bürgerporträts

Nach diesen Mai-Aufregungen des Jahres 1844 ging man in der Landeshauptstadt sehr rasch wieder zum normalen Leben über. Insbesondere jene Bürger, die sich ein bestimmtes Maß an Reputation, Vermögen und Immobilienbesitz erworben hatten, ließen sich durch keinerlei pessimistische Voraussagen aus dem wahrlich biedermeierlichen Gleichmaß ihres Lebensrhythmus bringen, den Lewald in seinem »Panorama von München« so beschreibt:

»Ein Münchner Bürger, der einigermaßen sein Auskommen hat, arbeitet wenig und lebt nur dem Vergnügen. Er überläßt seinen Gesellen die Arbeit, seiner Frau den Verkauf und die Wirthschaft. Er steht nicht zu früh auf und ißt mit seiner Frau die Morgensuppe, die bald aus Brod, bald aus geröstetem Mehle besteht und durch Pfeffer sehr pikant gemacht wird, um zum Trunke zu reizen. Sobald das Fleisch, das für den Mittag bestimmt ist, den ersten Grad der Eßbarkeit erlangt hat, wird ein gutes Stück heruntergeschnitten und dem wackeren Meister mit Senf zum Imbiß aufgetragen. Dieses Gericht wird ‚Schüsselfleisch' benannt und ist sehr beliebt. Nachdem es eingenommen worden, nimmt der Meister Hut und Stock und begibt sich ins Weinhaus. So nahet die Essenszeit. Der Meister begibt sich nach Hause. Die Speisen, die alle Tage auf den Tisch kommen, können seinen Gaumen nicht mehr reizen. Es ist eine sogenannte eingekochte Suppe, eine Fleischbrühe mit irgend einer Art von Mehlteig, dann das Voressen, oft aus dem Kopf des Kalbes bestehend, in saurer Tunke und endlich das Rindfleisch mit Gemüse. Dieselbe Ordnung und dieselben Gerichte kehren alle Tage wieder.«
Anschließend verhalf ein Nickerchen zu neuer Unternehmungslust, die sich dann in einem geruhsamen Spaziergang zusammen mit der Frau Gemahlin austobte, der mit einer ordentlichen Brotzeit endete. Nun war es an der Zeit, sich das nötige Quantum Bier einzuverleiben, was im Sommer am besten in einem Keller geschah, um dort »die Reihe der täglichen Mahlzeiten mit einem Stück Kalbsbraten oder einem gebratenen Huhn auf würdige Weise zu beschließen«.

Den täglichen Frühschoppen ließ sich Münchens Bürgertum – an einen geregelten Tagesablauf gewöhnt – auch angesichts noch so turbulenter Ereignisse kaum entgehen.

Zu einem ähnlichen, freilich noch spezifischeren Urteil über die bürgerliche Lebensphilosophie dieser Jahre in München kommt Jahrzehnte später Max Haushofer in seiner Broschüre »Der Münchner im socialen Lichte«:

»Das gesellige Leben ist im alten München nicht auf der Grundlage der Familie entstanden, wie anderwärts. Es ist kein gastlich erweitertes Haus, sondern eine Flucht aus dem Hause. Das Wirtshaus ist die Lebensschule des Münchners wie des hier weilenden Fremdlings. Es ist beschämend und ist mehr als abgedroschen; aber es muß ausgesprochen werden: die Genußwelt des alten Münchners concentrirte sich in seinem Nationalgetränk. Das war sein einziger Luxus und sein Stolz; alle anderen Charakterzüge des alten Münchners treten tief in den Schatten gegenüber Hopfen und Malz.«

An dieser Stelle darf die bösartige, aber – sagen wir – nicht ganz realitätsferne physiologische Schilderung eines Münchner Bierfreundes der Biedermeierjahre nicht fehlen, die uns Lewald ebenfalls in seinem »Münchner Panorama« überliefert: »Ein Biertrinker, der den Namen verdient, ist stattlich beleibt, seine Hände sind fleischig, dick, die langen Finger sind nicht mehr wie durch Schwimmflossen verbunden, sondern sie stehen eben, gleich, wie kurze Bratwürste auseinander. Der Bauch ist schön aufgebläht und schlottert nicht, sondern er läßt sich gravitätisch vorwärtsschieben. Der Hals ist kurz, die Schultern breit, mit Fett gepolstert. Der Kopf ist sehr rund, die glatten, glänzenden Haare sind nur dünn und zeigen die heiße Stirn mit starken Hautwülsten. Die Augen glänzen stark und treten bedeutend hervor, das sogenannte Weiße darin schillert in allen Farbregistern. In den Augenwinkeln ist ein schönes Blutroth nicht wegzuläugnen. Der gewöhnliche Ausdruck des Auges ist ein festes ‚Vorsichhinsehen', in der vulgären Sprache: Stieren oder Glotzen genannt. Während der Mund trinkt, offenbart sich darinn aber ein hoher Grad an zärtlicher Schwärmerei. Nun endlich die Nase! Ein Schwamm im Entstehen – glühend wie rother Fingerhut – und den Keim von vielen kleinen Schwämmchen schon in sich tragend, die alle kommen werden, wenn die Zeit da ist!«

Münchens Brauer interessierten sich für solche Beobachtungen wenig. Sie hatten, als Folge der Vierundvierziger-Krawalle, andere Sorgen.

Brauereien sinken im Wert

»Das Volk hatte« – wie ein Pamphletist es verkündete – »seine Kraft kennengelernt und es war für dasselbe ein förmliches Maifest, diese Krawalle jetzt alle Jahre Anfangs Mai, später auch zu anderen Zeiten zu wiederholen«. Die Bräu konnten gar nicht daran denken, den jeweiligen Bierpreis den immer teurer gewordenen Rohstoffpreisen anzupassen, ohne neuen Aufruhr herauszufordern, und verkauften die Maß fast schon im Normalfall unter den ihnen vom Regulativ zugestandenen Niedrigstpreisen, oft um zwei, drei und 1846 sogar um vier Pfennig unter der vom Staat vorgeschriebenen Summe. Insbesondere ein paar Münchner Bierbrauer rangen sich sogar zu dem »patriotischen Entschluß« durch, die Maß acht Pfennig unter dem Satz auszuschenken! In vielen Wirtshäusern stießen die Bürger plötzlich auf die unterschiedlichsten Bierpreise für alle gängigen Sorten, vom einfachen »Schöps« bis zum »Luxus-Bock-Bier«. Der Weg zur freien Preisentwicklung schien sich anzubahnen. Josef Deuringer meinte ein Vierteljahrhundert später zu dieser Situation: »Viele Brauereien blieben von da ab leer stehen. Theils aus Drang, theils auch weil deren Besitzer reich genug waren, um von ihren Renten leben zu können, und die Brau-Plackerei von sich abwälzen wollten. Viele suchten aus den selben Gründen ihre Brauhäuser zu verkaufen. Aber, siehe da – die Zeiten hatten sich geändert! Die vor zehn, ja noch vor sechs Jahren so sehr gesuchten, so theuer bezahlten Brauereien waren jetzt nicht nur ungemein im Preis gesunken, sie waren jetzt *gar nicht mehr verkäuflich*, weil sich eben gar kein Käufer mehr vorfand!

Ich weiß einen Fall, daß *in dieser Zeit Jemanden die Nachricht, er habe eine Brauerei geerbt, mit tiefstem Schrecken erfüllte!* Es trat der unglaubliche Fall ein, daß man eine Brauerei nur dann verkaufen konnte, wenn aus dieser ein Wirtschaftsrecht entfloß. Es wäre ein Fall zu konstatiren, daß eine der schönsten Brauereien Münchens, für welche Ende der dreissiger Jahre 300 000 Gulden geboten wurden, zu Ende der vierziger Jahre nicht um 100 000 Gulden an den Mann zu bringen war!«

Niemand in München, und schon gar nicht die Brauer selbst, konnten sich vorstellen, daß der mehr denn je zum politisch-atmosphärischen Thermometer gewordene Bierpreis jemals wieder nach oben in Bewegung geraten würde. Dann aber folgte das Revolutionsjahr 1848. Zu weit hatte sich erneut die Kluft zwischen den Vorstellungen der Leute über den soliden Preis einer Maß Bier, nämlich maximal 4 Kreuzer, aufgetan, und dem, was Brauer und Wirte, inklusive einer angemessenen »Mannesnahrung« (Verdienst), glaubten verlangen zu müssen, um einen Minimalgewinn zu erwirtschaften, nämlich 6 Kreuzer. Aber obwohl die Männer des Bieres noch ein paar Pfennige im Preis nachließen, machten sich am 1. Mai Gruppen von Radaubrüdern ans Werk, in ausgesuchten Wirts- und Brauhäusern alles kurz und klein zu schlagen. Wieder mußten Truppen ausrücken, erneut gab es Verletzte und sogar einen Toten.

Drei Landwehr-Regimenter, bestehend aus freiwilligen Bürger-Soldaten, die zu ihren Wochenendübungen selbstgekaufte Uniformen trugen, standen bei Ausbruch der Märzunruhen »Gewehr bei Fuß«. Eingesetzt wurden sie kaum.

Nach ihrem erfolgreichen Sturm aufs Zeughaus am 4. März 1848 rückten die aufgebrachten Münchner über den Stachus in Richtung Residenz vor. Am Promenadeplatz gelang es Prinz Carl vor dem Hotel »Zum Bayerischen Hof«, die Volksmassen zu stoppen und zu beruhigen.

Die Tänzerin Lola Montez löst den Sturm aus

Dieser vorgezogene Bierkrawall – der große, besonders spektakuläre folgte erst im Oktober – war im Grunde mehr ein Nachwirken der Ereignisse, die am 20. März zur Abdankung des Königs geführt hatten. Die kreuzbraven, königstreuen, in ihrer überwiegenden Mehrzahl stockkonservativen bayerischen Bürger – die kleinen Leute interessierten sich noch immer kaum für Politik – waren aufmüpfig geworden, hatten begonnen, wider den Stachel zu löcken, und sich sogar – speziell in München – zu der Unglaublichkeit verstiegen, sich um das Privatleben Seiner Majestät zu kümmern, in dem seit vielen Monaten die Montez Lola in einer Weise rumorte, daß es den braven Bürgersdamen und der Geistlichkeit die Scham- und den gesitteten Bürgern die Zornesröte ins Gesicht trieb. In der Tat verfügte die appetitliche Spielgefährtin des alternden Ludwig über mehr Rasse, Temperament und Schönheit denn Fingerspitzengefühl oder gar die einer königlichen Freundin angemessene Klugheit. Und so trat sie von einem Fettnäpfchen ins andere, produzierte einen Skandal nach dem andern und gängelte Bayerns Herrscher bis hinein in die wichtigsten politischen Entscheidungen. Als ihr der Monarch gar noch einen Gräfinnentitel verpaßte, wodurch die resche Lola zur Frau von Landsfeld avancierte, war bei der Münchner High-Society von 1848 der Ofen aus – Einladungen des Königs zu Festlichkeiten, bei denen die Montez

Lola Montez (J. K. Stieler, 1847).

mit von der Partie war, wurden nicht mehr angenommen. Ludwig wiederum, tiefgekränkt und voll eines Zorns, den sein schlechtes Gewissen in dieser Sache noch verdoppelte, reagierte mit Starrsinn und Unvernunft, wechselte Minister aus und drohte mit militärischen Maßnahmen, als es auf den Straßen zu Zusammenrottungen kam. Studententumulte heizten die revolutionäre Stimmung weiter an und führten am 9. Februar zur Schließung der Universität mit dem ausdrücklichen Befehl des Königs, daß alle auswärtigen Studierenden die Stadt binnen zwei Tagen zu verlassen hätten.

Aber auch der »Gräfin Landsfeld« schlug die Stunde. Selbst der noch immer rasend verliebte Ludwig merkte langsam, daß ein weiterer Aufenthalt der Tänzerin in der Stadt unmöglich geworden war, und verfügte ihre Entfernung. Begleitet von den Pfui-Rufen einer tausendköpfigen Menge fegte Lolas Kutsche die Theresienstraße hinaus in Richtung Westen, während sich Pöbelhaufen daran machten, die verlassene Villa zu plündern. Da sich die zuständigen Offiziere dazu als unfähig erwiesen, mußte der König selbst den aufmarschierten Kürassieren den Befehl erteilen, die Plünderer zu vertreiben und die Straße von Aufrührern zu räumen. Der Skandal weitete sich immer mehr aus.

Sturm aufs Zeughaus

Zu allem Unglück für den Monarchen kam es Ende Februar in Frankreich zum Sturz des Bürgerkönigs Louis Philippe, ein Geschehnis, das in ganz Deutschland revolutionäre Stürme entfachte, gegen die Ludwig in seinem Herrschaftsbereich mittels martialischer Militärdemonstrationen anzugehen versuchte, die das Maß vollmachten. Ein Sturm der Entrüstung fauchte durch München und mobilisierte jetzt auch die bis dahin sich Zurückhaltenden. Am 4. März stürmten aufgebrachte Bürger das Zeughaus und griffen sich alles an Hieb-, Stich- und Schießgerät, was sie vorfanden. Anschließend stapfte die abenteuerlich bewaffnete und herausgeputzte Menge in dumpfer Entschlossenheit zum Promenadeplatz, wo Armeeinheiten ihren Weitermarsch zur Residenz verhinderten. Fast vierzig Minuten lang standen sich die waffenstarrenden Gruppen in immer bedrohlicherer Nähe gegenüber, ehe die Botschaft des Königs bezüglich einer Landtagsvorverlegung die andernfalls kaum noch aufzuhaltende große bayerische Rebellion verhinderte. Zwei Tage danach erfolgte Ludwigs als »Märzproklamation« in die Geschichte eingegangene Bekanntgabe verschiedener Reformen, wie jener der »vollständigen Preßfreiheit« (die allerdings nicht allzu lange währte), der Abfassung eines Polizeigesetzbuches und der Vereidigung des Heeres auf die Verfassung. Das Volk antwortete mit der allerletzten Ovation für den Monarchen, die dieser als König von Bayern entgegennehmen durfte.

Als es am 16. März auf das Gerücht hin, die schöne Lola sei zurückgekehrt, erneut zu Unruhen kam und ein weiterer Sturm aufs Zeughaus bevorzustehen schien,

Nach Lolas Flucht plünderte die Menge die der Montez vom König übereignete Villa an der Barer Straße.

Mit dem Sturm aufs Zeughaus am Jakobsplatz (heute historisches Stadtmuseum) erreichten die Märzunruhen ihren vorläufigen Höhepunkt.

zeichnete sich das Ende der für Bayern und insbesondere für die Stadt München doch recht positiven Epoche Ludwigs I. ab. Die beiden letzten Akte des Dramas gingen am 19. und 20. März über die Bühne: Der König übertrug die Krone seinem Sohn Maximilian II. und unterschrieb am darauffolgenden Tag seine Abdankungserklärung.

Die Bierkriegsoper vom Oktober 1848

Ermuntert durch so unerwartet große revolutionäre Erfolge, blieben die den Behörden inzwischen schon sattsam bekannten Biereiferer und selbsternannten Qualitäts- und Preisüberwacher den ganzen Sommer über in permanenter Krawall-Laune. Es bedurfte nur eines geringfügigen Anlasses, um ein erneutes Losschlagen zu provozieren. Obwohl die Brauer und Wirte in schier existenzbedrohender Preisdisziplin die Maß Bier für 4 Kreuzer und 2 Pfennige abgaben, entzündete sich der neue Aufruhr an eben diesen zwei Pfennigen. Bereits am 13. Juli war es im Tal vor dem Maderbräu (heute Schneider-Weißbierhaus) zu einem ersten Gefecht zwischen den Bierrebellen und Linientruppen gekommen, wobei die Krawallmacher, dem Pariser Vorbild gemäß, eine »Volksbarrikade« errichteten. Am Ende blieben zwei Soldaten, acht Gendarmen und vierzehn Bierpreiskämpfer schwerverwundet auf der Walstatt.

Aber diese »Schlacht um den Maderbräu« war nur ein Vorspiel, eine Art Ouvertüre der blutigen Bierkriegsoper, die noch ins Haus stand. Am Nachmittag des 17. Oktober zogen erneut Volkshaufen durch die Stadt und forderten johlend und pfeifend eine Zurücknahme des Sommerbierpreises auf 4 Kreuzer. Als nichts dergleichen erfolgte, begann es – wie gehabt – zu krachen, zersplitterten Fensterscheiben, flogen Steinbrocken in blitzsaubere Bräuerwohnstuben, herrschte Aufruhr. Münchens stramme Polizeitruppe aber ließ die Wütenden gewähren, machte keinen Finger krumm, dem ungesetzlichen Treiben Einhalt zu gebieten. »Man habe nämlich eingesehen«, erläuterte ein Schilderer der Ereignisse hinterher, »daß die Gendarmerie in ihrer geringen Stärke dem Publikum gegenüber nichts auszurichten vermag, und daß deren Erscheinen und Einschreiten die Wuth der Tumultanten nur vergrößern würde! Dieserhalb beließ man die Polizeitruppen in ihrem Hauptquartiere an der Weinstraße«. Um ein weiteres zu tun, damit den braven Gendarmen kein Leid geschähe, ließ der Magistrat eine ganze Kompanie Linien-Militär vor der Polizeidirektion aufmarschieren, um die Rechtsverteidiger – man greift sich an den Kopf – zu bewachen!

Am darauffolgenden Tag zogen die Brauhausstürmer, nun schon gefechtserfahren und mit taktischen Finessen vertraut, wiederum los, verstärkt durch »viel Volk, Buben, schlimme Weiber und dergleichen aus Giesing und der Au«. Unter Vorwegnahme späterer Protestgepflogenheiten skandierte die Menge im Chor: »Wir wollen die Maß für vier« (Kreuzer), was sich so anhörte: »D' Maßß fia viere – d' Maßß fia viere – d' Maß fia viere!«

Revoluzzerbier zum Nulltarif

Den Bräuern und Schankwirten wurde es, je mehr sich ihre Schutzlosigkeit offenbarte, immer mulmiger. Hatten sich doch, wie jetzt in Erfahrung zu bringen war, unter die Kerntruppe der Aufrührer – Handwerksgesellen, halbwüchsige Burschen und rebellische Frauenspersonen – in der Zwischenzeit auch zahlreiche Soldaten gemischt, die nun damit begannen, Freibier zu fordern. Die Losung wirkte wie ein erhellender Blitz auf die übrigen. »A Freibier muaß her – raus' mit'm Freibier!« hießen die neuen Parolen, und bald floß das Gebräu zum Nulltarif in Strömen.

Am Nachmittag des 18. Oktober durcheilte das Gerücht die Stadt, daß die Bräuknechte vom Pschorr in der Neuhauser Gasse drei Soldaten erschlagen hätten. Daraufhin gab's kein Halten mehr. Von allen Seiten, aus allen Gassen rückten die Volksmassen an, zertrümmerten Pschorrs Wirtshaus, nahmen die Brauerei und den Fuhrpark auseinander und ließen das Freibier schäumen, während Stoßtrupps die Treppen zu den oberen Stockwerken erklommen und aus der Wohnung des bekannten Bräus Kleinholz machten. Einrichtungsgegenstände aller Art, Geschäftsbücher, Schmuckstücke, Bilder, zwei Flügel, Betten und Kleider flogen auf die Straße und verschwanden dort, soweit sie sich noch verwerten ließen, auf Nimmerwiedersehen. Es wurde so recht eine Stunde der Raub- und Diebsgesellen, die volle sechzig Minuten über ungehindert alles, was nicht niet- und nagelfest war, mitnahmen.

Soldaten stehen »Gewehr bei Fuß«

Auf der anderen Straßenseite nahe dem Karlstor standen in gelassener Ruhe zur gleichen Zeit ein Leutnant Moritz Freyschlag samt fünfundzwanzig wohlbewaffneten Linienfoldaten und beäugten abwartend, »da kein anderweitiger Befehl vorhanden«, wie sich der Offizier später entschuldigte, das nicht uninteressante Geschehen. Genauso zurückhaltend verhielten sich die damals in München stationierten fünf Linienregimenter samt Tausenden von Bürgerwehr- und Freikorpsleuten, die alle »keinerlei diesbezügliche Befehle« erreichten.

Am Ende riß einigen gestandenen Landwehrmännern der Geduldsfaden. Ohne Befehl, quasi kraft eigener Order, stürmten sie das Pschorrbräu-Anwesen, nahmen die Rädelsführer fest und erschlugen einen Schuhmachergesellen, der mit einem Säbel auf sie eindrang. Der allein bei Pschorr entstandene Schaden – der junge König Max überzeugte sich andertags persönlich am Schlachtort von den Verwüstungen – betrug an die 23 000 Gulden, wie sich hinterher herausstellte. Ähnlich rabiat ging's bei den anderen Bräuern zu. Der Löwenbräu brachte sich und seine Familie vor den betrunken anrückenden Horden »mittels einer von großem Muthe getragenen Abseilung aus dem im zweiten Stockwerke gelegenen Fenster in Sicherheit«. Simpert Floßmann, der Stubenvollbräu vom Anger, der am 19. Oktober vom Regierungspräsidenten den Auftrag erhielt, den Preis von jetzt viereinhalb Kreuzer für die Maß

unter allen Umständen zu halten und dafür bei Meldung auf der Hauptwache die Zusage militärischer Hilfe für alle Brauer bekam, berichtete dem Bürgermeister über den Vortag:
»Als ich des Abends in mein Haus zurück kam, ist ein großer von Soldaten geführter Volksschwarm meist betrunkener Leute in meine Wirtschaft gedrungen, um nach dem Bierpreis zu fragen. Ich sagte: ‚Viereinhalb Kreuzer, aber heute könnt ihr so viel ohne Geld trinken wie ihr wollt!‘ Sie aber machten geltend, daß wenn mir mein Leben und mein Eigenthum geschützt werden solle, ich das Bier um 4 Kreuzer abgeben müsse. Dann forderten die Rädelsführer Handschlag auf Ehrenwort, daß ich diesen Preis den ganzen Winter über halten würde. Als dies geschehen, bildeten sie einen sogenannten ‚Sicherheitsausschuß‘ für mich, meine Frau und mein Eigentum und zogen, gleiches zu tun, wenn er sich als willig erweise, zum Menterbräu ab. Freilich nicht, ohne vorher noch zwei Stunden lang tüchtig zu zechen.«

Ebenso erging es dem Hackerbräu Josef Sedlmayr. Bei ihm verlangten zwölf Infanteristen einen Vierkreuzer-Bierpreis, lehnten erst Freibier ab und erzwangen mit gleicher Drohung die Zusage des Vierkreuzerbieres. Jetzt hätten *sie* die Gewalt, und nur *sie* könnten ihn schützen. »Hierauf ließen sie sich und die zahlreichen Mitläufer nieder und zechten bis Dreiviertel auf zwölf Uhr teils mit, teils ohne Bezahlung.« (Sedlmayr)

Der Buchhalter des Spatenbräu, Joseph Leitner, bekam am gleichen Tag von seiner Schwester Therese folgenden Brief: »Lieber Sepp, in großer Eile mache ich Dir zu wissen, daß soeben in unserer Küche erzählt wurde, daß im Hofbräuhaus schon alles zusammengeschlagen ist heute Nachmittag, und daß man es beim Augustinerbräu auch schon angesagt hat. Setze Herrn und Madame Sedlmayr in Kenntnis, damit diese vielleicht Anstalten und Vorkehrungen treffen können, um das Ärgste zu verhindern. Beim Augustinerbräu hat sich die Herrschaft schon in den Keller geflüchtet. Gott gebe, daß diese Sache glücklich ausgeht. Mir ist sehr bang um Euer ganzes Haus. Es grüßt Dich innig Deine Dich liebende Schwester.«

Spottbilder dieser Art, in denen die Karikaturisten die absurde Tatenlosigkeit des Militärs und der Behörden gegenüber den Revoluzzern geißelten, erschienen damals in ganz Deutschland.

Kritik an den laschen Behörden

In einer von 2 500 der angesehensten Bürger unterschriebenen Eingabe an den König finden sich folgende Einleitungssätze: »Die Tage des 16., 17. und 18. Oktobers waren Zeugen furchtbarster Angriffe auf Leben und Eigentum unserer Stadt. Niemals hat Bayerns Metropole solche Greuel der Vernichtung gesehen, aber auch nie solche Schwäche und Rathlosigkeit jener Behörden, denen der Vollzug der Gesetze anvertraut ist . . . «

Und in einer Münchner Zeitung las man: »Wie ist es möglich, daß in einer Haupt- und Residenzstadt mit 5 000 Mann regulären Militairs, mit einigen Tausenden Landwehrmännern ein Haufen Besoffener plündert, raubt und zertrümmert, wo und solange es ihnen gefällt? Warum hat der Offizier, welcher vor dem Pschorrbräu mit ungefähr dreissig Mann gestanden, als die Greuel in demselben verübt wurden, keinen Befehl zum Einschreiten gegeben? Warum hat man nicht gleich den Generalmarsch geblasen?« (Alarmierung sämtlicher in München stationierter Truppenteile.)
In der Tat, fragt man sich noch heute, warum denn nicht?

strat bezeugten als Hauptthemen nicht die Märzrevolution oder die Bierkrawalle den Ernst der Stunde, vielmehr überlegten die um ihre schöne Wiesn besorgten Stadtväter, wie man diese noch attraktiver machen könnte, um am Ende zu beschließen, das Fest zukünftig mittels einer »grandiosen Beleuchtung« zu erhellen!

Fürs Oktoberfest »Olympische Spiele«

Etwas ganz Besonderes ließ man sich 1850 einfallen. Die Bierbuden durften von nun an nicht mehr wahllos, irgendwo verstreut ins Theresienwiesengras gepflanzt werden, sondern mußten sich fein säuberlich und genau nach Plan ums Königszelt gruppieren, dessen Zentralposition dadurch eine weitere Betonung erfuhr, während in das bisherige Wiesnchaos eine gewisse Ordnung kam. Ferner beauftragte der Magistrat den Turnlehrer Ludwig Balthasar Gruber, dem vom klassischen Altertum bestimmten Modetrend folgend, im Rahmen des Oktoberfestgeschehens zur Ausrichtung »Olympischer Spiele«, in deren Verlauf Münchner Handwerksgesellen in den Disziplinen Spießwerfen, Felsbrockenschleudern, Radlaufen, im Griechisch-Römischen Ringkampf sowie im Stab- und Nackenringen gegeneinander antraten.

Der damalige Polizeichef setzte sich nach Nymphenburg ab, um keine Entscheidungen fällen zu müssen. Spottbild, Herbst 1848.

Auf der Wiesn aber blieb es friedlich

In jeder anderen Stadt wäre die Vermutung naheliegend gewesen, daß all diese turbulenten, ja staatsgefährdenden Ereignisse um ein alkoholisches Getränk nicht zuletzt ein Volksfest tangierten, das sich im Lauf der Jahrzehnte immer mehr zu einer Huldigung an eben dieses Getränk entwickelt hatte. Nicht so in München. Weder erwog der König noch überlegte man beim Magistrat einen Augenblick lang, der verschiedenen Bierkrawalle wegen das Oktoberfest aus Gründen der Sicherheit abzusagen oder zu verbieten.

Die Münchner dachten auch gar nicht daran, die Wiesn zum Schauplatz von Krawallen, gleich aus welchem Anlaß, zu degradieren. Die Stadt bewies lediglich Vorsicht und veranlaßte während kritischer Zeiten, daß am Oktoberfest-Hauptsonntag die Landwehr in Alarmbereitschaft versetzt und, wie es in den Tagesbefehlen hieß, »scharf munitioniert« wurde. Eingreifen mußte sie nicht. Selbst nicht im Revolutionsjahr 1848. Den jungen König Max II. umbrandeten vielmehr Vivat- und Hochrufe, als er samt Familie und Hofstaat am Wiesnhauptsonntag vor dem Königszelt erschien. Von einer Revolutionsstimmung unter den Festbesuchern konnte keine Rede sein. Im Magi-

1850 wird die Bavaria errichtet

Das größte Wiesnereignis aller Zeiten freilich bescherte den Münchnern die feierliche Enthüllung der von Ludwig von Schwanthaler modellierten und von Ferdinand von Miller in Erz gegossenen, 22 Meter hohen »Bavaria« auf der Theresienhöhe am 9. Oktober, deren Aufstellung drei volle Wochen, nämlich vom 20. Juli bis zum 7. August 1850, gedauert hatte und an der vorher fünf Jahre über gearbeitet worden war. Damit der Festakt möglichst unbehelligt vollzogen werden konnte, hatte die Polizei Warnungsplakate

Nach und nach kamen immer mehr Schausteller auf die Wiesn. Auch Zirkusse gehörten bald zum gewohnten Bild. Holzstich nach einem Gemälde von Louis Rach.

um den Ort des Ereignisses mit folgendem Text plaziert: »Da die Enthüllung der Bavaria durch Umstürzen eines Brettermantels geschieht, haben sich alle Kutscher in dem Augenblick ihrer Pferde wohl zu versichern.« Ein zwei Stunden dauernder Prunkzug, gestaltet von Münchens prominentesten Künstlern, gab der Festlichkeit ein besonderes Gepräge. Wegen einer ausgedehnten Schlechtwetterperiode genehmigte der Stadtrat eine zweitägige Wiesnverlängerung.

Cholera in München führt zum Wiesnverbot

Anno 1854 – im Jahr des Glaspalastbaues – passierte es dann doch: Die Abhaltung des Oktoberfestes wurde verboten. Schuld daran war nicht die hohe Politik. In dem durch Zuzüge vom Land, sowie durch Eingemeindungen der östlichen, jenseits der Isar gelegenen Orte Haidhausen, Giesing und Au auf über 100 000 Einwohner gewachsenen München drohten weder Bierkrawalle (obwohl die Maß längst wieder über 6 Kreuzer kostete) noch gar eine Revolution. Ende Juli stand viel Schlimmeres an: Erneut schlug die Cholera zu. Innerhalb von achtzig Tagen erkrankten 6 000 Münchner, 3 000 starben. Im »Münchner Bilderbogen« schrieb Franz von Dingelstedt, damals Hoftheaterintendant: »Die erste große Industrieausstellung im neuerbauten Glaspalast war eröffnet worden zum großen Mißbehagen der ultramontanen Presse, die längst ein Konzert von Unkenrufen anstimmte. Gleichsam zur Bestätigung zog mit dem Fremdenstrom die asiatische Seuche ein, um ihre Geißel zu schwingen. Die Zustände wurden allmählich schreckenerregend. Ein schwefelgelber Dampf schien über der Stadt zu liegen. Auf den Straßen sah man nur die bekannten schwarzen Wagen, alle Fremden stoben in panischer Furcht davon. Schwer wie Blei stockte das Blut in den Gliedern der Gesunden, als wäre die Luft vergiftet. Die Zahl der Toten stieg allmählich auf hundert und mehr jeden Tag.«

Für die Ökonomen der bayrischen Hochebene und des Voralpenlandes wurde der alljährliche Oktoberfestbesuch zum jeweiligen Vergnügungshöhepunkt des Jahres. Originalzeichnung von P. Bauer.

700-Jahr-Feier

Vier Jahre später leistete sich die Stadt ein fulminantes siebenhundertjähriges Gründungsjubiläum mit einem entsprechenden Festzug, und für die Wiesn wurde ein neues Königszelt angeschafft. Die seit 1839 alljährlich herausgegebenen Oktoberfestzeitungen, ursprünglich frech, witzig, satirisch und boshaft, waren im Lauf der Jahre immer zahmer und zahnloser geworden, so daß sie kaum noch gekauft wurden. Der Liter Sommerbier kostete 6 Kreuzer und zwei Pfennig, 100 g Emmentaler Käse fünfeinhalb Pfennig und eine Semmel einen Pfennig. Ab 1861 ist in den Zeitungen immer wieder und ganz im Stil der heutigen »Wiesnberichterstattung« von neuen Rekorden ums Oktoberfest die Rede.

Immer mehr Besucher (über 100 000) lassen immer mehr Bier durch die Kehlen rinnen und sich immer mehr Brathendl, Steckerlfische und gebrannte Mandeln schmecken. Die Hauptstraße hatte sich das Gepräge eines Jahrmarktes zugelegt. Hier war das Eldorado der Landbevölkerung, die in ihrer überwiegenden Mehrzahl zum ersten Mal im Leben von der neuen Eisenbahn selbst aus den abgelegensten Dörfern und Weilern nach »Minga eini« transportiert worden war und nun die große weite Welt erlebte. Der Ökonomenansturm auf die Hauptstadt und das Oktoberfest wuchs derart, daß an den Sonntagen bis weit in die neunziger Jahre hinein die aus dem Oberland kommenden Züge mit jeweils zwei Lokomotiven bestückt werden mußten, um die Masse der Fahrgäste »verkraften« zu können. Selbst in den Güter- und Viehwaggons saßen die festlich herausgeputzten Oberlandler mit ihren Familien dicht an dicht. 1864 zählten Experten am Wiesnhauptsonntag 150 000 Bauern zu Füßen der Bavaria, die sich zwar vorrangig auf der Landwirtschaftsschau bei der erstmals durchgeführten großen Viehprämiierung umsahen, hinterher aber genauso tüchtig in den Bierbuden hinlangten. An Stelle des verstorbenen Königs Max II. kam diesmal Bayerns jugendlicher Monarch Ludwig II. zur Wiesneröffnung, der sich später nur noch wenige Male in dieser Umgebung sehen ließ.

Bei dieser »Hatz« hatte sich ein durch dicke Felle geschütztes Mannsbild der Bisse wütender Hunde zu erwehren. Vorführungen dieser Art wurden später auf dem Oktoberfest verboten.

Die »grüne Minna« wird gestürmt

Zu aufruhrähnlichen Exzessen entwikkelte sich anno 1865 eine eigentlich recht harmlose Rauferei um einen weggeworfenen Wettschein zwischen zwei jungen Burschen. Während der eine beim Auftauchen der Polizei flüchtete, wurde der andere unter den empörten Protestrufen der Umstehenden arretiert und in eine »grüne Minna« zum Abtransport ins Polizeigefängnis gebracht. Was die sich rasch vergrößernde Zuschauermenge als reine Willkür kritisierte. Kategorisch bestanden die Leute auf Freilassung des Arretierten. Die Polizei aber schaltete auf stur, verlor jedoch die Partie gegen die erdrückende Übermacht, bezog Prügel und war am Ende auch noch ihren Gefangenen los. Einem Gendarmen gelang die Flucht in den Hinterhof eines Anwesens an der Herzogspitalstraße, wo ihn eine tausendköpfige Menge bis weit nach Mitternacht belagerte. Der Mann wäre zweifellos gelyncht worden, hätten ihn nicht zwei Kompanien Infanterie und zwei Eskadrons Kavallerie aus seiner peinlichen Lage befreit. Die Armee hatte Mühe, die rabiaten Münchner zum Heimgehen zu bewegen.

Neben den 18 Bier-, 4 Wein- und 3 Kaffeebetrieben hatten sich 1868 über 200 Verkaufsstände und Schaustellerbuden auf dem Festplatz etabliert. In der Stadt verkündeten die allerersten Oktoberfestplakate von täglich wechselnden Sensationen in der Bierbude des Festwirts Josef Hermann, der neben Hunderennen sogar Mus-Eßwettkämpfe veranstaltete.

Das »Wiesn-Märzen« setzt sich durch

1870 gab's keine Wiesn wegen des Krieges gegen Frankreich, der die Bayern an der Seite Preußens sah. Der Ausgang ist bekannt, die Bayern gehörten am Ende mit zu den Siegern, und die Münchner unter ihnen, nicht zu vergessen die heil aus den Kämpfen zurückgekehrten jungen Burschen aus den Landkreisen rings um die Hauptstadt, hatten gute Gründe, das 71er Oktoberfest besonders intensiv mitzufeiern. Als Auftakt bescherte ihnen der Sohn des Franziskaner-Leistbräu, Gabriel Seldmayr (ein Neffe des gleichnamigen Spatenbräus), eine neue Biersorte nach Art des »Wiener Hellen«, deren Rezept er von einer längeren Studientätigkeit in der Brauerei Schwechat mitbrachte. Als »Märzen« – eine Bezeichnung für stärker gehopftes Sommerbier die in München und Umgebung um die Jahrhundertwende in Vergessenheit geraten war – wurde sie den Festbesuchern vom Gastronomen Michael Schottenhamel, Wiesnwirt seit 1868, zum für damalige Verhältnisse gepfefferten Preis von 12 Kreuzer pro Maß angeboten. Allen Voraussagen zum Trotz geriet das neue »Märzen« trotz seines exorbitanten Preises von 3 Kreuzern über der Normaltaxe zum »Superhit« der Wiesn 1871. Die Münchner schluckten Schottenhamels saftige Forderung, ohne zu murren, und sein Franziskaner-Leistbräu-Märzen mit Hochachtung und zufriedener Anerkennung von dessen besonderer Qualität. Selbstverständlich beeilten sich die übrigen Brauer, mit Bieren ähnlicher Art und Güte nachzuziehen.

Ab 1872 avancierte das »Märzen« mit seinem Stammwürzgehalt von 13 Prozent und 4,1 Prozent Alkohol zum Wiesnbier schlechthin und behielt diese Sonderstellung bis nach dem II. Weltkrieg.

Erst 1951 startete der Augustinerbräu Richard Wagner den Versuch, seinen Wiesngästen normales Exportbier mit 12% Stammwürze statt des traditionellen Märzen mit 13,5% Stammwürze anzubieten. Wagners Gespür erwies sich als richtig. Am Ende der beiden Wiesnwochen 1951 stellte es sich heraus, daß im Augustinerfestzelt weitaus mehr Exportbier als das stärkere Märzen getrunken worden war. Die Trendwende sprach sich schnell bei den übrigen Brauern herum. Mit der Folge, daß ab 1958 kaum noch Märzenbier auf dem Oktoberfest zum Ausschank kam.

Noch ein Hinweis auf die Größenordnungen der Wiesn gegen Ende des 19. Jahrhunderts:
Noch 1887 setzten alle 20 Festwirte zusammen mit 3958 Hektoliter nur so viel Bier ab, wie heute an einem einzigen Wiesntag durch die Kehlen der Festbesucher rinnt. Nach der Währungsumstellung von Kreuzer und Heller auf Mark und Pfennig 1875 kauften die Wirte die Maß Bier bei den Brauern um 22 Pfennig und verkauften sie um 32 Pfennig. Dieser Wiesnbierpreis blieb bis zur Jahrhundertwende weitgehend konstant.

Die Technik kommt aufs Oktoberfest

1881 stellte der Metzgermeister Johann Rößler erstmals seine Ochsenbraterei vor, wobei eine Dampflokomobile den von ihm selbst konstruierten zwei Zentner schweren Spieß rotieren ließ, an dem ein ganzer Ochse über dem offenen Holzkohlenfeuer garbriet. 1887 vernichtete ein Großfeuer neben vierzehn anderen Etablissements auch die Weinbude des Festwirts Julius Frey, der bei den Löscharbeiten in den Flammen umkam. Im gleichen Jahr verbot der Magistrat den Pferdeantrieb für Karussells, nachdem ein Roß dabei tödlich verletzt worden war. Eine Riesensensation, die bei den technisch unbedarften Zuschauern, und das war die überwiegende Mehrzahl, immer wieder Staunen, Verblüffung und ehrfürchtiges Kopfschütteln hervorrief, war 1891 die Vorführung des ersten Edison-Phonographen, wobei man über zwei in die Ohren gesteckte Gummischläuche das Londoner Symphonieorchester hören konnte. Als besonderen Clou offerierte der Schausteller »das größte aller Wunder« mit dem Angebot, für eine Mark Sondergebühr »auf diese Walze, meine Herrschaften, sprechen zu dürfen, um hinterher, verehrte Landbewohner, hochgeschätzte Münchner, das Gesprochene, die eigene Stimme, meine Damen und Herren, abhören zu können!« Bezeichnend für die damaligen politischen Gegebenheiten und das politische Klima im Königreich Bayern war ein Verbot, das 1896 durch die Münchner Polizeidirektion erging und die Bude eines Wiesnwirts betraf, der sich »der unglaublichen Instinktlosigkeit schuldig

Johann Rösslers Ochsenbraterei war der Clou der Wiesn 1881. Der Antrieb des sich drehenden Spießes erfolgte über eine Dampflokomobile. Holzstich nach einer Zeichnung von G. Heine.

gemacht« hatte (wie eine Zeitung kommentierte), »per Anschlag zu verkünden, von jedem in seinem Unternehmen verkauften Märzenbier eine Reichsmark an den Gewerkschaftsverein geben zu wollen! Selbstverständlich wurde es daraufhin per Standortbefehl allen Militärpersonen bei strengster Strafandrohung untersagt, genannte Bierbude aufzusuchen«. Im gleichen Jahr 1896 überraschte Michael Schottenhamel die Münchner mit einer wetterfesten, zerlegbaren Bierhalle, in der sechs Kellnerinnen (!!!) gleichzeitig bedienten. Um eine rasche »Abfertigung zu gewährleisten«, hielt er »400 Keferloher, davon 50 mit Deckel ausgestattet«, bereit. Die Wiesn selbst wurde als »größtes Oktoberfest aller Zeiten mit 633 Buden aller Art, darunter jene prächtige von Hagenbeck mit seiner Somali-Karawane« apostrophiert.

Anno 1898 vermerkten fast alle Zeitungen lobend die »immer besser werdenden Musikdarbietungen auf der Theresienwiese, darunter solche von Damenkapellen, Schrammelsextetts, Original Gigerl-Bands und dergleichen. Die Brauer bringen das Bier jetzt in herrlich geschmückten Festwagen, und der Sensationen werden immer interessantere und üppigere, wie das Programm des Zirkus Brumbach, der Riese Molo bei Haase, die Tauchergruppe aus der Südsee und eine Negerschau, die zur Spezies der Menschenfresser gehört.«

Der »Verein gegen betrügerisches Einschenken« wird gegründet

Etwas ganz besonderes Denkwürdiges aber geschah im Hofbräuhaus. Dort gründeten ein halbes Dutzend Bier-Fans in grimmiger Entschlossenheit den »Verein gegen betrügerisches Einschenken«. Er kämpfte von Stund an einen schier aussichtslosen Krieg an dieser so bedeutsamen Bierfront, unentwegt und fast ein Jahrhundert lang. Ein später, längst nicht mehr erwarteter Erfolg krönte 1984 den Feldzug der Gerechten: Die halbwegs guteingeschenkte Wiesnmaß war Wirklichkeit geworden.

Wenn von den letzten fünfundzwanzig Oktoberfesten des 19. Jahrhunderts die Rede ist, dürfen Hinweise auf zwei Männer nicht fehlen, die dieser Wiesnepoche, jeder auf seine Art, ihren Stempel aufdrückten. Der eine als Wirt, der andere als Schaubudendirektor. Den Ehrennamen »Münchner Originale« verdienten sich alle beide: der Steyrer Hans, genannt der »Bayrische Herkules«, und Michael August Schichtl, genannt »Papa Schichtl«.

Der Steyrer Hans

Die Glanznummer des Steyrer Hans bestand darin, einen 508 Pfund schweren Stein mit dem Mittelfinger der rechten

Der Kraftmensch Steyrer Hans.
Sein Schnurrbart maß von einer Spitze zur anderen fast einen halben Meter.

Hand vom Boden hochzustemmen. Zu seinem Trainingspensum gehörte es, ein Vierzigliterfaß mittels Daumen und Zeigefinger einer Hand frei vom Boden weg auf den Ganter zu lüpfen. Aus seiner dreißigpfündigen Schnupftabaksdose vom Umfang einer Zigarrenkiste bot er Freunden und Bekannten mit Grazie eine Prise an. Nie sah man ihn auf seinen Gängen anders als mit einem schmiedeeisernen Spazierstock, mit dem er einmal einen schweren Ochsen durch einen einzigen Schlag tötete. Um die Zeit nach dem Krieg von 1870/71 galt er als der stärkste Mann Deutschlands. Seine Kraftleistungen wurden in allen europäischen Hauptstädten bekannt und bestaunt, eine Reise durch die USA steigerte sich zum Triumphzug. Damals sang in München der kleine, schmächtige Volkssänger Welsch:
»Unser Bayerland schaut jetzt mit Stolz
auf oan Mann,
der mit oam Finger gleich fünf Zentner
hebn kann.
A Kraft g'hört dazua, dös Ding kannt i aa,
wenn i statt der Welsch der Steyrer Hans
waar.«
1851 in Pasing geboren, kam der Herkules, wie alle bayrischen Kraftmenschen damals, aus dem Metzgerberuf. Später heiratete er eine Schweinemetzgerstochter, übernahm verschiedene Gaststätten als Pächter, zuletzt ein Wirtshaus an der Tegernseer Landstraße, wo sich vor der Jahrhundertwende Münchens Kraftsportler trafen. Seine Popularität wuchs noch, als er 1879 Wiesnwirt wurde. Ein riesiges Aufsehen erregte er 1887 mit einem Aufzug so recht nach seinem Zuschnitt: Am Eröffnungssamstag fuhr er einem von ihm inszenierten, an der Tegernseer Landstraße startenden Festzug im Vierspänner voraus, dem in Zweispännern die Musikkapelle, die Schenkkellner und die Kellnerinnen und Köchinnen auf die Theresienwiese folgten. Im Jahr darauf verbot die Stadt diese spektakuläre Schau und verpaßte ihm eine Geldstrafe von 100 Mark, als er einen neuerlichen Aufzug riskierte. Jahre danach wurde aus diesem ersten Einzug eines Oktoberfestgastronomen zum Wiesnbeginn der sich dann alljährlich wiederholende Einmarsch der Wirte und Kellnerinnen am ersten Wiesnsamstag.

Papa Schichtl

Fast noch populärer als der Steyrer Hans aber war Michael August Schichtl, »Schaubudenbesitzer und Zaubertheaterdirektor allhier«. Sein berühmter Slogan »Auf geht's beim Schichtl« wurde sprichwörtlich und von den alten Münchnern noch bis weit ins zwanzigste Jahrhundert hinein immer dann wiederholt, wenn es galt, sich selbst oder andere zu einer

»Papa« Schichtl um 1905.

Derartige Tableaus vom Münchner Oktoberfest fanden sich während der Gründerjahre in allen deutschen Bildblättern. Nach einer Skizze von Julius Adam.

Prinzregent Luitpold ließ es sich nicht nehmen, zu seiner Zeit edle Pferde auf dem Landwirtschaftsfest höchstselbst zu prämieren. Holzstich nach einer Zeichnung von M. Kronbach.

gemeinsamen Gaudi oder einfach zum Handeln anzuspornen. Schichtls saftige Redeflut, die er von der Außenbühne seiner Schaubude auf die Köpfe der Zuschauer herunterprasseln ließ, hatte es in sich. Besonders wenn er unter den Umstehenden einige Ökonomen entdeckte, lief er zu großer Form auf. »Edle, wohlriechende Landbewohner!« begann er dann. »Immer hereinspaziert in mein Etablissemäng! A Zwanzgerl der Logenplatz, extra fein gepolstert mit Eichenbrettl für enkane Hintern! Immer herein, ihr g'scherten Hammel, herein zu dieser Gala-Sondervorstellung! Was stehts denn so damisch da und schaugts wia da Goaßbäderl? Net daheraußn sollts schaugn – drinn bei mir! Wenn zahlt habts, natürlich. Dann könnts enkane Luser aufreißn. Da, hochgeschätzte Menscher, wird nämlich eine lebendige Person von mir eigenhändig enthauptet. Was stehts denn no rum? Habts Zunga im Mäu und schaugts wia a Goaß. Gehts rei' oder gebts ma enka Zwanzgerl a so, dann könnts draußbleim, bis' ofrierts!« Es war eine Programmnummer sondergleichen, die Schichtl, ausgestattet mit einem Clownskostüm und einer dicken roten Nase, den staunenden Zuschauern vor seiner Bude kostenlos präsentierte. Den Höhepunkt aber erlebte man im Innern des »Etablissemäng«. Die berühmte Enthauptung! Schauerlich anzusehen, stand die Guillotine in der Ecke, und das Fallbeil blitzte. Finstere Gesellen in scharlachroten Umhängen flankierten das Gerüst. Bis Papa Schichtl erschien und mit dunkler Stimme einen Zuschauer aufforderte, für eine Gage von drei Mark sich enthaupten zu lassen. Natürlich meldete sich immer einer (Stammgäste erkannten ihn sofort wieder), schritt zögernd zum Schafott und legte seinen Kopf in die blutbefleckte Ausbuchtung. Schichtl löste das Beil, Blut spritzte und das Haupt des armen Sünders wurde vom Herrn Direktor – »noch warm, wie sich das pp. Publikum persönlich durch Berührung überzeugen kann!« – auf einem Spezialteller serviert. Oft kam es vor, daß anwesende Damen sanft in Ohnmacht fielen. Ein Zeitungsreporter schrieb entrüstet: »Seine Darbietungen vermögen wegen ihrer Roheit heftige Angstzustände auszulösen. Indeß machen wir das verehrte Publikum ergebenst darauf aufmerksam, daß ohnzweifelhaft keine reguläre Exekution auf der Bühne stattfindet, vielmehr nur ein dreistes Spiel mit der Sinnestäuschung des verwirrten Betrachters bewerkstelligt wird. Wer auf seine Reputirlichkeit hält, wird sich trotz der Ungefährlichkeit der Enthauptung nimmermehr für ein derartiges Possenspiel darbieten.«

Der gute Mann hatte gar nicht mitbekommen, daß auch der jeweils »Enthauptete« zum Schichtl-Ensemble gehörte!

Schichtl wurde am 22. Oktober 1851 in der Münchner Dachauer Straße als Sohn des Marionettentheaterbesitzers Ignaz Schichtl geboren, reiste schon als Kind mit durch die Lande und hatte kaum Zeit, sich um Schulbücher zu kümmern, wie diesbezügliche Vermerke in seinen Zeugnissen übermitteln. Nach einer Korbmacherlehre zog es ihn dann doch wieder zum Zaubertheater, wo er sich den Titel »Salonphysiker« zulegte, später die Seiltänzerstochter Elinore Karl heiratete und seine eigene Grusel- und Gespensterschau gründete. Auf dem Oktoberfest erschien er erstmals anno 1872. Schichtl starb 1911. Als er am 16. Februar in München begraben wurde, mußten die Stadtwerke Straßenbahn-Sonderwagen zum Waldfriedhof hinaus einsetzen, so groß war die Zahl der Trauergäste.

Die Stadt wächst und wächst

Nach dieser Parforcejagd durch die Oktoberfestgeschichte der zweiten Hälfte des 19. Jahrhunderts wieder einen Sprung zurück ins nachmärzliche München des jäh entschwundenen Biedermeiers, das für die überwältigende Mehrheit aller Bewohner der bayerischen Landeshauptstadt weit weniger betulich und geruhsam

Die Großhesseloher Brücke, erbaut 1857, ermöglichte die Streckenführung nach Rosenheim.

verlief, als die geschichtliche Legende es will. Die 48er Revolution war in Reformengezänk und Bierkrawallen versandet, das für kurze Zeit spürbar gewesene freiheitliche Lüftchen längst wieder von restaurativen Frösten der bayerischen Innenpolitik erstickt. Andererseits stürzte die Stadt ab 1850 in einen Wachstums- und Technisierungsprozeß von nie erlebtem Ausmaß. Innerhalb eines Jahrzehnts stieg die Einwohnerzahl von 88 000 auf 130 000. Die Neue Pinakothek an der Barer Straße und am Königsplatz die Propyläen erfuhren ihre Vollendung, hinter dem Stachus entstand der Glaspalast, auf der Theresienhöhe hinter der Bavaria wurde die Ruhmeshalle fertiggestellt.

1852 begannen die Arbeiten an Münchens neuer Prachtpromenade, der Maximilianstraße, erhielt der Schrannenplatz den Namen »Marienplatz« und zog der Markt hinter das Heiliggeistspital. 1857 legte man den Grundstein zum Maximilianeum und leitete den Ausbau des Gärtnerplatzviertels ein. Nach Starnberg fuhr jetzt eine (private) Eisenbahn.

Im Stadtrat ging es 1858 in heißen Debatten um die Frage, ob man den Frauentürmen nicht statt der »welschen Hauben« gotische Spitzen verpassen sollte, während sich Schwabing ein eigenes Krankenhaus zulegte und die Armee sich die Max-II-Kaserne baute. Im Vorfeld der Stadt aber entstanden in allen vier Himmelsrichtungen die ersten Mietskasernen mit billigen Wohnungen, in denen jene »Landflüchtigen« Unterkunft fanden, die, des Schuftens als Knechte und Mägde auf den Bauernhöfen der Oberpfalz überdrüssig, in der Stadt auf ein besseres Leben hofften und hier die nächsten Jahrzehnte über das Heer der Hilfs-, Bau- und Industriearbeiter bildeten.

Aus Brauereien werden Bierfabriken, aus »Bräu« Großbürger

Ein nicht minder gravierender Wandel vollzog sich im Braugewerbe. Wie schon angedeutet, schlug den kleinen, noch immer auf handwerklicher Basis arbeitenden, von Spöttern als »Grattlerbräu« apostrophierten Biersiedern in München zwischen 1850 und 1860 die Stunde. Die großen Bräu aber, die Nachfolger der Gründergeneration, bauten nun ihre Unternehmen zu Bierfabriken aus. Ein Kenner der Szene, der schon mehrmals erwähnte Josef Deuringer, beschrieb die Situation im Münchner Braugewerbe 1861 folgendermaßen:

»Hätten die Kleinbrauer ihre Werkstätten mit mehr Geschäftskenntnis namentlich rechnungsmäßig geführt, hätte keine

Um 1850 hatte das Industriezeitalter Münchens Braustätten erreicht. Aus kleinen Handwerksbetrieben wurden entweder riesige Bierfabriken, oder sie verschwanden für immer. Der Stich zeigt die Löwenbrauerei um 1869, mit Sudhaus, Ladehof und Lagerkeller.

Bierfabrik mit ihnen konkurrieren können. 1. weil der Kleinbrauer sein Geschäft selbst betreibt, sicherer überwachen und deßhalb bei gleicher Intelligenz ein sogar besseres Bier als der Großbrauer erzeugen kann, 2. weil er das, was der Großbrauer gewinnt und an die Wirthe geben muß, bei seinem Hausverkauf ganz für sich hat. Allein ist er wirklich intelligent und geschäftstüchtig, so bleibt er eben in München nicht lang Kleinbrauer, er rückt dann rasch in die Reihe der Großbrauer vor. Ist er aber beides nicht, so bleibt er nicht nur nicht Kleinbrauer – er muß ganz aufhören.

Das nichtkundige Publikum wird verwundert fragen: durch was ist diesen Männern (den Münchner Großbrauern) solch unerhörter Aufschwung möglich geworden? Ich wiederhole es: einzig und allein dadurch, daß sie durch wissenschaftliche Ausbildung ihre Zeitgenossen überflügelten, ihrem Geschäft Vortheile ablernten, von denen die übrigen keine Ahnung hatten. Alle kleineren Brauer sahen mit Staunen auf diese neuen Brau-Etablissements.«

Das Engagement der neuen Patrizier

Mit den Erfolgen dieser Großen der Branche wuchs in den meisten Fällen auch ihr Engagement für die Stadt als Gemeinwesen. Sie übernahmen gleichsam – bewußt oder unbewußt – die uralte Verpflichtung der reichen Adelsgeschlechter und Patrizier früherer Tage, nicht nur Geld zu machen, vielmehr für die Stadt und ihre vom Glück weniger begünstigten Bewohner »etwas zu tun«, sei es als Spender von Zuschüssen für soziale Einrichtungen, als Mäzene der schönen Künste oder als Ratgeber in kommunalen Belangen. Das diesbezügliche Wirken Gabriel Sedlmayrs II. (Spaten) entsprach dem Selbstverständnis der meisten seiner Kollegen und wird hier nur als Beispiel herausgestellt. Er kümmerte sich als Regierungsberater um Planung und Prüfung der Gemeinderechnungen, war zuständig für Wohltätigkeitsstiftungen, städtische Beleuchtungs- und Sparkassenprobleme, sowie für die Beschaffung von

Gabriel Sedlmayr II. (1811–1891).

Geldmitteln für die Stadt. Ferner arbeitete er an entscheidender Stelle über Jahrzehnte hinweg mit bei der Aufstellung des Münchner Wasserbauplanes, bei der Stipendienvergabe, der Besoldung städtischer Angestellter, bei der Anlage großer neuer Straßenzüge, beim Ausbau eines neuen Brunnenwesens, insbesondere bei der Beschaffung eines gesunden Trinkwassers, sowie bei einer Reihe von Eingemeindungen. Zusätzlich machte er sich um die Einführung der Gasbeleuchtung verdient, regelte die Getreideabgabe aus den städtischen Vorratskammern, organisierte die Durchführung von Klassenlotterien und des Oktoberfestes und half ab 1864 bei der »Ausarbeitung von Maßnahmen gegen die steigende Gefährdung von Sicherheit und Eigentum«, wie es in einem entsprechenden Magistratsvermerk heißt. Zusammen mit den Pschorrs, Wagner und anderen wirkte er mit bei der Planung neuer Schulbauten und bei jener des städtischen Gebärhauses, hatte wesentlichen Anteil an der Errichtung des Taubstummengebäudes an der Maximilianstraße (heute Museum für Völkerkunde), an der Freibankgestaltung und am Bau des Schlachthofes, des Ostbahnhofes, der Großhesseloher Brücke sowie an der Errichtung einer zweiten evangelischen Kirche. Nicht zuletzt verdankt es München Sedlmayrs Engagement, daß das Polytechnikum in Bayerns Hauptstadt verlegt und 1853 an der Blumenstraße die Schrannenhalle eröffnet wurde, ein Bauwerk, das damals als der Welt modernste Konstruktion in Stahl und Eisen galt. Bezeichnend auch seine Eingabe in jungen Jahren (1848), »es möchten beim Magistrat mehr Gegenstände als bisher öffentlich behandelt werden, um den Bürgern offenzulegen, was dort mit ihrem Geld unternommen wird.« Von 1849 bis 1869 war Gabriel Sedlmayr II. Mitglied des bayerischen Landtags. Daß sich der gleiche Mann ebenso robust und zielstrebig seiner eigenen Brauerei widmete, versteht sich von selbst.

Arbeitsverträge von damals

Über das Verhältnis dieser Brau-Patriarchen zu ihren Arbeitern und Angestellten, bzw. über die sozialen Gegebenheiten, von denen die Arbeitswelt der Brauereibediensteten bestimmt wurden, geben die »Festgesetzten Bedingungen zwischen Herrn Xaver Zacherl, Brauhaus-Innhaber, und seinem sämtlichen Bräu-Personale 1846/47« Auskunft. Dort heißt es unter der Überschrift »Verbindlichkeiten des Bräupersonals:
1. Daß jeder den Anschaffungen des Bräumeisters und des Ober-Knechtes genau folge, und ihnen die gebührende Achtung erweise.
2. Daß sich keiner betrinke.
3. Keine Raufereien anfange.
4. Kein Komplott unter seinen Kameraden anstimme.
5. Daß keiner Fremde um zu trinken in die Bräuknechtstube führe oder anderswo Jemand Bier verabreiche, jeder selbst aber das Bier nicht bei jeder Arbeit, sondern bloß in der Bräuknechtstube trinke.
6. Daß alle Spiele unterlassen bleiben.
7. Daß keiner, der dem andern Geld vorstreckt, von mir zu erwarten hat, daß ich demselben am guthabenden Lohn hierfür etwas abziehe.
8. Keiner darf die Sudzeit hindurch weder an Werk- noch an Feiertagen, selbst auch nicht zur Faßnachtszeit des Abends ausgehen. Sollte jedoch ein Ausgang

nothwendig seyn, und die Zeit es erlauben, so muß derselbe es jederzeit dem Ober-Knecht vorher anzeigen und längstens bis neun Uhr Abends wieder zu Hause seyn. Auf anderem Wege als durch die Hausthüre herein zu kommen, ist strengstens verbothen.

9. Jeder, der mir an Gebäuden oder Einrichtungen aller Art etwas verdirbt, oder ganz oder zum Theil unbrauchbar macht, sey es durch Ungeschicklichkeit, Nachlässigkeit oder gar absichtlich Schaden zufügt, hat vollen Schaden-Ersatz zu leisten.

10. Keiner darf während der Sudzeit ohne besonders wichtigen Grund austretten, und hat dabei die gewöhnliche 14tägige Aufkündigung genau einzuhalten.«

Täglich 7 Maß Bier

In den »Verbindlichkeiten des Bräuhausinhabers« waren acht Punkte aufgeführt:

»1. Für die vorstehenden 10 Bedingungen erhält jeder Bräuknecht von mir die Dauer der Sudzeit hindurch an Monatsgeld 12 Gulden und jeder Helfer 10 Gulden nebst Wohnung, Kost und Trunk, und zwar ob auf einer oder auf zwei (Brau)Pfannen, ob übersotten wird oder nicht. Die ersteren Bräuknechte erhalten überdies noch angemessene Zulagen.

2. An vorstehender Zahlung per 12 Gulden und 10 Gulden sind aber ausdrücklich für jeden Bräuknecht und Helfer monatlich 8 oder 6 Gulden als Lohn, und 4 Gulden als Gratifikation bestimmt, welche Gratifikation zurück behalten, und erst am Ende der Sudzeit auf einmal bezahlt wird.

3. Die Kost besteht Morgens in einer Brod- oder eingekochten Suppe, Mittag in Suppe, Voreßen oder Knödel und ¾ Pfund Fleisch mit Gemüse, Abends in Suppe, die Woche dreimal Braten, drei mal ¾ Pfund Fleisch in der Sauce und einmal jedem 2 Leberwürste, auch jedem täglich ein Weckel Brod.

4. Obige Kost muß aber im Speisezimmer verzehrt, und darf ausser Brod vom Tische nichts mitgenommen werden. Ausnahmen finden nur in besonderen Fällen, bei den Pfannenknechten und dem ersten Mälzer statt, die ihre Kost dann selbst im Speisezimmer holen müssen. Wer beim Essen nicht zu Hause ist, hat später keinen Anspruch mehr darauf.

5. Im Fall einer Krankheit wird Jeder von mir 3 Tage umsonst verpflegt, bei längerer Krankheit aber muß derselbe für Wohnung und Pflege selbst sorgen.

6. Demjenigen, der während der Sudzeit wenn auch mit Grund seinen Austritt verlangt, steht mir frei, Gratifikation zu geben, oder nicht. Jeden aber, der sich gegen einen der vorstehenden Punkte verfehlt, kann ich sogleich fortschicken und derselbe hat in diesem Falle keinen Anspruch auf Gratifikation.

7. Jeder, der über Sommer zu bleiben hat und während des Sommer austretten gedenkt, hat für die Sommermonate weder Gratifikation noch Zulage zu fordern und bekommt dann bloß das gewöhnliche Monatsgeld mit 8 Gulden.

8. Obige Bedingungen sowohl des Bräupersonals als des Bräuhaus-Innhabers werden Jedem beim Eintritt abschriftlich mitgetheilt und zur genauen Darnachachtung eigenhändig unterschrieben.«

Ergänzend dazu noch ein paar Punkte aus einem Münchner Brauereiarbeitervertrag des Jahres 1875. Dort wird darauf hingewiesen, daß »bei Urlaub jeglicher Art jeder Lohn entfällt«, die tägliche Arbeitszeit 11 Stunden beträgt und der Wochenlohn sich für *sieben* Arbeitstage versteht. »An Bier«, heißt es weiter, »erhält jeder Braugeselle täglich sieben Liter.« Ausdrücklich verbothen war es, vom bewilligten Trunk etwas zu verschenken oder gar zu verkaufen, da jedem »dieses Bier nur zu seiner eigenen Nothdurft« zustand.

Der Bierpreis wird »frei«

Mit der Befreiung von den Zwängen des 1811 erlassenen »Regulativs«, das sich, je weiter die Industrialisierung auch im Braugewerbe fortschritt, als immer weniger geeignet erwies, »regulierend« auf das Preis- und Gewinnspannengefüge zwischen Konsumenten, Brauern und Wirten in einer alle drei Gruppen befriedigenden Form einzuwirken, begann 1865 eine neue Epoche. Nicht mehr ein Regierungs- oder Magistratserlaß bestimmte von nun an den Bierpreis, sondern der Markt. Jeder Brauer, selbst jeder Wirt konnte jetzt für sein Bier so viel verlangen, wie er wollte. Wer freilich damit rechnete, daß nun Sensationelles geschehen würde, sah sich enttäuscht. Der Preis einer Maß Sommerbier pendelte sich nach ein, zwei Wochen einer gewissen Unsicherheit und gegenseitiger Beobachtung der Konkurrenten wieder bei 7 bis 8 Kreuzer, je nach Klasse der Ausschankstelle, ein. Die überwiegende Mehrzahl der Biertrinker allerdings reagierte mit noch kritischeren Vergleichen der einzelnen Biere untereinander und schoß mit ihrer Kritik allzuoft weit übers Ziel hinaus. In der Stadt wurde es Mode, Münchner Biere ganz allgemein als schlecht, »ungenießbar«, als »Plempl« zu verteufeln, obwohl fast jeder Fremde, der sich eine Münchner Maß schmecken ließ, kaum mit Lob über deren Qualität geizte. Deuringer faßte die Lage in die Sätze zusammen: »So lange nur die unteren Schichten der Biertrinker schmähen und ihren Unwillen äussern, würde das wenig zu sagen haben, weil diese eben zu einer gründlicheren Untersuchung einer Sache überhaupt nicht zu bringen sind. Daß aber selbst der gebildetste Theil derselben zu den lieblosesten, von totaler Unkenntniß der Verhältnisse zeugenden Urtheilen kommt, das empfinde ich als Bayer hart und unliebsam. Möge niemand das Kind mit dem Bade ausschütten, d. i. den Ruhm, den die bayrische Bierfabrikation sich errungen, möge er ihn nicht mit seinem Haß gegen die Brauer ersticken!«

In Anbetracht dieser Grundstimmung durfte durchaus mit neuerlichen Bierkrawallen gerechnet werden. In der Tat ließen diese nicht mehr allzu lange auf sich warten.

Wieder ging es um »gutes« und »schlechtes« Bier

Um möglichst viele Leute zu »Kennern«, zu »Bierspezialisten« mit Kritikvermögen zu machen, ließ sich Deuringer damals auch über »gutes« und »schlechtes Bier« in einem Traktat aus, und kam zu

folgenden Ergebnissen, die noch heute Gültigkeit haben:
»1. gutes Bier ist glänzend, klar und rein von Angesicht, 2. es schäumt in kleinen Perlen weder mit dickem, noch mit großäugigem Schaum und hält ihn lange Zeit. Es schmeckt angenehm, geistig erfrischend und stärkend, eine feine Süße und Bittere sind von einer kaum bemerkbaren pikanten Säuere so überzogen, daß alle drei bemerkbar, aber keiner hervorragend ist. 4. Es reizt wieder zum Trinken, 5. Es bringt Wärme in den Körper und erheitert den Geist, und 6. stärkt, kräftigt und nährt.«

Bei schlechtem Bier wiederum kritisierte er folgende Negativerscheinungen:
»1. Wenn es trüb ist und Blähungen verursacht, 2. Wenn es leicht, d. h. gehaltlos, und 3. von schlechtem, mattem, schalem Geschmack ist. 4. Wenn es den Magen kalt läßt. 5. Wenn es einen ‚harten Trunk' hat, Verdauungsbeschwerden und Kopfweh verursacht.« Erläuternd schrieb er zu den einzelnen Punkten: »1. Trübes Bier entsteht jederzeit durch fehlerhafte Malz- und Würzebildung und besonders durch schlechte Gährung. Diese Biere müssen Blähungen und Verdauungsbeschwerden erzeugen, da sie noch viele unausgeschiedene Proteinstoffe oder Hefeteile enthalten. Da solche lediglich von schlechtem Geschäftsbetriebe entstehen, ist auch lediglich der Brauer dafür haftbar. Zu 5.: Wenn ein Bier bei sonst guten Eigenschaften einen harten Trunk hat, drückend auf den Magen wirkt, geschieht dies durch ungeeignete Hopfenauflösung, bzw. durch Zusatz von Surrogaten. Man hört hierüber folgende Anschuldigungen gegen die Brauer: 1. Es sei dem Bier Syrup, 2. Lakrizensaft zugesetzt worden. Und 3. biete sich den Brauern ein vortreffliches Mittel an, um schlechten Bieren aufzuhelfen, indem man denselben Weingeist zusetzt. Der unzähligen anderen Zusätze, um Malz und Hopfen zu sparen oder das Bier berauschender zu machen, an die man aber heute nicht mehr so glauben will, gar nicht zu gedenken!«

Solcherart fachmännisch gerüstet, marschierten nun die Biertrinker in die Wirtshäuser und Bierkeller der Stadt, begannen zu schnuppern, abzuschmecken, zu vergleichen, dabei kritisch nach der Bierpreistafel schielend, der Leere im eigenen Geldbeutel wohlbewußt. Daß dabei kaum Ersprießliches herauskam, ist unschwer vorstellbar.

Bismarck gerät in den Verdacht, den Münchner Bierkrieg anzuheizen

Die Krawalle von 1866 freilich hatten weder mit dem Bierpreis noch mit der Münchner Bierqualität dieser Tage etwas zu tun, auch wenn die daran beteiligten Randalierer sich dies später vormachten. Sie entstanden, wenn man dem damaligen bayerischen Reichsrat Fürst Chlodwig von Hohenlohe-Schillingsfürst, ab 1867 bayerischer Ministerpräsident, glauben will, aus Gründen hoher, ja allerhöchster Politik. In seinen Tagebüchern vermerkt er unumwunden den damals in der Stadt grassierenden Verdacht einer Aufstachelung der Menge durch Agenten Bismarcks, der Bayern habe nötigen wollen, einen Teil seiner Truppen von der Grenze ab und nach dem Landesinnern zu ziehen. Kein Zweifel – in München war die Mißstimmung unter den Leuten wieder einmal groß. Der Regierung wegen, die sich nicht entscheiden konnte, ob unter dem Aspekt einer Bedrohung durch Preußen das Volk zu bewaffnen sei oder nicht. Des Magistrats wegen, weil dieser nichts gegen das »Hereindrängen von mittel- und besitzlosen Landbewohnern« unternahm, die hier den Arbeitsmarkt noch mehr belasteten, und des Königs wegen, der trotz drohender Kriegsgefahr in Begleitung seines Intimfreundes, des Reitknechts Vöth, Richtung Luzern abgereist war, um dort mit dem »sattsam bekannten Herrn Wagner« über Opernpläne zu parlieren.

Als es am Freitag, dem 1. Juni 1866, im »Sterngarten« gegenüber dem Bahnhof zum großen Tumult kam, befand sich Bayern im Kriegszustand mit Preußen. Bereits am 9. Mai war gegen den Willen des damals zwanzigjährigen Ludwig II. in Bayern die Generalmobilmachung erfolgt (fast wäre der König zurückgetreten), um Österreich gegen Preußen zu unterstützen, das den Österreichern Schleswig-Holstein streitig machte, darauf aus, diese gleichzeitig – eine »kleindeutsche Lösung« des anstehenden Reichsproblems erstrebend – aus dem Deutschen Bund zu drängen. Nach dem erneuten Eindringen der preußischen Truppen in Schleswig-Holstein gab es Krieg zwischen ihnen und der österreichischen Armee, die später (am 3. Juli) bei Königgrätz vernichtend geschlagen wurde.

Die Schlacht im Sterngarten

Die Stimmung in München, auch beim einfachen Volk, war gegen Preußen. Die Zeichen standen auf Sturm, obwohl man sich zähneknirschend eingestand, daß die bayerische Armee als Folge mangelhafter Ausbildung unter begreiflichen Minderwertigkeitskomplexen litt. »Nur gut«, hieß es damals beim unteren Offizierscorps, »daß unsere Soldaten wenigstens ganz besonders rauflustig sind, wenn man sie gut ernährt. So wäre es möglich, daß sie trotzdem alles wieder gutmachen, was die Generalität versäumte.«

Das Volk und die Truppe wußten um die mindere Qualität des bayerischen Offizierscorps und reagierten entsprechend. Es bedurfte keiner »Agenten Bismarcks«, um die Leute gegen ihre militärischen Führer aufzubringen. Und so geschah es eben. Im Sterngarten, an besagtem 1. Juni, »mitten im Krieg«, wie hinterher die Gazetten vorwurfsvoll vermerkten. Im »Originalbericht der Stadt München« lauteten die diesbezüglichen Passagen: »Nachdem schon am Sonntag von Seiten des Militärs, welches sich immer wieder in großer Menge im Sterngarten einfindet, arge Exzesse gegen einen Gendarmenbrigadier verübt worden waren, brach heute Abend dortselbst ein förmlicher Bierkrawall aus. Den Soldaten war der Besuch des Sterngarten verboten worden. Um 6 Uhr abends erschien ein Piquet Soldaten, besetzte die Gartenthüren und mehrere Offiziere hießen die anwesenden

Militärpersonen, den Garten zu verlassen. Unterdessen hatte eine Menge Volk den Platz vor dem Sterngarten gefüllt. Der rohe Pöbel fing an, die Offiziere aufs Schmählichste auszupfeifen. Gegen 9 Uhr erschien weiteres Militär samt der Landwehr auf dem Platz. Nun wälzte sich auf einmal die rohe, erhitzte und skandalsüchtige Menge, aus welcher die Soldaten mittels Generalmarschschlagens entfernt waren, unter dem Geschrei ‚das Bier ist zu theuer' nach dem Karlsthor durch die Neuhauser Straße, zum Färbergraben und zur Sendlinger Straße und zertrümmerte alle Brauhäuser. 6 Compagnien Infanterie griffen ein. Vor der Übermacht zog sich das lichtscheue Gesindel zurück, wenngleich die Verhaftungen bis nach Mitternacht andauerten. Am Samstag wiederholten sich die Exzesse beim Sterngarten, wo man das Mobiliar zertrümmerte. Das anrückende Militär wurde von den Exzedenten mit Steinen beworfen, die nun beim Bahnhofe alle Fenster einwarfen. Es gab viele Verwundete. Der Tischlergeselle Wandler aus Österreichisch-Schlesien wurde derart in die Brust getroffen, daß er noch in die Eisenmannsgasse sich schleppen konnte, dort niedersank und auf dem Transport ins Krankenhaus verstarb. Das Pschorranwesen in der Neuhauser Straße wurde verschont, weil der alte Pschorr am gestrigen Abend, als die Tummulanten vor sein Haus rückten, um ihm die Fenster einzuwerfen, vom Fenster herab persönlich mit denselben folgender Weise unterhandelte:
‚Geht nur weiter, ich gebs schon um 6 Kreuzer!'
‚Ists aber wahr?'
‚Ganz gewiß!'
– und wirklich schon heute früh sein Bier um 6 Kreuzer verleit gab.

Dagegen wurden fast in allen übrigen Brauhäusern die Fenster eingeworfen. Beim Spaten schritten die Chevaulegers mit blanker Waffe ein, was einige Verwundungen zur Folge hatte. Auf der Polizei wurden beiläufig hundert Verhaftete eingebracht, von denen viele verwundet waren und noch Steine in den Taschen trugen. Ein ehemaliger Sanitäter verstarb im Krankenhaus. Am nächsten Tag wurde der Sterngarten ganz gesperrt.«

Den »Sechsundsechziger Sterngartenkrieg« gewann selbstverständlich die bayerische Armee. Die große Auseinandersetzung mit den Preußen aber ging verloren. Am 1. August besetzten nach der Entscheidungsschlacht bei Kissingen brandenburgische Regimenter Nürnberg, und am 22. August erfolgte der Friedensschluß, der Bayern zu den schon entstandenen Kriegskosten von 31,5 Millionen Gulden noch 30 Millionen Gulden Kontributionszahlungen auferlegte. Als Folge waren Kredite auch für florierende Unternehmen kaum noch zu bekommen. Der Tiefstand auf dem Münchner Geldmarkt wurde dadurch beleuchtet, daß Mitte Februar 1867 verschiedene, zum Teil große und bekannte Münchner Gaststätten dem Zwangsverkauf unterlagen, wie der »Große Rosengarten«, gewertet auf 95 000 Gulden, der »Goldene Stern« im Tal und die »Menterschwaige« auf der Isarhöhe bei Harlaching, auf je 66 000 Gulden, sowie der »Prater« auf der Isarinsel auf 65 000 Gulden. Viele andere kleine Wirte hatten schon vorher Konkurs gemacht.

Der „türkische Honigmann".

Das „Radlweib".

Auf dem Gaisenmarkt.

Der Flößer oder Floßknecht.

Die „Wurstfrau".

Der Sägefeiler.

Münchner Typen der Gründerzeit um 1875. Nach Skizzen von J. Herrmansdörfer.

Nach dem 66er Krieg viele Arbeitslose und Einführung der Gewerbefreiheit

Nicht minder bezeichnend für die damalige Nachkriegssituation war die Lage auf dem Münchner Arbeitsmarkt. Am 5. Januar 1867 erhob eine Arbeiterabordnung beim Magistrat gegen die Senkung des Hilfsarbeiter-Tageslohns von einem Gulden zwölf Kreuzer auf einen Gulden Beschwerde. Die Kürzung war vorgenommen worden, um mehr Leuten Verdienst geben zu können, was sich als dringend erforderlich erwies, da die Magistratsmittel erschöpft waren. Es gelang auf diese Weise, 1000 Arbeiter beim Wasserbau und 350 mit Steineklopfen am Marsanger Beschäftigung zu geben und die große Arbeitslosigkeit zumindest ein wenig zu stoppen. Laut Stadtschreiber wurde 1869 »der großen Verdienstlosigkeit wegen das Steineklopfen auf dem Maffeianger wiederholt, wozu sich brotlose Familienväter in Massen drängten, sodaß man sogar auswärtige und ledige hiesige Leute entlassen mußte«. Die Parallelen zu heute sind dabei kaum zu übersehen.

Eine Epistel auf die Münchner »Radi-Weiber«

Auf der anderen Seite brachten diese Jahre noch eine Neuerung, die sich für manche als segensreich erweisen sollte: 1868 kam es zur Einführung der Gewerbefreiheit. Unzählige, zum Teil winzige Unternehmen wurden gegründet, viele freilich von einer äußerst beschränkten Lebensdauer, weil den Gründern meistens das nötige Geld, vor allem aber die nötige Erfahrung fehlte. Eines der wenigen Unternehmen, bei denen man auf beides verzichten konnte, war der Radi-Handel in den Wirtshäusern. Über die Spezies dieser »Radiweiber« Münchner Provenienz vermerkt ein ausländischer Chronist: »Eine andere Eigenthümlichkeit dieser Stadt, und keine besonders vortheilhaft hervorstehende, sind die Rettich- und Nußweiber, von denen der Fremde, der sie nicht gewohnt ist, besonders angewidert wird. Allüberall, wo Bier verzapft wird, findet man sie in Unzahl. Sie schlüpfen hin und her wie Eidechsen, und ihre nahe Berührung im Gedränge hat schon manchem die Gänsehaut angetrieben. Ihre Zahl ist Legion, und wenn irgend wo eine Stadt um alte, häßliche Weiber verlegen sein sollte, die wende sich nach München, und sie wird reichlich damit versehen werden. Das anmuthige Corps der Radi- und Nußweiber rekrutirt sich immer frisch und reichlich, meistens aus den emeritirten Hetären gemeinster Klasse, daher ihre abstoßenden Physiognomien und ganze Erscheinung. Man betrachtet in München ihre Existenz als ein nothwendiges Übel, denn 1. leben müssen sie ja doch, man kann sie ja nicht umbringen, wie die alten Leute in Neusee-

»Das anmuthige Corps der Münchner Radiweiber – beim Rennen um den Bockkeller.« Nach einer Zeichnung von O. Rostosky.

land oder wo dies geschieht; 2. ernähren sie sich auf diese Weise ehrlich, und fallen der Stadt nicht zur Last. 3. Rettiche und Nüsse müssen beim Bier mit herumgetragen werden. 4. Junge schöne Mädchen dürfen dazu aus Sittlichkeitsgründen nicht zugelassen werden. Ergo wird beschlossen:

> Das Geschlecht der Radiweiber,
> unseres Bieres feste Säule,
> soll bestehen, ob die Cultur
> auch damit zu Ende eile.

Wenden wir uns ab von dieser Sumpfpartie der sonst so heiteren Ebene des Münchner Volkslebens!«

Dieser Herr Chronist mag wohl ein guter Beobachter gewesen sein – ein feiner Mann war er bestimmt nicht! Sicher aber ein lausiger Poet!

Die Geburtsstunde der Bezeichnung »Saupreiß«

Hätte man den Münchnern des Jahres 1869 im Stil heutiger Meinungsforschungsinstitute die Frage gestellt, welches Ereignis in der Stadt im Vorjahr den meisten Staub aufgewirbelt und die Bevölkerung besonders erregt habe, wäre sicher nicht die Einführung der Gewerbefreiheit, ja, nicht einmal der Bierpreis oder die Güte einheimischer Brauerzeugnisse an oberster Stelle gestanden. Thema Nummer eins in den Wirtshäusern der Stadt, in allen bayerischen Städten und draußen im Land war die Einführung eines dreijährigen Dienstes in der aktiven Armee für alle tauglichen, wehrpflichtigen jungen Männer am 30. Januar 1868. Es wurde geflucht und geschimpft über diese »preußische Einrichtung«, die auf Bismarcks Druck zustandegekommen war, und mancher Fremde mit norddeutschem Zungenschlag, der sich in diesen Monaten in ein Münchner Wirtshaus verirrte und eine Lippe riskierte, wurde erbärmlich verprügelt, trotz des »Schutz- und Trutzbündnisses«, das die Königreiche Bayern und Preußen seit zwei Jahren verband. Es war die Zeit, als es sich die Münchner angewöhnten, von »Saupreißn« zu reden, wenn sie ihre norddeutschen Mitgermanen meinten. Als »Landsleute« erkannte man an der Isar noch über Jahrzehnte hinweg nur geborene Bayern an oder – noch besser – Altbayern, denn die von Napoleons Gnaden hinzugekommenen Franken mußten erst noch unter Beweis stellen, ob sie sich den Ehrennamen »Bayern« verdienten. Das geschah dann im Siebzigerkrieg, der damals vor der Tür stand.

Der Siebziger Krieg kommt

Am 1. Januar 1870 lebten an die 160 000 Einwohner in der Stadt. Der Zuzug, vor allem aus Ostbayern und Schwaben, wuchs weiter an, bis im Sommer des gleichen Jahres erstmals die geborenen Münchner in ihrem eigenen Gemeinwesen eine Minderheit bildeten. Wie sehr sich die Hauptstadt inzwischen wirtschaftlich entwickelt hatte, verdeutlichen die 220 Fabriken, die das Jahrbuch von 1870 vermeldet, sowie die 1200 Handelsgeschäfte mit Sitz in München. Am Marienplatz wurde seit 1867 am neuen Rathaus gebaut, das der Grazer Architekt Georg Hauberrisser im neugotischen Stil errichtete. Im Juni zog als erste Behörde die Hauptwache in den Neubau, den viele Bürger als Manifestation des »schlechtesten Kunstgeschmacks aller Zeiten« radikal ablehnten.

Gesprochen wurde vorrangig über einen möglichen Krieg zwischen Preußen und Frankreich, wobei die Mehrzahl der Münchner die Meinung vertrat, Bayern solle sich da heraushalten, weil es im Endeffekt nur um die Frage ging, ob Preußens Erbprinz Leopold dem lautstark verkündeten Wunsch Napoleons III. entsprechend auf die Kandidatur für die spanische Krone verzichten sollte oder nicht. Mit Erleichterung wurde deshalb der Entschluß des Erbprinzen vom 12. Juli zu Kenntnis genommen, auf eben diese Kandidatur nicht reflektieren zu wollen. Als aber Frankreich einen Tag später auch noch darauf bestand, diese Verzichtserklärung »für alle Zeiten bindend« festzuschreiben, riß auch bei den besonnensten Bürgern der Geduldsfaden. Sie fanden es nun durchaus in Ordnung, daß Bismarck, längst darauf aus, Napoleon in seine Schranken zu verweisen, dem Franzosenkaiser mit einer geharnischten Gegenerklärung auf die Finger klopfte. Frankreichs Kriegserklärung kam postwendend. Bayern reagierte wie Preußen am 16. Juli mit der Generalmobilmachung und mit Militärtransporten Richtung Rhein. Der »Siebz'ger Krieg« hatte begonnen.

Einzug der Sieger von Sedan auf dem Münchner Odeonsplatz 1871.

Keine Kriegsbegeisterung in München

Von einer Kriegsbegeisterung in der Stadt konnte indessen keine Rede sein. Die meisten Leute schimpften trotz aller Bündnispolitik ihrer Regierung weiter mit Vehemenz auf die »Saupreißn«, die ihren Krieg gefälligst alleine führen sollten, und selbst von vielen Kanzeln herab tönte es, wenn auch ein wenig abgemildert, in gleicher Richtung, da der Klerus Einflußnahme aus dem protestantischen Norden fürchtete. Lediglich in der Presse machte sich eine nationale Welle bemerkbar. Da annoncierte in den »Neuesten Nachrichten« der Verlag Falter & Söhne: »Soeben erschienen: neues Napoleon-Lied für eine Singstimme mit Klavierbegleitung. Text und Musik von F. Trautmann. Preis 12 Kreuzer. Dieses Gesangsstück dürfte infolge des zündenden Humors sowie des verwegenen Textes als der anmuthigen Melodie wegen allgemeinen Beifall finden.«

Auf der gleichen Seite hieß es lakonisch: »Das Leben geht weiter, trotz Kriegsfakkel im Westen! Ein Witwer in den Vierzigern, ohne Kinder, sucht guterhaltene Frauensperson, am liebsten Näherin, die aber mindestens 1000 Gulden Vermögen mitbringen muß, zu ehelichen. Photographie von derselben wäre erwünscht.«

Unter »Vermischtes« war folgende Anzeige zu lesen: »Seit Kriegsausbruch vermißt Madame Lassimé zwei Söhne, deren einer Lieutenant im 4. Batt. 65. Regiment, der andere Freiwilliger beim 2. Zuaven-Regiment war. Man bittet dringend der besorgten Mutter unter Adresse Poste rest. Tournai-Belgien Auskunft über den Verbleib der beiden jungen Leute zu geben.« Es spricht für die Zeitungsverleger jener Tage, daß sie trotz aller Haßtriaden auf den »Erbfeind« eine solche Anzeige veröffentlichten. Ein halbes Jahrhundert später wäre sie undenkbar gewesen.

Eine bestimmte Art von Hurrapatriotismus allerdings schlug sich auch in den Anzeigen verschiedener Münchner Vergnügungslokale nieder. Im Bamberger Hof wurde »auf vielseitigen Wunsch«, der »Gefangene Napoleon, eine zeitgemäße Szene auf die Ereignisse im Westen« gespielt, und in der »Centralhalle« gab es den »Abschied und die Rückkehr der Soldaten«.

Auch das »Theater im Elysium« erfüllte sein vaterländisches Soll und präsentierte seinem Publikum ein »Charakterbild« von einem Karl Kaiser mit dem Titel »Auf zum Kampf fürs Vaterland ohne Unterschied des Standes und des Glaubens«. Selbst der auf dem Stachus gastierende Zirkus Wulff machte in nationaler Show. Der Höhepunkt seines Programms: »Die Erstürmung des Gaisbergs. Große Pantomime!« Und sogar die »Gartenlaube« gab sich kriegerisch, wenn auch auf andere Art. In ihr lief Anfang Dezember 1870 der neue spannende Roman »Ein Damenduell« an. Autor: Leopold von Sacher-Masoch. Eben jener Sacher-Masoch, nach dem man später den Masochismus benannte.

Kriegsgewinnler

Wie sehr schon damals Geschäftemacher die Gunst der Stunde zu nutzen wußten, beweist diese Werbeveröffentlichung: »Kauft zur Linderung für unsere Kriegsblessierten Spieldosen der Firma Wacker. Ihre lieblichen Töne wirken bei Schmerzen beruhigend!«

Über eine Meldung im Lokalteil aber ärgerten sich die Münchner ganz besonders. Stand doch da zu lesen: »Gestern Abend kamen zwei gefangene französische Offiziere in die Restauration der Staatsbahn, bestellten eine Flasche Bordeaux, Essen, Kaffee etc. und entfernten sich, ohne zu bezahlen. Die Kellnerin ging ihnen nach und verlangte den Betrag von 2 fl. 54 Kreuzer. Die Herren erklärten einfach, sie hätten kein Geld. Was wohl deutschen Gefangenen, – fragte der Berichterstatter –, im gleichen Fall in Frankreich, bei den Trägern der Civilisation, geschähe? Gefangene, wenn auch Offiziere, die kein Geld haben, erhalten überall, was sie zum Leben brauchen, und selbst mehr als das, zum Beispiel Cigarren. Ohne Geld in einer Restauration sich nobel bedienen lassen und, ohne zu bezahlen, sich zu entfernen, ist eine Unverschämtheit, die Strafe verdient«.

Auch die folgende Meldung spricht für sich selbst: »Ein erfinderischer Kopf hat in der ganzen Stadt eine piquant zugerichtete Erzählung über eine Prophezeiung, die dieser Tage eine arretierte Zigeunerin über den Termin der Einnahme von Paris etc. gemacht haben soll, zu verbreiten gewußt, an der jedes Wort erlogen ist.« Ein geschäftüchtiger Verlag aber wandte sich in seiner Anzeige an die Poesieliebhaber unter den vaterlandsbegeisterten Münchnern des Jahres 1870. In seinem Inserat stand zu lesen: »Das neue Lied der Deutschen ab sofort auch in München gesungen! Eine Probe aus dem herrlichen Werk von Karl Forster –
Und oben in des Himmels Höhn, die Heldenväter preisend stehn.
Sie reichen froh den Ruhmeskranz den Heldensöhnen Alldeutschlands.
Lieb Vaterland, magst ruhig sein, lieb Vaterland, der Sieg ist Dein!«

Bei so viel patriotischer Berieselung fingen auch die Münchner langsam Feuer. Von einer Woche auf die andere hatte sich die Stadt im Zug der Siegesmeldungen in ein südliches Hauptquartier der nationalen und auch liberalen Bewegung verwandelt, die nun lautstark Fürst Bismarcks »kleindeutsche Lösung« nicht mehr bloß akzeptierte, sondern mit Verve auch mitvertrat. Entsprechend pompös geriet nach dem Zusammenbruch Frankreichs und dem Rücktritt Napoleons III. am 2. Februar 1871 die Sieges- und Reichsgründungsfeier. Die Stadt leuchtete ab 20 Uhr abends »hell wie ein Frühlingstag« im Lichtermeer unzähliger Kerzen. Hunderttausende flanierten trotz einer Minustemperatur von 2 Grad Celsius auf den festlich geschmückten Straßen und Plätzen, tanzten, jubelten. An allen Ecken und Enden erschollen patriotische Gesänge, während die politischen und wissenschaftlichen Größen der Stadt im Festsaal des Hotels »Vier Jahreszeiten« angemessen tafelten.

Neue Bierkrawalle stehen an

Die patriotische Euphorie, der nationale Rausch verflogen schnell, als sich wieder der graue Alltag des Stadtgeschehens bemächtigte. Besonders die einfachen Leute, deren Zahl sich, ungebremst durch Zuzugsregulative, ständig vergrößerte, begannen sich wieder um Näherliegendes zu kümmern. Von den großen, das Reich und ganz Europa betreffenden Problemen wandte man sich wieder den kleinen, vor der Nase liegenden Dingen zu und stieß, um sich mit Wut im Bauch zu engagieren, – wie hätte es in München anders sein können – ein weiteres Mal aufs – Bier! Wieder ging es gegen die Brauer, wieder gegen die Wirte, wieder gegen all die Leute, die am Gerstensaft partizipierten und »das Volk mit unverschämten Forderungen und Zumuthungen verhöhnten«.

Diesmal dauerte der Bierkrieg drei volle Jahre lang. Heftigste Attacken und Gegenattacken, Verleumdungen und Gegenschmähungen, der Einsatz zweier neuer Kampfmittel – einer Presse von bis dato in München unbekannt gewesener Machart, und des Streiks, damals noch »strike« geschrieben (und auch gesprochen), gemäß der englischen Herkunft des Wortes –, bestimmten Taktik und Strategie der Auseinandersetzungen, die oft genug in blutige Handgreiflichkeiten übergingen. Im »Zeitgeist – Organ des arbeitenden Volkes«, im »Volksboten«, in der »Süddeutschen Volksstimme« und ähnlichen Blättern, in denen die jeweiligen Schreiber sich gegenseitig in rüder Polemik im Dampfhammerstil überboten, ging es wie immer um den Preis der Maß und die Güte des Trunks, wobei ersterer, versteht sich, als zu hoch und letzterer als miserabel abqualifiziert wurden.

Presseschlachten

Den Anfang machte am 27. Dezember 1871 der »Volksbote«. Unter der Überschrift »Zur Bierfrage« legte er sich so ins Zeug:

»In Folge der maßlosen Bedrückung der hiesigen Wirthe von Seiten der Brauer bei Einführung des neuen Maßes (Liter), sind erstere gezwungen, das ihnen von den Brauern unter dem Titel ‚Bier' verabfolgte Gebräu, das jetzt sechseinhalb Kreuzer per Maß kostet, vom 1. Januar an um sieben Kreuzer je Liter auszuschenken. Das Fürstenfeldergassenblatt (Neueste Nachrichten) hetzt nun das Publikum gegen die Wirthe und ‚vertraut' unter heuchlerischem Augenverdrehen auf den Gerechtigkeitssinn derselben, erwähnt aber die einzig und allein schuldtragenden, die Brauer mit keinem Wort.«

Mit welchen Mitteln versucht wurde, angesehene Münchner Brauer und deren Erzeugnisse beim Publikum madig zu machen, demonstriert eine Meldung im gleichen »Volksboten« vom Juni 1872, die den frei erfundenen Vorgang eines Verbots des Sedlmayrschen Gebräus in Münchner Kasernen wegen »Gesundheitsgefährdung der Soldaten durch dieses Bier« kolportierte. Obwohl nichts dergleichen vorgefallen war, wurde die Nachricht in allen großen europäischen Blättern nachgedruckt und richtete schlimmen Schaden an.

Bis gegen Ende des Jahres 1874 lief die Presseschlacht auf Hochtouren. Insbesondere die neuen Boulevardblätter ließen faktisch keinen Tag vergehen, ohne die Situation neu anzuheizen. Vor allem, nachdem ein paar kleine Brauer tatsächlich bei Bierfälschungen erwischt worden waren, wobei ans Licht kam, daß neben dem Zusatz von reinem Alkohol den Suden so wenig zum Bier passende Ingredenzien wie Brechnuß, Opium, Ignazbohnen und wilder Rosmarin beigemischt worden waren.

Ein neues Kampfmittel wird eingesetzt – der Bierstreik

Zu Beginn des Sommers kam es sogar zu einem regelrechten Bierstreik. Titelseiten-Aufmacher im »Zeitgeist« vom Mittwoch, dem 24. Juni 1874: »An die Arbeiter Münchens! Der am Morgen des 20. Juni von wenigstens 20 – 25000 Männern begonnene Bierstreik hat bis heute

Münchner Honorationen beim Frühschoppen-Disput um die »Münchner Bierfrage« anno 1874 im Bräustüberl des Franziskanerklosters am St.-Anna-Platz. Originalzeichnung von W. Grögler.

bereits namhafte Erfolge zuwege gebracht. Eine erhebliche Anzahl von Wirthen, bei denen die Arbeiter zahlreich zu verkehren pflegen, haben den Bierpreis, so wie gefordert, herabgesetzt. Dieser theilweise Sieg war ein über Erwarten rascher. Soll demselben nun die Beendigung des Bierstreiks durch die Ausdehnung des Sieges auf alle Wirthschaften, in denen das arbeitende Volk verkehrt, ebenso rasch folgen, so darf die anfangs gezeigte Energie nirgends ermatten – kein Arbeiter darf auch fernerhin irgendwo ein Glas Bier trinken, wo der Liter mehr als acht Kreuzer kostet!«

Unter der Überschrift »An das durstige Publikum« riet die »Volksstimme«: »Wer da glaubt, das Bier nicht entbehren zu können, der mache den Versuch: Kaufe bei einem Materialisten ungefähr für 18 Kreuzer Weinsteinsäuere, um neun Kreuzer doppelkohlensaures Natron, nehme zu einem halben Liter Wasser zwei Theile Natron, einen Theil Weinsteinsäuere, und das billigste Selterswasser ist fertig. Um 27 Kreuzer hat man eine ganze Woche Selterswasser – statt saurem Bier!«

»Süddeutsche Volksstimme«, 21. Juli 1874: »Der Wirth zum Bereiter Anger in der Au wollte Anfangs, gedrängt durch die Arbeiter der Lederfabrik Seiler und Bromberger, diesen das Bier um 8 kr. geben, dem übrigen Publikum um 9 kr. Die Arbeiter erklärten jedoch, unter diesen Umständen den Streik aufrecht erhalten zu müssen. Der Wirth gab nun nach und verkauft jetzt durchgängig das Bier nur um 8 kr. Es ist sehr zu wünschen, daß andere Stände von diesem Gemeinsinn der Arbeiter lernen, statt wie bisher über diese loszuziehen.«

Maurer verpflichten sich, bis zum Sieg nur noch Milch zu trinken

»Der Zeitgeist« 22. Juli: »Die Arbeiter der Centralwerkstätten haben nach zehntägigem Strike gesiegt, der Liter Bier kostet 8 Kreuzer. Jetzt haben sich auch die Haidhauser und Giesinger Maurer dem Strike angeschlossen und ehrenwörtlich versprochen, so lange nur noch Milch zu trinken, bis der Preis von 8 kr. für alle gilt.«

»Süddeutsche Volksstimme«, 23. Juli: »Verschiedene Wirthe, welche das Bier schon für 8 kr. gaben, mußten auf Drängen der Bräuer und die Drohung derselben, ihnen kein Bier mehr zu liefern, wieder den erhöhten Preis von 9 kr. verlangen.«

»Volksbote« 25. Juli: »Der Bierstrike der Arbeiter hat bis heute 24 Wirthe zur Kapitulation genöthigt. Die Gesamtzahl der Wirthe, die das Bier zu 8 kr. geben, beträgt bereits 43. Fast stündlich kommen neue Anmeldungen beim Strike-Comite. Daß der Herr Gabriel S. sein ‚Bier' auch zu dem früheren Preise an die Wirth liefere, davon ist nichts bekannt. Wie verlautet, soll indeß die Aktienjudenbrauerei (Löwenbräu) kapitulieren wollen.«

Einer von mehr als tausend Protestbriefen, der die Brauer damals erreichte, dessen Stil und Schreibart für die meisten steht: »Seit 67 ein Trek von an Bir, du Wasserbräu Treksiderei, Spaten solls heißen! Mit deinem schön weitgereisten Sohn du hast nur Wasserfärben gelernt statt Bir machen. Um 9 kr. möchst ein Trek geben, der nur 5 kr. wert ist. Wir kommen ihnen schon, wenn die Geschicht nicht anders wird! Es sind uns schon 25000 beisam, die wern noch komen, es Hundsbräuer alle miteinand. Wenn ka Besserung komt, dann verfolgen wir enk bis aufs Leben, entweder oder! Im Namen Aller.
Sekreterr.«

Daß die Konkurrenz der Münchner Bräu wach war, unterstreicht ein Inserat im »Münchner Boten«. Der Text: »Das hiesige Bierdepot in der Schützenstraße erlaubt sich, allen Wirthen, welche von ihren Brauern das Bier nicht billiger bekommen können, Passauer Bier zu liefern, welches sie für nur 8 Kreuzer per Liter verschleissen können.«

Und endlich am 4. Dezember 1874 im »Bayrischen Kurier«: »Das Bestreben, vom 1. Januar 1875 an ermäßigte Bierpreise von Seiten der Brauer zu erzielen, scheiterte gegenwärtig noch an dem Eigensinn der hiesigen Bräu. Dieselben sind der Ansicht, daß, wenn es den Sozialdemokraten beim Bierstreik gelungen wäre, die Bierpreise festzusetzen, sie sich hätten fügen müssen. Nun aber sie am Ruder sind, wollen sie die Höhe des Bierpreises beibehalten.«

Das Ende der Auseinandersetzung kam dann doch am 1. Januar. Der Preis pendelte sich bei achteinhalb Kreuzer ein, First-class-Restaurants verlangten bis zu 10 Kreuzer.

In einer Hofbräuhauszeitung erschien zum Jahresbeginn unter dem Titel »Zur Naturgeschichte des Bieres« folgendes Spottgedicht, das damals zahllose Münchner auswendig lernten:

»Wer zählt die Säfte, nennt die Namen,
die dort in jenen dunklen Keller kamen,
Alttrophenöl, Syrup und Alkohol,
ein Fäßchen dieser saubren Würze voll,
geworfen in die heißen Wasserpfannen,
und fließen hundert Eimer gar von
        dannen,
die man durch weitere Gunst durch
        Schlauch und Eis
am andern Tag man schon zu brauchen
        weiß.
Waldmeister, Wermuth und Lagritzensaft
ersetzt des Malzes und des Hopfens
        Kraft.
Wacholder, Fichtennadeln, Weiden-
        schaalen,
die sind ja auch viel billiger zu zahlen.
Und was noch sonst der Zufall
        ausgeheckt,
was braune Farbe macht und bitter
        schmeckt.
Dazu das Schnödste unter Gottes Sonne –
die gift'ge Teufelsbrüh der Belladonne.
Der Biedermann steht bewundrungsvoll
und weiß nicht, was von diesem Bier er
        sagen soll.
Er nippt am Glas und seufzt voll
        tiefer Trauer –
erst 's zweite Glas – schon packt mich
        Fieberschauer!
Wer hätte dies vor zwanzig Jahr gedacht,
daß man aus solcher Schmiere Bier
        jetzt macht!
Da knallt der Spund – ein Geist ruft
        aus dem Loch:
‚warum so jammern, Freund? Du trinkst
        ja doch!'«

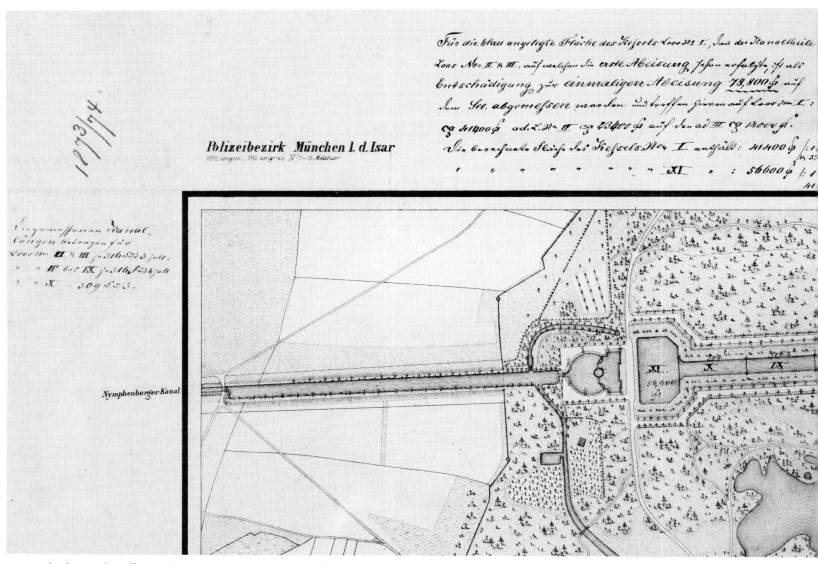

Die durch römische Ziffern markierten Felder weisen jene Kanalflächen aus, die von den am »Komplott« beteiligten Bräu laut Absprache ersteigert werden sollten. Alle Unternehmer hielten sich an die Vereinbarung.

Der König wird hereingelegt

In den letzten Jahren, ehe Carl Lindes Kältemaschine (1876) die Brauereien in der Bierlagerhaltung vom Natureis weitgehend unabhängig machte, dachten sich Münchens Bräu noch einen Dreh aus, den König, der ihnen jeden Winter dieses Eis verkaufte, zu übervorteilen. Zu bekommen war es nämlich in erträglicher Betriebsentfernung und in ausreichender Menge für die im Westen der Stadt gelegenen Brauereien nur aus dem Nymphenburger Kanal, der dem Monarchen gehörte. Für die einmalige Eisentnahme – das Gewässer konnte jeden Winter durchschnittlich dreimal geräumt werden – verlangte Ludwig 4500 Gulden, ein Betrag, den die Brauer entrüstet als viel zu hoch ablehnten.

Daraufhin konterte der bayrische königliche Obersthofmarschall, in dessen Amtsbereich derartige Geschäfte fielen, mit dem Vorschlag einer Eisflächenersteigerung durch die einzelnen Betriebsherren. Die als recht gewieft bekannte Exzellenz hoffte natürlich darauf, auf diese Weise noch mehr für den König herauszuholen, da sie um die ständige Eisnot ihrer Klientel wußte.

Die Herren Bräu aber reagierten ebenfalls, kamen zu einer Geheimkonferenz zusammen und trafen eine »Ersteigerungsabsprache« mit dem erklärten Ziel, den Obersthofmarschall und damit gleichzeitig Seine Majestät, König Ludwig II., höchstselbst hereinzulegen, der, wie es damals in München allgemein hieß, »schon genug sauer verdiente Groschen seiner Untertanen mit absurden Baulichkeiten verpraßte«. Die Vereinbarung zum gemeinsamen Vorgehen wurde schriftlich festgehalten, um jeden Beteiligten die Möglichkeit eines mit patriotischen Gründen motivierten Verrats zu nehmen. Das Dokument mit der genauen Fixierung der Beträge, die von den Ersteigerern maximal zu bieten waren, wurde von allen namhaften Brauern der Epoche unterschrieben. Der Ersteigerungserlös muß hinterher so niedrig gewesen sein, daß der König ab 1876 den gesamten Nymphenburger Kanal an alle interessierten Brauer gemeinsam zur Eisentnahme für die Summe von 14 000 Mark pro Jahr verpachtete. Mochten die Herren die Eisaufteilung zukünftig unter sich ausmachen.

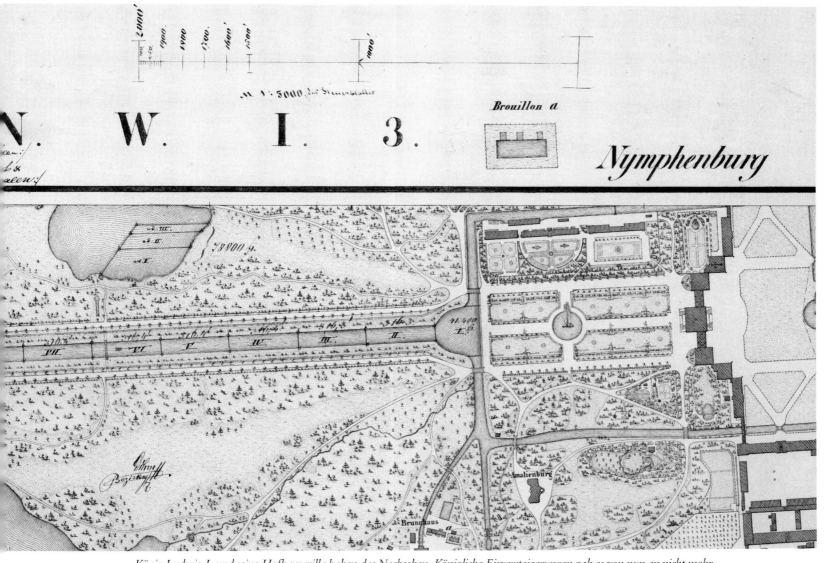

König Ludwig I. und seine Hofkamarilla haben das Nachsehen. Königliche Eisversteigerungen gab es von nun an nicht mehr.

Währungsreform und neue Maßeinheiten

Ein ganz wichtiger Termin für die Münchner und alle Bayern stand 1876 an. Schon monatelang vorher diskutierte man sich in Stadt und Land die Köpfe darüber heiß, welche Auswirkungen die angekündigte Währungsumstellung auf die Geldbeutel der Leute haben würde. Vor allem die älteren Menschen schimpften, was das Zeug hielt, über all die neumodischen, »preißischen« Einführungen, von denen die neue Währung nur eine war, – die jahrhundertealte Gegebenheiten auslöschten und durch kaum noch verständliche Begriffe ersetzten, wie etwa bei den Längenmaßen, wo schon 1871 aus einem Fuß oder Schuh unsägliche 0,2918592 Meter geworden waren, während sich der vertraute Zoll in fast unappetitliche 2,43216 Zentimeter verwandelt hatte! Der wohlbekannte Metzen war plötzlich gleichbedeutend mit völlig abstrakten 37,0596 Liter, und aus dem rundum glasklaren bayrischen Maßl wurden gänzlich absurde 4,6325 Liter. Daß jetzt auch noch den Gulden, Kreuzern, Pfennigen (alter Norm) und Hellern der Garaus gemacht wurde, nur, weil die in Berlin mit einem vernünftigen Geld nicht umzugehen und zu rechnen in der Lage waren, setzte allem die Krone auf! »Ihr werd's es sehng«, raunte man sich zu, »d' Preiß'n b'scheiß'n uns mit ihre nei'n Markl! Und inserne Minchner Depp'n in da Regierung lass'n se des g'foin!«

Auf ihre Vorahnungen, besonders auf die schlechten, durften die Münchner vertrauen. Und auch diesmal lagen sie wieder richtig, wie sich bald herausstellte! Im Gegensatz zur realen Kaufkraft des Guldens, den man mit runden zwei Einheiten der neuen Währung, also mit 2 Mark, hätte berechnen müssen, gab es nur 1 Mark und einundsiebzig Pfennig! Selbst vor dem Herrgott persönlich wurde bei all der Neuerungssucht nicht halt gemacht, sagten nicht nur die alten Leute auf dem Land. Statt des Pfarrers als quasi Beauftragten des lieben Gottes im Himmel machten sich jetzt ganz normale Beamte, sogenannte »Standesbeamte« ans Werk, wenn es galt, Trauungen vorzunehmen, und obligatorisch war es auch noch, sich als Hochzeiter solchem Sakrileg zu unterwerfen! Wo man sich umschaute, wo man hinsah: Nichts als Neuerungen, nichts als modischer Firlefanz, nichts als preußischer Unsinn! Sagten sie. Damals, in München.

Der Spitzeder-Skandal und die Eskimo-Katastrophe

Aber die Zeit heilt, heißt es, Wunden, und schön langsam fand man sich auch mit den Metern und Zentimetern, dem Pfennig und der Mark ab, und je mehr man von eben dieser besaß, um so schneller ging das vor sich, zumal ja aufregende Dinge genug geschahen, die von den eigenen Sorgen ablenkten. So jagte ein Bauskandal, ein Bankkrach, eine Immobilienpleite die andere. Da war die Sache mit der Dachauer Volksbank! War sie nun eine »Wohltäterin des Volkes« gewesen, diese Adele Spitzeder, wie die einen meinten, die dem braven Mann 8 Prozent Zinsen im Monat – im Monat! – ausbezahlt hatte, oder eine ausgefeimte Betrügerin, wie ihr später der Staatsanwalt und das Gericht vorwarfen, die ihr eine saftige Zuchthausstrafe aufbrummten? Wer sah da schon durch? Und die Häuser, die Neubauten, die in der Georgenstraße und draußen beim Ostbahnhof, im neuen, unsympathischen »Franzosenviertel«, eingestürzt waren, noch ehe sie bezogen wurden, weil die Bauherrn zu schlechtes Material verwendet hatten! Und so weiter, und so weiter. Ja, und anno 1882 die Eskimo-Katastrophe nicht zu vergessen! Eine ganz schlimme Sache, fürwahr. Richtig traurig für die armen Leute, gruselig, unheimlich.

Die Eskimo-Katastrophe! Die Nachricht von diesem am 19. Februar 1881 in Kils Kolosseum geschehenen Unglück ging den Münchnern unter die Haut. Dabei hatten 4000 junge Menschen nur ein zünftiges Faschingsfest feiern wollen. Unter dem Motto »Eine Reise um die Welt«. Sogar ein richtiger Iglu war da, eine Eskimo-Rundhütte, in der es sich mehrere als schlitzäugige Grönländer herausgeputzte, zottelfellbekleidete junge Leute gut sein ließen. Dann ging alles sehr schnell. Im Innern des Iglu fiel eine brennende Kerze um, die Flamme erfaßte eines der strohtrockenen, dichtbehaarten Eskimofelle, eine Stichflamme sprang auf den Pelzumhang des nächsten über, Schreie, sich am Boden wälzende Körper, taumelnde, lichterloh brennende, sich übereinander aus dem Iglu-Loch drängende Gestalten, von kostümierten, zuerst vor Schreck erstarrten Ballbesuchern umringt, die im ersten Moment an einen Scherz, an ein Feuerwerksspektakel glaubten, ehe sie die grausige Wirklichkeit erfaßten und nach Biergläsern, Wein- und Champagnerflaschen griffen, um deren Inhalt in kopflosem Löschenwollen über die Brennenden zu schütten. Zwanzig, dreißig Meter weiter drehten sich fröhlich Maskierte im Walzerschritt, spielte die Musik, wurde gelacht, geküßt, getrunken, ahnungslos über das grauenvolle Geschehen in unmittelbarer Nähe. Wie durch ein Wunder entstand keine Panik. Jene, die um die Katastrophe wußten, verdrückten sich in stummem Entsetzen, während an den Körpern der Betroffenen die letzten Flammen erstickten. Ärzte begannen sich um die Opfer zu kümmern, Sanitäter transportierten sie ab, durch Hinterausgänge, damit das Fest der Ahnungslosen weitergehen konnte, damit die Panik unterblieb. Von den zwölfen, die man schwerverletzt in die Krankenhäuser brachte, überlebten nur zwei Burschen und ein Mädchen. Sie blieben ihr Leben lang verstümmelt.

Ludwig Ganghofer über das Unglück

Jahre später schrieb der bayerische Romancier Ludwig Ganghofer: »Trauer lag auf der erschrockenen Stadt wie ein drückender Alp. Doch trotz allem Schreck empfand man ein tröstendes Aufatmen. Glückliche Zufälle, aus wirbelndem Leichtsinn und sprachlosem Entsetzen, aber auch aus Barmherzigkeit des Lebens geboren, hatten ein noch größeres Unglück verhindert. Ein Unglück, dessen Grauen sich nicht ausdenken ließ. Wäre in dem überfüllten Saal eine Panik entstanden, oder hätte das Feuer der lebenden Fackeln die Überfülle dieses papierenen Schmuckes erfaßt, um die einzige Türe mit Flammen zu sperren, so hätte man die Opfer an Zerdrückten und Erstickten, an Verbrannten und Verkohlten nach Hunderten, vielleicht nach dem Tausend zählen können.«

Ludwig Thoma klagt über die »Verschandelung« Münchens

In seinen »Erinnerungen« schildert Ludwig Thoma seine Eindrücke vom München der achtziger Jahre des vorigen Jahrhunderts. Es klingt, als wäre es gestern geschrieben und bezöge sich auf heutige Vorgänge:
»Am Bache unten lag ein freundliches Häuschen eines bekannten Musikers, mitten in einem hübschen Garten. Jetzt ist der Bach überwölbt, die Aussicht von einer öden Reihe hoher Mietkasernen versperrt, und wo die gepflegten Rosen des Musikers blühten, sind gepflasterte Höfe, darüber Küchenaltanen, auf denen man Teppiche ausklopft. Ein Stück Altmünchen nach dem andern wurde dem Verkehr, dem großstädtischen Bedürfnisse, dem Zeitgeist oder richtiger – der Spekulation geopfert.

Seit Mitte der achtziger Jahre haben Gründer und Bauschwindler ihr Unwesen treiben dürfen, haben ganze Stadtviertel von schlechtgebauten, häßlichen Häusern errichtet, und keine vorausschauende Politik hat sie daran gehindert. In meiner Schulzeit lag vor dem Siegestor ein behäbiges Dorf mit einer netten Kirche; heute dehnen sich dort fade Straßen in die Länge, die genau so aussehen wie überall, wo sich das Emporblühen in Geschmacklosigkeit ausdrückt. Damals lagen noch die Flöße vor dem ‚Grünen Baum', der behaglichsten Wirtschaft Münchens, und weiter unten an der Brücke lag die Klarermühle, in der die Säge kreischte wie irgendwo im Oberland. Jetzt gähnt uns eine Steinwüste an, Haus neben Haus, und eine Kirche aus dem Anker-Steinbaukasten. Die Klarermühle mußte verschwinden, denn sie paßte so gar nicht ins Großstadtbild; sie hatte, und das ist nun einmal das Schlimmste, Eigenart, erinnerte an bescheidene Zeiten, wo München in seiner äußeren Erscheinung, wie in Handel und Gewerbe, zu dem rassigen Landesteil gehörte, dessen Mittelpunkt es war. Dem Manne, der München zur schönsten Stadt Deutschlands gemacht hat, ist das

*»Schuhplattler unter dem Fenster des Prinzregenten.« Holzstich nach einer Zeichnung von Moritz Mandl.
Je länger Luitpold regierte (1886–1912), um so beliebter wurde er beim Volk.*

Sägewerk vor der Brücke nicht peinlich aufgefallen, und im ‚Grünen Baum' hat Ludwig I. öfters zugesprochen, aber die neue Zeit, die für amerikanische Snobs Jahrmärkte abhielt, ihnen eine Originalität vorschwindelte, von der sie sich losgesagt hatte, die konnte es nicht weltstädtisch genug kriegen. Ich habe in meiner Jugend noch so viel von der guten alten Zeit gesehen, daß ich mich ärgern darf über die protzigen Kaffee- und Bierpaläste, über die Gotik des Rathauses und die Niedlichkeit des Glockenspiels und über so vieles andere, was unserem München seine Eigenart genommen hat, um es als Schablonengroßstadt herzurichten.

Wenn ich meinen Onkel Joseph an einem Sonntagvormittag auf seinem Spaziergang durch die Stadt begleiten durfte, machte er mich überall auf verschwundene Herrlichkeiten aufmerksam. Da war einmal dies, dort einmal das gewesen, und es klang immer wehmütig wie der Anfang eines Märchens.«

Was – fragt man sich beim Nachdenken über diese Klage um ein vergangenes München – hätte Ludwig Thoma wohl heute nach einem Bummel durch die »Weltstadt mit Herz« unserer Tage geschrieben? Allzu gut kämen die Stadtverschönerer der letzten vierzig Jahre sicher nicht weg.

Amtsantritt des Prinzregenten

Eine alberne Quizfrage: An welchem Tag und zu welcher Stunde begann die »gute, alte Zeit«? Für die Münchner? Blöd, nicht? Auf den ersten Blick wenigstens. Auf den zweiten freilich ...
Ich behaupte: Die gute, alte Zeit begann an der Isar am Dienstag, dem 10. Juni 1886, vormittags gegen 11.15 Uhr. Selbstverständlich wußte man dies damals noch nicht. Es stellte sich erst Jahrzehnte später heraus. Dann aber zweifelten nur noch wenige daran.

Münchens »happy years« wurden an besagtem 10. Juni Anno Domini 1886 mit der Übernahme der Regierungsgeschäfte durch den Onkel des Königs, Prinz Luitpold, kurz vor dem Mittagessen in der Residenz eingeläutet und endeten zwei Jahre nach dessen Tod, am 1. August 1914, mit der Mobilmachung des bayerischen Heeres, das dann in den Ersten Weltkrieg marschierte. Alles, was die Münchner später, so von den zwanziger Jahren ab und noch lange, lange danach – manche bis heute – an verklärenden, nostalgischen

»Gute, alte Zeit«-Reminiszenzen mit sich herumtrugen und immer dann hervorholten, wenn es ihnen besonders dreckig ging, rankt sich um das Vierteljahrhundert der Regierungszeit des Prinzregenten. Daran änderten selbst die späteren Wirtschaftswunderjahre nichts und schon gar nichts die »goldenen Sechziger«. Sie haben höchstens, wenn überhaupt, Aussichten, für die Münchner des Jahrgangs 2 000 zum perikleischen Zeitalter unserer Stadt zu avancieren.

Wurde der »Ludwigl« ermordet?

Sommer 1886. Himmel – was war das damals für eine Aufregung! Gerüchte, jedes phantastischer und schauerlicher als das andere, gingen von Mund zu Mund, von Ohr zu Ohr. Wo immer sich einfache Leute begegneten, Handwerker und Kleinbürger, Dienstmädchen, Köchinnen und Taglöhner – auf den Straßen, im Stiegenhaus, in der Stammwirtschaft – überall lautete die erste Frage: »Was g'schieht mit'm Kini – was machen s' mit'm armen Ludwigl, de Bagasch', de gemeine, was ham s' mit'm Kini vor?«

Lassen wir die Fragen von nüchternen Protokollen beantworten. Am 8. Juni 1886 unterzeichneten Professor Dr. Gudden und drei Psychiater einstimmig ein Gutachten des Inhalts, daß »der König in sehr weit fortgeschrittenem Grade seelengestört ist und an Paranoia leidet, und daß er angesichts der schon sehr langen Dauer der Krankheit für unheilbar und künftig nicht mehr regierungsfähig bezeichnet werden muß.«

Nach einer Verständigung aller souveränen deutschen Fürsten und nach langer Bedenkzeit erklärte sich der Onkel des Königs, Luitpold von Bayern, zur Übernahme der Regentschaft ebenso bereit wie zur Einleitung eines Entmündigungsverfahrens. Am Mittwoch, dem 9. Juni, wurde die Entmündigung Ludwigs ausgesprochen, am Donnerstag, dem 10. Juni, erfolgte die Regentschaftsproklamation, am Sonntag, dem 13. Juni, ertrank der König im Starnberger See, zusammen mit Professor Bernhard Aloys von Gudden, der den Monarchen am Selbstmord hindern wollte. Im ganzen Land reagierten die Menschen mit Bestürzung. Selbst

Immer öfter erschienen ab 1872 Berichte von Sportereignissen in den Münchner Tageszeitungen. Auf der Theresienwiese fanden damals sogar Schlittenrennen statt.

Mit dem Anwachsen der Einwohnerzahl durch ständigen Zuzug vom Land häuften sich die sozialen Probleme. In den neunziger Jahren richtete der Magistrat sogenannte Volksküchen ein, wo sich die ärmsten Münchner für wenig Geld sattessen konnten.

jene, die bis zu diesem Zeitpunkt an Ludwig kein gutes Haar gelassen hatten, als sein Schuldenberg immer größer geworden war, zeigten sich erschüttert. Sehr rasch war von einem Mordanschlag die Rede. Professor von Gudden wurde verdächtigt, »im Auftrag bestimmter, hochgestellter Persönlichkeiten« den König umgebracht und dabei selbst den Tod gefunden zu haben. Insbesondere Luitpold, dem neuen Prinzregenten, trauten es viele Kleinbürger und Bauern zu, wenn schon nicht selbst seine Hand bei dem Komplott gegen den Monarchen im Spiel gehabt, so zumindest doch billigend davon gewußt zu haben. Es dauerte Jahre, ehe sich die Mehrheit vom wirklichen Ablauf der Ereignisse während der Junitage des Jahres 1886 überzeugen ließ.

Bessere Zeiten kommen

Ansonsten begann es den Münchnern von nun an tatsächlich ein wenig besser zu gehen. Das Bruttosozialprodukt der Stadt stieg ständig, immer mehr Arbeiter, auch ungelernte, fanden Beschäftigung, insbesondere im Baugewerbe, das einen früher für unmöglich gehaltenen Boom erlebte, die Löhne stiegen seit langem erstmals wieder rascher als die Preise der Grundnahrungsmittel. Seit 1883 gab es als Nahverkehrsmittel neben den 216 Lohnkutschen und 56 Pferdetrambahnwagen eine Dampfstraßenbahn, die rußend und fauchend vom Stiglmaierplatz bis nach Nymphenburg fuhr. Auf der Fläche des abgerissenen Heiliggeistspitals breitete sich jetzt der Viktualienmarkt aus, von der luftigen Höhe des Theresienwiesenhangs nahe dem Bavariakeller fuhren im Winter die ersten Skifahrer ins tiefe Tal des Wiesengrundes, und die »Neuesten Nachrichten« überraschten ihre Leser von nun an mit einer eigenen Sportrubrik. Auf den Straßen und Plätzen allerdings gab es keine Zeitungen zu kaufen. Der Pressestraßenverkauf wurde erst ab 1908 erlaubt.

Zu Beginn der achtziger Jahre des vorigen Jahrhunderts begannen Münchens Bräuhäuser damit, sich individuelle Identitätssymbole zuzulegen – Markenzeichen, die gleichzeitig zu Gütesiegeln der verschiedenen Biere wurden. Die schönsten und markantesten dieser Zeichen schuf der damals berühmteste deutsche Heraldiker Otto Hupp (1859–1949).

Sein Tableau »Die Marken der größern Münchner Brauereien und deren Malzverbrauch« entstand 1892. Es stellt die Spatenbrauerei mit 233488 Hektoliter an die Spitze und benennt die kleine, später von Löwenbräu aufgekaufte Gabelsberger-Brauerei mit 10100 Hektoliter als Schlußlicht des Sudjahres 1890/91. (Nur das Hupp-Signum der Spaten-Brauerei blieb bis heute in seiner Urform als Markenzeichen erhalten.)

Die Brauereien legen sich Markenzeichen zu und entdecken die »Reklame«

Hundertjährige deutsche Firmensymbole haben Seltenheitswert. Daß es ausgerechnet Münchner Brauer waren, die sich mit als erste in Bayern, ja, in ganz Deutschland zu Beginn der achtziger Jahre des vorigen Jahrhunderts Identitätssymbole zulegten, verwundert kaum. Zum einen repräsentierten sie die ältesten, traditionsreichsten Unternehmen schlechthin, deren Geschichte – wie im Fall von Franziskaner, Hacker und Spaten – bis ins 14. und – bei Augustiner und Pschorr – bis ins 15. Jahrhundert zurückreicht. Zum andern gehörte jene kleine Gruppe von Bräu, die es bis 1850, 1860 geschafft hatten, ihre Brauhäuser aus der überkommenen handwerklichen Enge ins Industriezeitalter zu führen, in München zu den agilsten, wagemutigsten, ideenreichsten und – im guten Sinn – modernsten Unternehmern überhaupt. Sie hatten selbstverständlich ein Gespür dafür, daß es auf dem neuartigen Markt für ein Massenprodukt, wie es das Bier aufgrund der nun möglichen maschinellen Fertigung geworden war, auch völlig neuer Verkaufsmethoden bedurfte, wollten sie sich gegenüber ihren Mitkonkurrenten um die Gunst der Biertrinker behaupten. Das gesamte Umfeld ihrer Arbeit hatte sich abrupt verändert. Die Massenproduktion zwang zu immer größeren Investitionen und damit zu immer größeren Risiken. Eisenbahn und Dampfschiffahrt eröffneten neue Möglichkeiten des Exports und damit zu einer weiteren Umsatzsteigerung. Güte allein, das hatten die Bräu schnell heraus, war für den Verkaufserfolg nicht mehr ausschlaggebend. Vielmehr kam es jetzt darauf an, dem Publikum die Erkennbarkeit des eigenen Erzeugnisses so weit wie möglich zu erleichtern, das sich visuell, als helles oder dunkles Gebräu, ja kaum von den Produkten der Konkurrenten unterschied. Als Unterscheidungsmerkmal mußte ein Firmen-Signum her, das die eigene Identität nicht nur dem Publikum gegenüber manifestierte, sondern zusätzlich noch als eine Art Gütesiegel Garantien versprach und – last not least – Kauflust weckte. Damit war der Weg frei zur »Marke«, aber auch jener zur »Reklame« vorgezeichnet. Beide Begriffe waren damals noch sehr jung und von England nach Mitteleuropa gelangt. Englische Unternehmer hatten sich als Bürger eines Landes, das als Wiege der industriellen Revolution galt, schon Jahrzehnte früher mit den durch die Massenproduktion von Konsumgütern und deren Verkauf hervorgerufenen Problemen konfrontiert gesehen.

Ohne Identitätsmerkmale keine Reklame, ohne Reklame keine Marke! Fast alle Firmenzeichen der heute noch existierenden Münchner Brauhäuser entstanden vor knapp einem Jahrhundert, begleiteten die Unternehmen bis heute auf ihren Wegen und symbolisierten gleichzeitig über hundert Jahre hinweg ein bedeutendes Stück München. Sie wuchsen hinein in die Reklame, wie man es damals nannte, in die Werbung der Braubetriebe zu einer Zeit, als ein neues, aus Frankreich stammendes Werbemittel auch in München Furore zu machen begann – das Plakat.

Das Plakat kam aus Frankreich

Beschriftete Anschlagzettel oder Flugblätter kannte man schon seit vierhundert Jahren. Zu Plakaten veredelt aber wurden die schlichten Anschlagzettel erst 1887 von den Franzosen Jules Chéret und Eugene Graset, die plötzlich damit begannen, beschriftete Werbeblätter mit grazilen, anmutigen Mädchengestalten zu illustrieren. Der Erfolg dieser Blätter beim Publikum war so einmalig, daß sich nicht nur eine Reihe der größten Pariser Unternehmen entschlossen, auch mit solchen »Plakaten« für ihre Produkte zu werben, sondern – was viel folgenreicher war – eine Anzahl von Künstlern begannen, sich ebenfalls mit dem neuen Medium zu beschäftigen. Unter ihnen der Maler Toulouse-Lautrec, der sich zwischen 1890 und 1900 als Schöpfer großflächiger, genialer Blätter den Ehrennamen eines »Königs des Plakats« verdiente und den werbegraphischen Stil einer ganzen Epoche bestimmte.

Bereits ab 1890 gehörten Plakate der Münchner Brauhäuser an den Anschlagzäunen und Litfaßsäulen zum gewohnten Erscheinungsbild. Eigenartigerweise hielt diese erste Blütezeit der Bierwerbung in München nur verhältnismäßig kurze Zeit an. Als die Umsatzzahlen der Brauereien weiter wuchsen, setzte sich in deren Chefetagen die Meinung fest, man könne auf Reklame weitgehend verzichten, da das gute Münchner Bier praktisch von selbst seinen Absatz finde. Noch in den zwanziger und dreißiger Jahren verstanden die Braugewaltigen unter »Werbung« lediglich die Herstellung einiger Prospekte und Plakate, verschiedener Serien von Bierfilzln und eben – gutem Bier, das für sich selbst sprechen sollte. Der Begriff »Werbung« wurde zum Teil noch um 1960 in einigen Brauereien kaum richtig für voll genommen. So versteckten sich die Werbeleute eines Spitzenbier-Produzenten damals hinter Bürotüren, auf denen die Schilder »Reklameabteilung« angebracht waren. Heute freilich hat sich dies, wie man weiß, entschieden geändert. Auch bei den Münchner Bierherstellern wird Werbung inzwischen großgeschrieben.

Otto Obermeier (1883–1958) schuf um 1900, damals knapp siebzehnjährig, dieses prächtige Starkbierplakat für die Augustiner-Brauerei.

Um 1900 gestaltete der Heraldiker Otto Hupp (1859–1949) dieses am historisierenden »Altdeutschen Stil« orientierte Plakat für die Spaten-Brauerei.

Sachlich, modern und wirkungsvoll präsentiert sich dieses Blatt von Hackerbräu aus dem Jahre 1910. Sein Schöpfer: Ludwig Hohlwein, einer der bedeutendsten deutschen Plakatgestalter aus der ersten Hälfte unseres Jahrhunderts.

Dieses fröhliche Maibock-Motiv von Pschorrbräu aus dem Jahre 1913 stammt von Carl Moos (1878–1959).

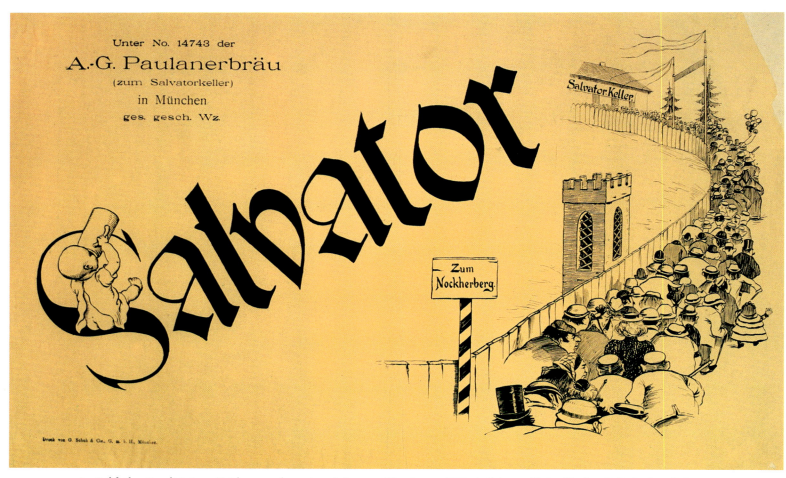

Im Stil früher Simplizissimus-Zeichnungen legte ein unbekannter Künstler um 1908 sein Salvator-Plakat für die »A. G. Paulanerbräu« an.

In München so viel Bier wie in ganz Rußland

Zurück zum Jahr 1883. Damals veröffentlichte der »Münchner Kurier« eine aufschlußreiche Statistik über den durchschnittlichen »Per-Kopf-Verbrauch« an Bier. Die Liste sah so aus:

Bayern	240,6 Liter
Württemberg	154 Liter
Belgien	145 Liter
Großbritannien	118 Liter
Baden	63 Liter
Sachsen	60,5 Liter
Elsaß-Lothringen	48 Liter
Preußen	39,5 Liter
Niederlande	37 Liter
Österreich	34,5 Liter
USA	29 Liter
Frankreich	19,5 Liter
Norwegen	14,5 Liter
Schweden	12,5 Liter
Rußland	1,75 Liter
München	290,5 Liter

»Allein in München«, hieß es am Ende der Statistik, »wird so viel Bier getrunken wie in ganz Rußland!«

So schien in der Landeshauptstadt wieder einmal alles bestens zu laufen. Das Wort »Fortschritt« auf allen nur denkbaren Gebieten wurde in Versalien geschrieben, das andere: »Wachstum« nicht minder, und selbst im Bierkrieg lieferten sich die Gegner all die letzten Jahre über nur noch verbale Scharmützel in den Zeitungen oder auf politischen Kundgebungen, wo jetzt immer öfter von »links« und »rechts« die Rede war.

Ein Abend zu zweit in der »guten alten Zeit«

Es erscheint angebracht, sich einmal jene Beträge zu vergegenwärtigen, die angelegt werden mußten, wenn sich damals zwei Leute einen netten Abend bei gutem Essen und Trinken in angenehmer, gutbürgerlicher Umgebung – und mit Musik – leisten wollten.
Betrachten wir uns eine Rechnung:

2 garn. russischer Kaviar auf Toast à –,60		1,20
2 Brühe mit Ei . . . . à –,20		–,40
1 Filet saute aux champignons . . .		1,30
1 Entre cote à la maitre		1,30
1 Kopfsalat		–,20
1 gem. Käse		–,30
1 Salzburger Nockerl		–,60
2 Biere dunkel . . . . . . à –,28		–,56
1 Fl. 1904 Deidesheimer		–,80
		6,66
Damals als »angemessen« betrachtetes Trinkgeld		–,50
Trinkgeld für Biermädel		–,15
Garderobe . . . . à –,20		–,40
Weitere Ausgaben:		
Straßenbahn für 2 Personen		–,40
10 Zigaretten besserer Sorte		–,40
		8,51

Den Titel zeichnete J. Fuetterer 1899.

Nur auf den ersten Blick erscheinen die hier genannten Beträge »preiswert«.

Ein Blick in eine Speisenkarte von einst – hier des Löwenbräukellers – gibt uns weiterhin Aufschluß. War die vielgerühmte »gute alte Zeit« also wirklich so »gut«, damals, als der Prinzregent Luitpold in Bayern das Sagen hatte? Übrigens: Der Monatslohn eines 28jährigen Buchhalters betrug 165,–.

Die große Salvatorschlacht

Bald gab es wieder einmal Rabatz. Und zwar so deftigen, daß »Berichte über die jüngste Bier-Schlacht in München« sogar im fernen Madrid und im noch ferneren Sankt Petersburg erschienen. Ort der Schlacht: Salvatorkeller, Zeitpunkt des Gemetzels: Freitag, der 23. März 1888. Im Gegensatz zu früheren Bierkrawallen war diese Massenschlägerei am Maria-Verkündigungs-Tag anno 88 durchaus voraussehbar. Zumindest hätte es am Ende dieses Jahrhunderts zum Bildungsgut jedes normalen Polizisten gehören müssen, daß Bierpreiserhöhungen, und mochten sie der Obrigkeit noch so geringfügig erscheinen, noch immer jenem Funken entsprachen, der auf die Lunte überzuspringen droht, um das Pulverfaß explodieren zu lassen. Aus einem kaum noch nachvollziehbaren Grund hatte es sich die Paulaner-Brauerei (damals noch Schmedererbräu) einfallen lassen, ihr Bier ausgerechnet zum weltberühmten Salvatorausschank um einen Pfennig teurer als bisher zu verkaufen. Natürlich setzte dies, wie oft und oft gehabt, die trinkfreudige Menge wieder in grimmige, untergärige Erregung, wobei es nur eines geringen Anlasses bedurfte, die angestaute Aggression in einen berserkerhaften Wutausbruch zu verwandeln. Die Stimmung war bereits ganz schön angeheizt, als die Salvator-Schenkkellner, des Volkszorns spottend, mit gelassener Selbstverständlichkeit statt der bestellten und bezahlten Maß nur jeweils sogenannte »Dreiquartl« – dreiviertel Liter – in die Krüge rinnen ließen und Protestierende mit dem Hinweis: »Wenn eich wos net paßt, dann saufts a Wasser« weiterschickten. Und ausgerechnet zu dem Zeitpunkt, wo sich der Unmut der Leute seinem Höhepunkt

Größter räumlicher Treffpunkt der nach München kommenden Landbevölkerung, aber auch der in der Hauptstadt dienenden Wehrpflichtigen war während der Gründerjahre und noch lange danach der Mathäser am Stachus, wo Ernst Rau um 1895 diese Szene festhielt.

Während des Starkbierausschanks im Salvatorkeller genügte bei aller Gaudi, bei aller lauthals bekundeten Lebensfreude oft ein einziges unbedachtes Wort oder eine falsch verstandene Geste, um den Saalbau in ein Schlachtfeld zu verwandeln. Holzstich nach einer Zeichnung von G. Heine, 1881.

näherte, erlaubte sich ein fröhlicher Bursche den Spaß, einem älteren, gewichtigeren Salvatorbesucher dessen Zylinderhut so tief in die Stirn zu drücken, daß der Kopf des Betroffenen bis über die Nasenspitze im Innern der dunklen Röhre verschwand. Andere Raufbolde fanden an der Sache so viel Spaß, daß sie sich weitere Chapeau-claque-Träger vornahmen, um das so gut gelungene Experiment zu wiederholen. Dann ging's auf, in bester Altmünchner Bierkrawallmanier. Nur daß die Parole diesmal hieß »Jeder gegen jeden«. Was sich tut, wenn 4000 leicht »angestochene« oder schon randvolle Salvatorianer aufeinander losgehen, das sich auszumalen, bedarf keiner allzu großen Phantasie! Jedenfalls mußte auch anno 88 wieder die Schwere Reiterei ausrücken, mit gezückten Säbeln sich ins Schlachtengetümmel stürzen und eine ganze Kompanie Krawallmacher verwunden, ehe gegen Morgen Ruhe eintrat, während in den Krankenhäusern der Stadt die Samariterdienste auf Hochtouren liefen.

Eigenartigerweise beschränkte sich diese »Einpfennig-Zylinder-Protestschlacht« auf den Salvatorkeller auf dem Nockherberg, der eines der kräftigsten und würzigsten Starkbiere der Welt ausschenkte, das viele alte Münchner noch immer »Zacherl-Öl« nannten, in Würdigung und in Erinnerung an den trefflichen Bräu Franz Xaver Zacherl. In allen übrigen Lokalitäten der Stadt blieb es ruhig.

Münchens Gasthäuser und Vergnügungslokale während der Belle Époque

Die Szenerie der Münchner Gast- und Vergnügungsstätten hatte sich inzwischen gegenüber dem Biedermeier erheblich verändert. Ausgenommen die Bierkeller, wenngleich auch sie sich nicht mehr darauf beschränkten, ihren Gästen Trunk und »Schmankerl« lediglich in Selbstbedienung anzubieten. Längst waren auch dort Kellnerinnen und »Biermädel« am Werk, letztere durchwegs junge und meist auch sehr ansehnliche Gaststätten-Elevinnen, die »auf Kassiererin« lernten und bis zur Reifeprüfung nur Bier an die Tische bringen sowie leere Gläser und Geschirr abräumen durften, während den Kellnerinnen das Speisenservieren und Abkassieren oblag. Biermädel gab es in München noch bis gegen Ende der fünfziger Jahre unseres Jahrhunderts in den guten Restaurants der Stadt mit weiblichem Bedienungspersonal.

Um 1890 hatten Kellerbesucher noch die Wahl zwischen fünfzig solcher Bieroasen. Im Hallmereikeller, dem späteren Bürgerbräukeller, wo 1938 das Attentat auf Hitler fehlschlug, war der Garten von an die drei Meter hohen Gipsstatuen berühmter Prinzen aus dem Hause Wittelsbach flankiert, während auf dem Musikpodium die 40 Mann starke Militärkapelle des Infanterieregiments 32 aus Meiningen spielte. Der Löwenbräukeller bot an: »Extra großes Monstre-Gala-Doppel-Concert der vollständigen Kapelle des Königlich-Sächsischen Infanterie-Regiments Nr. 6, Garnison Straßburg – 45 Mann in voller Uniform, Eintritt frei, Kinder die Hälfte.« Im Schleibinger-Keller und in den fünfzig übrigen Biergärten saßen allabendlich die Gäste dicht an dicht und ließen sich die Ohren vollblasen.

Münchens Bierkeller wurden immer aufwendiger und pompöser. Mitunter erinnerten sie förmlich an Trutzburgen, wie jener der Spatenbrauerei an der Nymphenburger Straße, der als Arzberger-Keller bis zu seiner Zerstörung im Zweiten Weltkrieg die nächste Ecke nach dem Löwenbräukeller markierte.

Das Restaurant »Isarlust« auf der Praterinsel gehörte vor der Jahrhundertwende und noch lange danach zu den nobelsten Gastronomieunternehmen der Stadt. Von seiner Terrasse aus konnte man die drei großen Fontänen bewundern, die ihr Wasser aus der Isar 15 Meter hoch in die Luft sprühten.

Die Schwabinger Brauerei (Schwabingerbräu) war 1879 Ecke Leopold-/Feilitzstraße entstanden und firmierte ab 1890 als »Schwabinger-Salvatorbrauerei«, ein Umstand, der Spatenbräu bewog, die Braustätte zu erwerben, um sich auf diese Weise die begehrte »Salvator«-Bezeichnung anzueignen.

Der Schleibinger-Keller auf der Höhe des Rosenheimer Bergs existierte in seiner Urform als Bierlagerstätte schon seit 1840. Als Biergarten wurde er freilich erst um 1860 populär. Heute erinnert nur noch der Name der Schleibingerstraße (MAHAG) an diese Altmünchner Bieroase.

Einer der prächtigsten Biergärten – heute völlig vergessen – lag in Haidhausen an der Ismaninger Straße nahe der Prinzregentenstraße. Im Gartenbereich, im Festsaal und in den verschiedenen Bräustuben dieses »Maximilianskellers« waren Plätze für 8000 Gäste.

Mit seinen 15 000 Sitzplätzen galt der »Volksgarten« am Romanplatz in Nymphenburg in den Jahrzehnten bis zum Ersten Weltkrieg als das weitaus größte Vergnügungsetablissement Deutschlands. Der Aussichtsturm des Volksgartens (Bildmitte) war 80 Meter hoch.

1892 verblüffte die Münchner an der Bayerstraße gegenüber dem Hauptbahnhof-Nordbau ein im Hotel Strebl installiertes Automatenrestaurant, in dem – Wunder über Wunder! – Bier, Wein, Limonade und sogar heißer Kaffee aus vom Publikum selbst zu bedienenden Automaten floß.

Das größte Vergnügungsetablissement ganz Deutschlands

Wer seiner Familie etwas ganz Besonderes bieten wollte, fuhr mit der Dampftrambahn in den Nymphenburger Volksgarten, der sich auf dem Gelände zwischen dem heutigen Romanplatz und dem Nymphenburger Kanal befand. Bereits die Anreise wurde zum Sonderspaß. Allerdings durfte man nicht zimperlich sein, denn die Lokomotive qualmte fürchterlich. Bei stärkerem Wind kamen die Besucher schwarz wie Neger in Nymphenburg an. Aber das störte keinen. Denn was hier geboten wurde, glich alle Strapazen reichlich aus.

Hauptattraktion war der an die 80 Meter hohe Aussichtsturm. Zu seinen Füßen konnte man wählen zwischen einem türkischen Restaurant, einem Original-Puszta-Gasthaus, einer chinesischen Teestube, einer oberbayerischen Almhütte und der Wirtschaft »Schützenliesl«. Mit über 15 000 Sitzplätzen war der Volksgarten das größte Vergnügungsetablissement ganz Deutschlands. Selbstverständlich gehörten Schaubuden und Karussells dazu, ferner ein gutes Dutzend Musikkapellen und sogar eine Art Kino-Vorläufer wartete auf die Besucher, vorgestellt unter dem pompösen Titel »Amerikanischer Photographie-Palast«. Ganz besonders empfohlen wurde ein Besuch der »Künstlichen Tropfsteinhöhle«.

Die feineren Herrschaften wiederum suchten nahe dem Lehel das Restaurant »Isarlust« auf, in dem sich später das Alpine Museum auf der Praterinsel befand. Von hier aus hatte man den besten Blick auf die drei zwölf Meter hohen künstlichen Wasserfontänen, die aus der Isar bei der Ludwigsbrücke stiegen. Wer Spaß daran fand, konnte sich einen Kahn mieten und auf dem Fluß zwischen Ludwigs- und Maximiliansbrücke kreuzen. In der Bayerstraße lockte eine große, beleuchtete Reklametafel: »Achtung – hier Selbstbedienung! Kein lästiges Trinkgeld mehr! Besuchen Sie Strebls Automaten-Restaurant. Kaffee, Limonade, Wein, Bier – alles nach Hebeldruck in die Gläser!!«

Gasthaus »Zum Oberpollinger« an der Neuhauser Straße nahe dem Karlstor, gegen Mitte des 19. Jahrhunderts.

München bekommt ein »Nachtleben«

Sehr mondän ging es in der »Central-Bar« gegenüber dem Hofbräuhaus zu. Hier wurde man von waschechten amerikanischen Negern bedient. Ganz groß im Kommen war ein neues Mischgetränk, das sich »Cocktail« nannte. Im »Sanct-Peter-Italia-Restaurant« am Rindermarkt warteten Séparées samt einer täglichen »Spezial-Vorstellung«, in deren Mittelpunkt der Auftritt der »Wienerpeppi« stand, wie sich dieser Nachtclubstern von damals nannte. Der Eintritt kostete die stattliche Summe von 40 Pfennig. Freilich darf nicht unerwähnt bleiben, daß sich am gleichen Tag, als die Anzeige der »Wienerpeppi« erschien, beim »Radlwirt« Münchens Müllergesellen trafen und beschlossen, dafür zu kämpfen, daß »die tägliche Arbeitszeit nur noch 12 Stunden betragen soll, während die Sonntagsarbeit ganz eingestellt werden müßte«.

In »Kils Kolosseum« wurde Mr. Barnum persönlich mit seinen dressierten Doggen bewundert, derselbe Barnum, der später zum berühmtesten amerikanischen Zirkusunternehmer aufsteigen sollte. Auf der Theresienwiese bestaunten die Münchner eine »Original Beduinen-Karawane bei täglichem Pascha-Fest samt der Burleske ‚Unbewachte Augenblicke zweier Negersklaven'«. Nach diesem Ausflug in den Orient konnte man sich in der Wirtschaft »St. Florian« in der Klenzestraße mit einem Menü, bestehend aus drei Gängen, zum Preis von 40 Pfennig stärken.

Wer mehr für einheimische Kunstgenüsse war und Bier dazu trinken wollte, pilgerte zu Papa Geis in den Oberpollinger, wo die neugegründete »Salon-Komiker-Gesellschaft« auftrat. Im später unter Weiß Ferdl so berühmt gewordenen »Platzl« gegenüber dem Hofbräuhaus wären Folkloreliebhaber am falschen Ort gewesen, denn die nachmalige Gaudi-Hochburg machte noch auf »vornehm« und nannte sich »Grand Restaurant«, in dem als Sonderschlager Damenkapellen musizierten.

Den harten Krimi von heute ersetzte damals »Professor Emil Hammers Wachsfiguren-Kabinett Panorama« in der Neuhauser Straße, wo die Nerven der Zuschauer in drei Stockwerken mit abgeschlagenen und noch blutverschmierten Mörderköpfen strapaziert wurden.

Der »Oberpollinger« nach seinem Umbau um 1885.

*»Pfingstsonntagmorgen am Chinesischen Turm im Englischen Garten zu München«
nannte der Maler Paul Hey seine 1892 entstandene Zeichnung.
Die Szene dokumentiert eine damals berühmte, als »Dotschen-Tanz« gelästerte Veranstaltung,
die jeden Sonn- und Feiertag in den frühesten Morgenstunden (5 bis 7.30 Uhr) stattfand und vorwiegend von
Münchner Hausbediensteten und Soldaten besucht wurde.*

Dotschentanz

Den Clou schlechthin aber bildete die sommerliche, höchst despektierlich »Dotschentanz« benamste Sonntagmorgengaudi unterm »Chinesischen Turm« im Englischen Garten, wo sich zu nachtschlafener Zeit (5 Uhr früh) vorwiegend weibliche Hausbedienstete »sowie Militärpersonen der untersten Ränge drei Stunden lang im Tanze ergehen«, wie ein Zeitgenosse vermerkte, bei dem es weiter heißt: »Die frühe Stunde dieser als Rarität anzusehenden Belustigung ergibt sich aus der erforderlichen Präsenz des Hauspersonals bei der Herrschaft gegen Einhalbneunuhr, allwo es gilt, das Frühstück für die zum Kirchgange sich bereitmachende Familie anzurichten.«

Das Bier freilich, das in all diesen Gasthöfen und Singspielhallen, Bierkellern, Nobelrestaurants, Vergnügungsparks und auf dem Oktoberfest getrunken wurde, kam längst nicht mehr nur aus Sudpfannen von Münchner Privatbrauereien. Die traditionsreiche Löwenbrauerei des Ludwig Brey war schon 1872 zum Preis von zweieinhalb Millionen Gulden in den Besitz der neugegründeten Aktiengesellschaft gleichen Namens übergegangen, die Hackerbrauerei hatte sich in eine AG verwandelt, ebenso wie die bekannten Braubetriebe »Zum Mathäser«, Eberl-Faberbräu und das Brauhaus der Brüder Schmederer (Paulaner), um nur einige zu nennen. Eine Reihe von Brauereibesitzern kleiner und mittlerer Betriebe verkauften an die Großen und zogen sich ins Privatleben zurück, wurden »Rentiers«. Die Namen ihrer einst berühmten Biere tauchten noch einige Jahre im Angebotskatalog des jeweiligen Aufkäufers auf, verschwanden dann aber sang- und klanglos.

Mit an der Spitze der vornehmen Welt – Münchens Bier-Zaren

Münchens übriggebliebene Großbrauer aber gehörten jetzt endgültig zur neuen Patrizierklasse, legten sich Kommerzienratstitel zu oder wurden in den persönlichen Adelsstand erhoben. Das gesellschaftliche Wirken der Sedlmayrs von Spaten in diesen Jahren spiegelt beispielhaft diese Entwicklung. Sie nahmen ebenso Einfluß auf die kommunalen, sozialen und künstlerischen Geschehnisse der Stadt wie das gute Dutzend anderer tonangebender einheimischer Familien. Namen wie jene der Seidl, Röckl, Schlagintweit, von Miller, Haindl und andere stehen für diese Epoche des großbürgerlichen Münchens. Man gestattete es sich nicht nur, Künstler zu unterstützen, fand es vielmehr keineswegs unpassend, wenn Künstler um die Hand der Töchter anhielten oder Söhne sich künstlerisch begabte Mädchen als Ehefrauen aussuchten. Man erlaubte es sich, schöne Dinge zu sammeln und Bibliotheken anzulegen und auch mitunter Feste zu feiern, die es in sich hatten. Das Motto »Leben und leben lassen« war neben aller Arbeit integraler Bestandteil der Lebensphilosophie dieser dritten Gründergeneration. Zu allen Brauereien gehörten stattliche Villen, in denen die Bräu-Familien residierten. Die Sedlmayrs hatten sich sogar einen großen Gartensaal zugelegt, wo die Familie Hof hielt und Gesellschaften gab. Hier trafen sich Poeten wie Paul Heyse, Martin Greif und Gottfried Keller, Maler wie Lenbach und Stuck, Theaterdichter wie Ibsen und Max Halbe und natürlich Wissenschaftler, Politiker, Schauspieler und – last not least – Industriekapitäne aller Branchen. Wer um die Jahrhundertwende und schon ein, zwei Jahrzehnte früher an der Isar Rang und Namen hatte, verkehrte dort, welcher bekannte Künstler auch immer nach München kam, wurde dort empfangen – wo Anton Sedlmayrs Ehefrau Nelly, geborene Smith, eine sportliche, gutaussehende, geistvolle, im besten Sinn »moderne« Engländerin einen »Salon« unterhielt, der jungen, noch unbekannten Künstlern, wenn sie Talent ahnen ließen, ebenso offenstand wie der künstlerischen Prominenz aus allen Weltgegenden. Aus dieser Perspektive erscheint es fast selbstverständlich, daß auch der große Enrico Caruso nach einem Gastspiel im Nationaltheater noch auf einen Drink beim Spatenbräu vorbeikam und es sich anderntags nicht nehmen ließ, zusammen mit dem damals jüngsten Sproß des Hauses, Ernst, 3, vor der Kamera des Photographen zu posieren.

Als Brauer etablirte sich
Herr Anton Lebrecht Wässerich.

Im Anfang braut er in der Pfann'
Und denkt — 's macht's Jeder wie er kann.

Er steht auf schwachen Füßen noch,
Doch wird es besser Woch' für Woch'.

Es kauft bald einen Kessel sich
Der gute Meister Wässerich.

Und was er weiter sich verschafft,
Ist eine gute — Wasserkraft.

Nun überlegt er sorgenvoll,
Wie er die Kosten decken soll.

Als er die Zwei beisammen sieht,
Erheitert sich sein schwer Gemüth.

Fein lächelnd und voll Zuversicht
Der Brauer zu sich selber spricht:

„Ich geb' mehr Wasser dem Gebräu
Und sag': ‚Dieß wiener Brauart sei.'"

Stolz prüft er jetzt sein Meisterstück,
Ob's nicht zu stark sei und zu dick.

Drauf, in der größten Herzensruh,
Pumpt fleißig er noch Wasser zu.

Er füllt's in große Fässer,
Macht's immer noch 'was nässer.

Spottblatt auf die nach Meinung der Münchner viel zu rasch zu ihrem Vermögen gekommenen Brauer.
Es schildert die Karriere und die – vermuteten – Geschäftspraktiken der Bräu im Stil vom Wilhelm Busch.

Ein alter Freund hat's einst gewagt / Und über's Bier bei ihm geklagt.

Da sprach der Meister zornig schier: / „Wär' nur das Wasser besser hier."

Er macht es trotzdem dünner noch / Und sagt: „Die Leute trinken's doch."

Einst sah gar zwei Betrunk'ne er / Und schließt daraus, sein Bier sei schwer.

Drauf macht er's noch mal nasser / Durch Beimischung von Wasser.

So kämpft er um des Schicksals Gunst / Und dankt den Sieg nur seiner Kunst.

Sein Reichthum mehrt sich riesenhaft / Zum Lob der guten Wasserkraft.

Von jetzt an lebt er nimmer schlecht / Und läßt die Arbeit seinem Knecht.

Drum ist es auch kein Wunder, / Sein Bauch wird immer runder.

Er kauft sich einen Kassenschrein, / Doch bald ist dieser auch zu klein.

Voll Geld ist fast das ganze Haus, / Jedoch die Strafe bleibt nicht aus.

Ihr Brauer von Europium, / Nehmt dran euch ein Exempolum!

Mit der Anschuldigung »Bierfälschung«: »Die Brauer verdünnen ihren Plempl noch und noch« war man um 1875 schnell zur Hand. In der Tat erwiesen sich die einzelnen Sude als in ihrer Qualität mitunter höchst unterschiedlich. Das lag aber kaum an gezielten Verfälschungen des Gebräus als vielmehr an der immer noch unausgereiften Brautechnik.

Eine Prozeßlawine um den Qualitätsbegriff »Salvator«

Dennoch – das Geschäft ging natürlich vor, und wenn es sein mußte, wurde die Konkurrenz mit harten Bandagen niedergerungen. So geschehen 1896 im Streit um die zum Marken- und Qualitätsbegriff avancierte Starkbierbezeichnung »Salvator« zwischen der Schmederer-Brauerei (Paulaner) und den übrigen Münchner Brauhäusern, die alle, ohne viel zu fragen, ebenfalls »Salvator« genannte Frühjahrsbiere verkauften. Bis die Paulanerleute, nachweislich zwei Jahrhunderte lang alleinige Salvatorbrauer, zum Kadi liefen und klagten. Am 14. März 1896 wurde ihnen der Namensschutz erteilt. Was freilich die Brüder Sedlmayr keineswegs daran hinderte, noch vier Jahre später im »Generalanzeiger« folgende Meldung drucken zu lassen: »Im Arzberger Keller fließt gegenwärtig, die Spaten-SALVATOR-Quelle.

Zur gleichen Zeit las man im Anzeigenteil der »Münchner Neuesten Nachrichten« fettumrandet folgendes Inserat:
»Bekanntmachung!
Die unterfertigten Brauereien geben bekannt, daß auch sie für dieses Jahr ihr SALVATOR-BIER eingesotten haben und zur üblichen Saison in den Verkehr bringen werden.
Aktienbrauerei zum Löwenbräu
Aktiengesellschaft Hackerbräu
Salvator-Brauerei«
Bei der letztgenannten handelte es sich um ein kleines Schwabinger Brauhaus, das sich noch vor der Schutzerteilung an die Paulaner-Brauerei schnell den berühmten Namen angeeignet hatte und später von Spaten – sicher nur der Salvatorbezeichnung wegen – gekauft worden war. Aber es half nichts – am Ende zogen alle gegenüber den Paulaner-Brauern den kürzeren.

Keine Brauerei mehr ohne »-ator«

Einmal in Zugzwang, eröffnete sich für die im Rechtsstreit Unterlegenen der Ausweg, wenigstens die begehrte »-ator«-Endung bei Namensneuschöpfungen für ihre Frühjahrsbockbiere zu vereinnahmen, was dann auch mit Vehemenz geschah. Auf den Brauereiplakaten und Starkbierfestanzeigen wimmelte es von nun an nur so von »Animator«-, »Optimator«-, »Triumphator«-Anstichen, und wie sie alle hießen. Daran hat sich bis heute kaum etwas geändert. Hermann Roth dichtete dazu in der Zeitschrift »Münchner Luft« 1905:

Zu einem Zeitpunkt, als durch ein Reichsgerichtsurteil der Streit um den Markenbegriff »Salvator« längst zugunsten der Paulaner-Brauerei entschieden war, warben verschiedene Münchner Brauer für ihre eigenen Frühjahrsstarkbiere noch immer mit dem publikumswirksamen »Salvator«-Begriff. Erst geharnischte Strafen beendeten die Salvatorfehde.

»Nun gabs ein Suchen ohne End'
Nach Namen, die man wählen könnt,
Damit man unsere Frühjahrsbiere
Mit einem schönen Titel ziere.
Die Wörter alle, die auf ‚or',
Zog dazu schleunigst man hervor,
Und für das gute deutsche Bier
Gabs fast nur fremde Namen hier.
Wollt wissen man den Sinn davon,
So brauchte man ein Lexikon!
Der Alligator, dessen Zähren
Als falsch bekannt, selbst kam zu Ehren!«

Der Salvatorbier-Ausschank in München.
1. Straßenbild in der Nähe des Zacherl-Kellers. – 2. Sturm auf die Schenke. – 3. »Prosit, die Blume!« – 4. Allgemeiner Chorgesang.

Bis zum Hofbräuhausumbau anno 1896 präsentierte sich die HB-Szenerie am Platzl in München noch höchst biedermeierlich. Der pompöse Neubau von Heilmann und Littmann räumte mit all der Idylle gründlich auf.

Zwei typische Hofbräuhauskellnerinnen der Jahrhundertwende. Meistens nicht mehr die Jüngsten, rundlich alle und mit einem begnadeten Vorstadtmundwerk versehen, waren sie für ihre Arbeit trefflich gerüstet. Ihr Berufsstand genoß in München in allen Kreisen durchaus Ansehen.

Das Hofbräuhaus zieht nach Haidhausen

Und noch ein 1896er-Datum gilt es zu vermerken. Am 22. Mai lief zum letzten Mal das Sudwerk im alten Hofbräuhaus am Platzl. Eine trauernde Gästerunde, darunter viel Münchner Prominenz, trank letztmalig auf die alten Zeiten und orakelte über die kommenden Jahrzehnte im neuen HB-Prachtbau, den der bayerische Staat im folgenden Jahr an gleicher Stelle von Heilmann & Littmann errichten ließ. Ursprünglich war vorgesehen, das gesamte alte Hofbräuhausareal mit dem neuen Gaststättenkomplex zu überbauen. Um aber die umliegenden Wirtshäuser in ihrer Existenz nicht zu bedrohen, entschloß sich der Staat, seinen neuen Hofbräuhausausschank nur auf zwei Drittel der vorhandenen Fläche zu errichten. Den Braubetrieb selbst verlegte man hinaus nach Haidhausen, wo an der Inneren Wiener Straße der ehemalige Leistbräukeller erworben worden war.

Vom Hopfen und Hopfenzupfen

Je mehr in München, in Bayern, im gesamten Deutschen Reich der Bierkonsum stieg (und er stieg kräftig während der letzten Jahre des 19. Jahrhunderts), um so größer wurde zwangsläufig auch der Hopfenverbrauch. Die Ausstoßzahlen der fünf größten Münchner Brauhäuser des Jahres 1898 verdeutlichen eindrucksvoll die noch ein paar Jahrzehnte früher für unmöglich gehaltene Aufwärtsentwicklung des Münchner Braugewerbes und die aus ihnen hochzurechnenden Hopfenmengen:

Löwenbräu   553 000 hl
Spaten   520 000 hl
Leistbräu   360 000 hl
Augustiner   337 000 hl
Pschorr   230 000 hl

An dieser Stelle wird nun doch ein kaum vermeidbarer kleiner Abstecher in Gebiete außerhalb des schwarz-gelb markierten Burgfriedens der bayerischen Landeshauptstadt nötig. Und zwar in Richtung Norden, hin zur Holledau, dem berühmten Hopfenanbaugebiet an der oberbayerisch-niederbayerischen Grenze, das damals neben Spalt in Franken und dem böhmischen Saaz den meisten in München benötigten Hopfen lieferte.

Ursprünglich, bis weit in die zweite Hälfte des 19. Jahrhunderts hinein, waren die Hopfendolden fast ausschließlich von den Produzenten und deren Familienangehörigen gepflückt worden. Zu Beginn der achtziger Jahre änderte sich dies schlagartig. Dem Drängen der Brauer folgend, verzehnfachten die Hopfenbauern ihre bis dahin recht bescheidenen Anbauflächen und standen nun vor dem Problem, sich für die jeweilige Erntezeit nach Arbeitskräften umsehen zu müssen. Aufrufe in den Münchner Zeitungen hatten einen durchschlagenden Erfolg. Von nun an entvölkerten sich in den damaligen Armeleutevierteln Haidhausen, Au und Giesing während der Erntezeit alljährlich ganze Straßenzüge, deren Bewohner mit Kind und Kegel zum »Zupfa« oder »Hopfabrocka« in die Holledau abgedampft waren. Sogar Münchens Haftanstalten reagierten auf die Hopfenernte und machten es sich zur Gewohnheit, zur Entlassung anstehenden Strafgefangenen vorzeitig die Freiheit zu geben; unter der gern akzeptierten Auflage, sich bei einem Hopfenbauern als Zupftaglöhner zu verpflichten. Zeichne-

ten sich besonders reichliche Ernteerträge ab, schickte die bayerische Armee ihre Soldaten in die ans Hopfengebiet angrenzenden Wälder ins Manöver, von wo aus sie später schnell zum Hopfenzupfen abkommandiert werden konnten.

»Einquartierung« heißt dieses Blatt. Hopfeneinquartierung – beliebt beim Militär und beim weiblichen Dienstpersonal der Hopfenbauern.

Hopfenernte in Niederbayern. Originalzeichnung von Oskar Gräf.

I. Mädchen aus der Holledau. II. Hopfenernte. III. Unschädlich gemachte Messerhelden. IV. Einbringen des letzten Hopfens. V. Heimkehr am Abend. VI. Hopfenhändler. VII. Mittagssuppe. VIII. Kleine Leckermäuler. IX. „Hopfenbrocken".

Schlimme Zustände

Ein Pfarrer aus Au in der Holledau berichtete damals eher untertreibend dem Erzbischof in München: »Die Hopfenernte dauert zwei bis drei Wochen, anscheinend eine kurze Zeit, aber sie reicht hin, um das ganze Landschafts- und Volksbild total zu verändern. Da strömen und streunen Scharen von Leuten jeden Alters, Geschlechts, einzelne Personen und ganze Familien mit ihren Handwägen in der Holledau herum, ein geradezu internationales Publikum, Leute aus aller Herren Ländern, Waldler, Böhmen, Slowaken, Preußen, Sachsen, verunglückte Studenten, verkrachte Adelige, Münchner Lucki und Strizi neben ihrem langhaarigen Anhang, Giesinger Hilfsarbeiter, professionelle Landstreicher mit allerlei seltsamem Weibervolk, die einen um wirklich Arbeit und Verdienst zu suchen, die andern aber nur, um ein zügelloses, lüderliches Leben zu führen, wozu sich viel Gelegenheit bietet.«

Es zu leugnen, wäre nutzlos: Hier berührten Hochwürden einen in der Tat sehr wunden Punkt der später als »Hopfenzupfer-Romantik« umschriebenen Situation! Nach einer Schätzung von Fachleuten sollen schon 1874 neben »8000 Handwerksburschen, Schauspielern, Gauklern, Gratlern und sonstige vazirenden Subjekten« rund 10000 bis 20000 Schnitter und Zupfer in die Holledau gekommen sein. All diese Menschen nächtigten – Männlein neben Weiblein, Kinder neben Greisen, Jungfrauen neben manöverharten Infanteristen – in langen Reihen dicht an dicht in zu Notquartieren umfunktionierten Heustadeln. Nicht selten waren sogar die Barren der Ställe mit Heu und Stroh ausgelegt, um dem bunten Völkergemisch als Nachtlager zu dienen. Immer wieder ist in zeitgenössischen Berichten von grausigen sanitären Gegebenheiten und »unglaublicher Promiskuität« die Rede. Nur zu oft rückten üble Typen von Vätern junger und sehr junger Mädchen an, um die Töchter reihenweise zu »vermieten« wobei natürlich wesentlich mehr verdient wurde als mit der Pflückarbeit. Polizeirazzien durften immer auf entsprechende Erfolge zählen. Der Bericht des Mainburger Gerichtsdirektors an die Regierung von Niederbayern über Auer Vorkommnisse des Jahres 1906 gilt für alle anderen größeren Holledauer Orte: »Von der Auer Gendarmerie wurden heuer nicht weniger als 86 ‚Damen und Herren' Zupfianer arretiert und ans Amtsgericht Mainburg abgeliefert, wobei die Beamten als ‚Hopfenbrokker' verkleidet waren.« Oft kam es zu förmlichen »Hopfenzupfer-Schlachten«, wobei polizeiprotokollarisch überlieferte Sprüche wie: »Auf gehts, im Bluat müassns schwimma, wenn ma jetzt (ins Gasthaus) einiegehnga« die Regel waren. Die Messer saßen locker; Roheitsdelikte, auch solche gegenüber Kindern, die zum Teil schon als Fünfjährige mitpflücken mußten, waren an der Tagesordnung.

Noch um 1955 erschienen in Publikationen der Regenbogenpresse Reportagen wie jene im »Grünen Blatt« unter der Überschrift »In Bayern sind die Nächte heiß«: »Moral! was heißt hier schon Moral? Für das, was sich in diesen Nächten in den Dörfern der Hallertau abspielt, gibt es keinen Vergleich. Es ist unmöglich, an dieser Stelle die unappetitlichen Einzelheiten zu schildern. Was hier vor sich geht, ist, nüchtern gesagt, übelste Gelegenheitsmacherei zur Unzucht. Wen kümmert es, wenn diese Strohhütten zu primitivsten Bordellen werden, wenn ganz junge Menschen hier den letzten Halt verlieren? Können wir schweigen zu der kreisenden Schnapsflasche im Dunkel dieser Nachtlager, diesem Sumpf unter den Dächern christlicher Dörfer?«

Mit der Einführung der Hopfenpflückermaschinen in den späten fünfziger Jahren war es aus mit der »Zupfer-Romantik«, was immer die Leute darunter verstanden hatten. Die sogenannte »Handpflücke« gehörte der Vergangenheit an.

An der »Bierfront« wird es ruhig

Münchens Biertrinker interessierte all dies wenig. Sie ließen sich gelassen ihren Gerstensaft schmecken, der kaum mehr durch Preisschwankungen verärgerte, und auch an der Bierqualität gab es nichts mehr auszusetzen, seitdem in den Großbrauereien modernste technische Einrichtungen für eine gleichbleibende Produktgüte sorgten. Lediglich mit dem guten Einschenken haperte es noch in den Wirtschaften. Aber das würde man zu Beginn des neuen Jahrhunderts auch noch hinkriegen, sagten sich die Leute. Was sich als Irrtum erwies.

Aus der international berühmten Stadt der Musen war dem Rufe nach allmählich die Bierstadt, mehr noch: die Weltmetropole des Bieres geworden, mit dem Hofbräuhaus als Haupttempel, den Schankburschen als hohen Priestern und den Kellnerinnen als Huris dieses (Bier-)Paradieses. Um so wütender dann auch die Reaktion in allen Kreisen, als 1903 die Nachricht nach München drang, daß im Reichstag eine von einer badischen Professorin formulierte Petition zur Abschaffung des weiblichen Bedienungspersonals in Gaststätten eingebracht werden sollte.

Der »Affenkasten im Augustiner« (im Kreis). Rechts: »Im Leistbräustüberl an der Sendlinger Straße.«

Ein Loblied auf die Münchner Kellnerin

Durch den Blätterwald von rechts bis links außen fegte ein Entrüstungssturm. Endlich ein Thema, das den Nerv aller berührte, endlich Gemeinsamkeit in einer Sache, die es wert war, Flagge und Solidarität zu zeigen! Das las sich dann so: »Die Verfasserin hatte die Stirn, unsere Münchner Kellnerinnen-Verhältnisse einer Kritik zu unterziehen. Sie zeigt nur, daß die Frau Professor besser täte, Strümpfe zu stricken und für ihren Gemahl, so sie überhaupt einen hat, eine Kartoffelsuppe zu kochen, als sich in Dinge zu mischen, die sie nicht versteht und ihr auch keinen Pfifferling angehen!« In einem anderen Blatt zur gleichen Thematik: »Im speziellen würde für Bayern der Kellnerinnenstand, dem über 11000 Frauen angehören, das Verbot als eine Gewaltmaßregel empfinden, die eine alte, fest eingebürgerte Volkssitte beseitigte, anstatt den offenen Mißständen der Animierkneipen, privaten Stellenvermittlungen usw. gründlich zu begegnen. In dem industriearmen Bayern bietet der Kellnerinnenberuf Arbeitsgelegenheit selbst für einen ansehnlichen Teil der verheirateten Personen weiblichen Geschlechts. Deshalb ist die große Mehrzahl der bedienenden Frauen in Restaurationen und Kaffeewirtschaften von braver und anständiger Art. Über die Beimischung prostituierter Personen unter den Kellnerinnen sind übertriebene Angaben gemacht, wie überhaupt ein abstoßendes Bild des Kellnerinnenberufes erweckt worden ist, wozu sogar Anekdoten aus Witzblättern als Beweismittel dienen mußten.«

Ganz klar, daß die Eingabe mit den Stimmen aller bayerischen Abgeordneten, gleich welcher Couleur, abgeschmettert wurde!

Ehe Fotografien durch die Erfindung des Rasterklischees zusammen mit gesetztem Text abdruckbar wurden, zeichneten »Spezialreporter« wie Georg Heine, der Schöpfer dieser Szenen, ihre illustrierten Berichte für die Bildblätter von einst. Ihre Werke waren nicht minder wirklichkeitsgetreu als spätere Foto-Momentaufnahmen.

Kitschpostkarten werden populär

Während des Jahrzehnts nach dem Deutsch-Französischen Krieg setzten sich im damaligen Reichsgebiet zwei »Erfindungen« durch, die mit dem Bier, insbesondere mit jenem aus der bayerischen Landeshauptstadt, in unmittelbarem Zusammenhang standen. Die erste zumindest in spezieller Ausprägung und Abwandlung, ganz sicher und nachweislich aber die zweite, traten von München aus ihren Siegeszug durch ganz Deutschland an. Gemeint sind die Bildpostkarte als (Bier-)Kitschkarte und – die Reservistenkrüge.

Ob die Idee zur Postkarte, der einfachsten Art einer durch die Post zu befördernden schriftlichen Nachricht, vom Generalpostmeister des Norddeutschen Bundes, Heinrich von Stephan, selbst stammte, oder ob dieser nur den schon früher geäußerten Einfall eines anderen aufgriff, steht dahin. Verbürgt ist hingegen, daß es dieser oberste deutsche Postbeamte der Jahre vor der Reichsgründung war, der 1865 auf der 5. Deutschen Postkonferenz in Karlsruhe zum ersten Mal von einem »Postblatt« sprach, das das durch die Post zu befördernde Mitteilungssortiment erweitern sollte. Warum der Norddeutsche Bund unmittelbar nach der Karlsruher Konferenz trotz aller erkannten Vorteile des »Briefblattes« auf die Einführung der Neuerung verzichtete, ist unbekannt. Schneller reagierte nämlich Österreich, wo ein Professor Emanuel Herrmann vier Jahre später in verschiedenen Wiener Publikationen Artikel über das Thema »Über eine neue Art der Correspondenz mittels der Post« veröffentlichte, die sich mit der Postkarte beschäftigten.

Dem Professor, der wahrscheinlich von Stephans Karlsruher Konferenzbeitrag gehört hatte, gelang es, das zuständige Wiener Ministerium zu mobilisieren. Ende 1869 führte die Donaumonarchie als erstes Land der Welt die sogenannte »Correspondenzkarte« ein, gefolgt vom Norddeutschen Bund und Bayern, die diese Neuerung am 25. Juni 1870 übernahmen. Im internationalen Postverkehr wurde die »Postkarte« – so lautete ihre offizielle Bezeichnung ab dem 1. März 1871 – durch den Berner Postvereinsvertrag vom 1. Juli 1875 zugelassen. Soviel zur Postkarte als einfachem »Nachrichtenblatt«.

Postkarten mit Bilddrucken von einigem künstlerischen Rang, wie diese Ansicht der winterlichen Schwabinger Landstraße (Leopoldstraße), genossen Seltenheitswert in der Frühzeit der bebilderten Postkarte.

Eine Flut von gezeichnetem, gemaltem und durch die Post »frei«-gemachtem Kitsch ergoß – und ergießt – sich seit 1876 von München aus in alle Richtungen der Welt.

Die Bildkarte wird »erfunden«

Bereits kurz nach Einführung dieser neuen Spezies von Nachrichtenübermittlung geschah Seltsames: Immer mehr Postkartenbenutzer begannen damit, die nach der Betextung freigebliebene Kartenfläche mittels kleiner Zeichnungen oder durch Aufkleben von aus farbigen Publikationen ausgeschnittenem Blumenschmuck zu verschönern. Verbürgt ist folgender Sachverhalt: Im Herbst 1870 waren die Schwiegereltern des Oldenburger Buchdruckereibesitzers August Schwarz auf der Rückreise von Marienbad in Magdeburg von der Mobilmachung zum Deutsch-Französischen Krieg überrascht worden und gezwungen, für Wochen dort Quartier zu nehmen. Hier erreichte sie eine heute noch im Archiv der Bundespost befindliche Karte des Druckers, die dieser in patriotischem Überschwang mit dem briefmarkenkleinen Bildchen eines Artilleristen verzierte, das ihm zufällig in seinem Büro in die Hände geraten war. Seit damals gilt der Brave höchst offiziell als Erfinder der Bildpostkarte, eine Ehre, die ihm keinesfalls zusteht, sondern ausschließlich darauf beruht, daß die Post die Karte des August Schwarz erstmals und »amtlich« als »illustriert« zur Kenntnis nahm.

Vom 1. Juli 1872 an war es im Deutschen Reich jedermann freigestellt, sich seine eigenen Postkarten anfertigen zu lassen. In dem die diesbezügliche Verlautbarung erläuternden Begleittext hieß es wörtlich: »Die Wahl des Papiers ist freigegeben, ebenso die Angabe des Namens und der Firma des Absenders, die Anbringung einer Vignette ect. mittels Vordruck auf der Vorder- oder Rückseite.«
Der speziellen Bildpostkarte stand nun nichts mehr im Weg.

Das Bier kommt ins Spiel

Ab 1876 bemächtigten sich allerorts Drucker, Zeichner und Maler des neuen Mediums und gingen an dessen Vermarktung. In München (wo auch sonst) begann bei den Kartenillustrationen thematisch das Bier und was damit zusammenhing, immer mehr eine Hauptrolle zu spielen. Nur in den seltensten Fällen waren die Ergebnisse solcher Bemühungen von einigem künstlerischen Wert. Vielmehr überboten sich die Hersteller der meist »humoristisch« gemeinten Bildwerke sowohl im Sujet als auch in der Ausführung an Geschmacklosigkeit und Primitivität. Ab 1880 ging insbesondere von München aus eine Flut bebilderter Kartengrüße ums Thema »Bier« in die Welt, deren Illustrationen sich – aus heutiger Sicht – um Dümmlichkeitsrekorde zu bemühen scheinen. Und noch immer ist kein Ende abzusehen. In schlechtem

Farbdruck verewigte, in Bierseen schwimmende, schmerbäuchige Münchner in Badehosen und mit Sepplhüten auf den Glatzköpfen gehören noch in unseren Tagen zu den »Hits« dieser Branche, ebenso wie diverse »Oktoberfestszenen« mit maßkrugstemmenden Säuglingen und Kleinkindern, betrunkenen Dackelhunden, sich in Bierlachen wälzenden, lederbehosten Gebirglern und anderen Blödheiten solcher Art mehr. Von den übrigen, vielfältigen Erzeugnissen »made in Munich« der Kitschpostkartenproduzenten gar nicht zu reden.

Ab 1905 gestattete die Reichspost auf den Kartenrückseiten eine Zweiteilung des Beschriftungsraumes. Die rechte Hälfte blieb nun der Adresse vorbehalten, die linke stand für Mitteilungen zur Verfügung. Von nun an mußten Bildpostkartenbenützer ihre Informationen oder Grüße nicht mehr in die Illustration der Vorderseite kritzeln.

Die Krugbemalungen waren von sehr unterschiedlicher künstlerischer und handwerklicher Qualität. Zum maschinell hergestellten Massenartikel geworden, bekamen die Krüge als Schmuckbilder nur noch bunte Stahlstichdrucke aufgeklebt.

»Wir dienten an dem Isarstrand, zum Schutze für das Vaterland!« Die große Zeit der Reservistenkrüge

Die allerersten Reservistenkrüge – jene hohen bis zu zwei Maß fassenden, bildergeschmückten und mit patriotischen und/oder schlichten Trinksprüchen versehenen Bierkrüge aus glasiertem Ton, aus Porzellan, in seltenen Fällen auch aus Glas – tauchten zum ersten Mal im Winter 1872 in Münchner Kasernen auf und wurden in der Folge noch vor ähnlich bemalten Tabakspfeifen zum Erinnerungsrequisit an die Soldatenzeit schlechthin. Seinen Höhepunkt erlebte der Krügekult in der Zeit zwischen der Jahrhundertwende und 1914. Zwar bemühten sich späterhin einige renommierte Porzellan- und Steingutmanufakturen (nach der Wiedereinführung der allgemeinen Wehrpflicht unter Hitler 1935) um eine Neubelebung des Geschäftes mit Reservistenkrügen und statteten ihre Neuschöpfungen mit allen einschlägigen großdeutschen Symbolen aus, konnten jedoch nicht entfernt mehr an die früheren Verkaufserfolge anknüpfen.

Wahrscheinlich wurden zwischen 1872 und dem Ausbruch des Ersten Weltkriegs gegen sechs Millionen solcher Krüge produziert, wozu noch rund eine Million weiterer, ähnlicher Bierbehälter kamen, die sich Sport-, Veteranen- und sonstige Vereine als Ehrengeschenke anfertigen ließen. Bei 250000 ihre Dienstzeit beendenden Wehrpflichtigen, die jeweils pro Jahr das deutsche Friedensheer verließen, ist die von Fachleuten geschätzte Verkaufsmenge kaum zu hoch gegriffen. Tatsächlich beschränkte sich der Krugabsatz nur in den frühen siebziger Jahren auf München und Bayern. Bald sprach es sich auch in den übrigen deutschen Garnisonstädten herum, daß das nach dreijähriger Militärdienstzeit wiedererlangte Zivildasein und der damit verbundene Reservistenstand mittels eines entsprechenden Kruges würdig gekrönt werden müßten. Das Geschäft blühte bald von der Maas bis an die Memel, von der Etsch bis an den Belt, ja, sogar bis weit hinein in die österreichisch-ungarische Doppelmonarchie, da sich zumindest die Deutsch als Muttersprache sprechenden Untertanen des alten Kaiser Franz Joseph genauso für die bunten Steingut-, Porzellan- und Glaskreationen aus Deutschland begeisterten wie ihre Waffenbrüder weiter westlich und nördlich.

Die überaus große Beliebtheit der Reservistenkrüge beruhte nicht nur auf deren Symbolwert als Vorzeige-Requisit einer zwar harten, aber eben darum besonders ehrenvollen Phase im Leben jedes wehrtüchtigen und wehrwürdigen Deutschen. Der Sieg über den »Erbfeind« Frankreich, die Einnahme von Paris, die Gründung des Reiches hatten dem Soldatenstand hohes und höchstes Prestige verschafft. Als die »Schule der Nation« absolvierende junge Vaterlandsverteidiger, deren Offiziere als Persönlichkeiten erster Klasse im Staat gesellschaftlich weit vor den angesehensten Wissenschaftlern, Professoren und Künstlern rangierten, hatten noch die jüngsten Rekruten teil an diesem Glorienschein, den ihre Uniformen in den Augen patriotisch gesinnter Zeitgenossen – und das waren die meisten –, aber auch in jenen vieler junger Mädchen abzustrahlen schienen, denen es in der Öffentlichkeit durchaus zur Ehre gereichte, neben einem strammuniformierten »Leiber«, Chevauleger oder Kavalleristen gesehen zu werden. Der Reservistenkrug auf dem Geschirrschrank der Wohnküche oder überm Sofa der guten Stube dokumentierte nicht nur den mit Anstand durchlaufenen Wehrdienst, sondern drückte zugleich die Wertschätzung von Kaiser, König, Vaterland und Armee aus sowie die stete Bereitschaft, sobald der Herrscher rief, sofort wieder zu den Waffen zu eilen, um als »Reservist« den Feind, wo immer er stand, gehörig aufs Haupt zu schlagen.

Reservistenkrug-Poesie

All dies umschreiben unterschwellig auch jene die Krüge schmückenden Reime, die zu ihnen gehören wie Zinndeckel, Daumenrast und Bilddekor. Frank Hübener hat in seinem im Callwey-Verlag erschienenen Werk »Reservistenkrüge« eine Auswahl davon erwähnt:

»Wo Chevauleger attackieren,
muß der stärkste Feind verlieren. –

Eisen, Stein und Marmor bricht,
Reserve 96 zittert nicht. –

O wie wohl ist dem zu Muth,
der die letzte Wache thut. –

Steh ich im Feld, mein ist die Welt. –

Das allerbeste Kriegesheer
kann ohne uns nichts machen,
die Siegesgöttin lacht nicht eh'r,
als bis Kanonen krachen. –

Mädchen, laß das Weinen sein,
bald treten wieder Rekruten ein. –

Hier leg ich meine Waffen nieder
und kehre froh zur Heimat wieder. –

Stoßt die Gläser an,
hoch lebe der Reservemann. –

Wer Deutschlands Grenzen hat bewacht,
hat als Soldat was mitgemacht. –

Wir dienten an dem Isarstrand,
zum Schutze für das Vaterland. –

Du warst mein Trost in vielen Stunden,
das hab ich als Soldat empfunden.«

Und endlich:
»Wer treu gedient hat seine Zeit,
dem sei ein voller Krug geweiht!«

Waren die frühen Krüge noch fast durchweg Spezialanfertigungen, in ihrer Mehrzahl sorgfältig und mit einigem Geschmack gearbeitet und von den Malern von Hand dekoriert, gewesen, zierten die spätere Massenware bunte Stahlstichdrucke von höchst unterschiedlichem künstlerischen und geschmacklichen Niveau. Besonders beliebt waren beim Dekor historischen Bildwerken nachempfundene Kriegsszenen, aber auch naiv gestichelte Biwak-Wachposten oder Gefechtsbildchen, wobei die jeweilige Uniform je nach Waffengattung ebenso exakt wiedergegeben wurde wie die spezielle Ausrüstung des betreffenden Truppenteils – der Radfahrer, U-Boot-Fahrer oder Eisenbahn-Kanoniere.

Laut Hübener kosteten Reservistenkrüge um 1900 je nach Ausführung zwischen 2,10 und 7 Goldmark. Für die individuelle Beschriftung mußten weitere 3 bis 5 Mark hingelegt werden. Beträge also, die beim geringen Sold, den der Staat damals seinen Soldaten zukommen ließ – pro Tag gab es 50, später 60 Pfennig – zusammengespart sein wollten. Der Beliebtheit der Krüge aber tat dies keinen Abbruch.

Reinheitsgebot jetzt im ganzen Reichsgebiet

Eine andere, eminent wichtige Petition aber nahm das Berliner Parlament anno 1906 an: Das aus dem Jahre 1516 stammende bayerische Reinheitsgebot hatte ab 1906 im gesamten Deutschen Reich Gültigkeit. Nirgendwo in Deutschland war es von nun an mehr nötig, ausschließlich bayerisches Gebräu als »echtes« Bier zu benennen, wie man es bisher gehalten hatte und wie es besonders von Bismarck propagiert worden war. Von nun an galten alle deutschen Biersorten als »echte Biere«.

Für die volle Maß – gegen schlechtes Einschenken

Was den Münchner Gerstensaft anging, schien in den ersten Jahren des neuen Jahrhunderts alles in bester Ordnung. Ein ewiger Friede zwischen Brauern, Wirten und Biertrinkern wurde nun selbst von Gewohnheitsgranlern für nicht mehr ausgeschlossen gehalten. Als auch noch die Nachricht aus München kam, daß in der bayerischen Landeshauptstadt 1905 mit 339 Litern pro Kopf der Bevölkerung, Uraltspitaler und Säuglinge einbezogen, der Weltrekord im Bierkonsum eines städtischen Gemeinwesens erreicht worden sei und insgesamt 175 Millionen Maß Bier durch die Kehlen der Münchner geflossen waren, bestätigte dies die schier euphorische Zufriedenheit der Einheimischen mit ihrem Nationalgetränk. Selbst mit dem seit 1907 geltenden Bierpreis von 26 Pfennig pro Maß Sommerbier fand man sich ab – Urteil von Kennern: Für Münchner Biere galt die Summe als angemessen. Diese von großer Toleranz zeugende Einsicht wurde von den Brauern als zwar junger, dafür aber um so lobenswerter Charakterzug ihrer Mitbürger lauthals gepriesen.

Jedoch mit des Geschickes Mächten... Gegen Ende des Jahres 1909 schoben sich erneut dunkle Wolken ins strahlende Hell des Münchner Bierhimmels. Plötzlich häuften sich wieder die Unmutsäußerungen über schlechtes Einschenken. Sogar die »Fliegenden Blätter« entdeckten das Thema als Publikumsaufreger. Unter dem Titel »Trinkers Klage« illustrierte A. Roeseler den Text: »Ja, ja, unser Jahrhundert ist groß an Erfindungen! A lenkbars Luftschiff ham mir, fliang kenna ma a – jetzt hams sogar no an Nordpol entdeckt ... bloß richtig einschenken könnens oiwei no net!« Oder in der »Jugend«: »Jetzt hama neue Maßkrüg für d' Stammgäst, alte für's G'schwerl, z'ruckgoachte (zurückgeeichte) für d' Fremdn – da tuat se so a Schenkkellner fei hart, daß er überall genau Dreiquartl einbringt!«

Am 2. Januar 1910 wetterte der »Verband zur Bekämpfung betrügerischen Einschenkens in München, e. V.« im »Gene-

Die Kritik der Bürger an den Schenkkellnern und deren Praktiken, »statt einer Maß fast immer nur Dreiquartl (Dreiviertelliter) in die Krüag rinnen zu lassen«, ist so alt wie Münchens Biergeschichte.

ralanzeiger«, der Beilage der »Münchner Neuesten Nachrichten«: »In den Jahren 1906 bis 1908 wurden in München jährlich durchschnittlich 1,64 Millionen Hektoliter Bier verschenkt. Wenn man nun berücksichtigt, daß bei einem Liter Bier durchschnittlich nur ein Zehntel fehlt, so wird das biertrinkende Publikum jährlich um etwa 4,26 Millionen Mark geschädigt. Diesen Betrag darf man mit gutem Gewissen annehmen, denn wir haben in mehreren großen Bierausschankstellen, und nicht nur an einem Tag, festgestellt, daß bei einem Liter zu 26 – 28 Pfennig durchschnittlich 6 – 7 Pfennig zu wenig Bier verabreicht wird. Für uns gibt es gar keinen Zweifel, daß dieses schlechte Einschenken in der Absicht geschieht, sich einen rechtswidrigen Vermögensvorteil zu verschaffen. Wenn in der Abgeordnetenkammer das als Volksbetrug angeprangert wird, entspricht dies ganz unserer Auffassung!« Keine Frage – es gärte wieder im Volk, trotz der langen Friedenszeit, trotz des braven Prinzregenten, der seine Sache, wie die meisten zu bestätigen bereit waren, ganz ordentlich machte, und trotz der Tatsache, daß es mit München weiter aufwärts ging. Auch über die Lebensmittelpreise konnte man nicht viel sagen: Zwei Semmeln kosteten ein Fünferl, das Pfund Schwarzbrot 18 Pfennig, ein Pfund Ochsenfleich 97 Pfennig, und ein schönes, zwölfpfündiges Ganserl war für 6 Mark 75 zu haben.

Im Flugzeug von Puchheim bis Allach

Und was den technischen Fortschritt betraf – sagenhaft, einfach sagenhaft! Auf den Münchner Straßen fuhren, wenn alle zusammenkamen, 1303 Automobile, und 483 Menschen lenkten ein Motorrad. Alle Fahrer erwiesen sich als so routiniert, daß die Polizeidirektion die Höchstgeschwindigkeit für motorbetriebene Fahrzeuge von 10 Stundenkilometern auf 20 Stundenkilometern heraufsetzte! Und insgesamt wurde nur 36mal gestreikt, von rund 3000 Arbeitern, wo es doch in den Vorjahren auf diesem Sektor viel wilder zugegangen war! Also auch ein Plus, und – ja, sogar Flieger waren in der Luft! Ein ganz Wagemutiger namens Otto Lindpaintner flog sogar von Puchheim bis – man glaubt es kaum –, bis Allach!

Das Bierfilzl wird eingeführt

Hervorragend das alles, nichts dagegen zu sagen! Nur – die Sache mit dem Bier, mit dem Bierpreis, da hörte der Spaß samt der modernen Technik auf! Schön – eine Neuerung hatten sich die Wirte 1904 noch einfallen lassen. Seit damals mußte man die Maßkrüge nicht mehr auf die Tischplatte stellen, sondern bekam einen Untersetzer, ein sogenanntes »Bierfilzl« daruntergeschoben. »Filzl« deshalb, weil es damals noch aus richtigem Filz, gut einen Zentimeter dick, angefertigt war, und nicht aus bedruckter Pappe. Aber diese Filzl rechtfertigen noch lange keinen Preisaufschlag um volle zwei Pfennig, wie ihn sich die Brauer und Wirte 1910 leisteten! Schließlich waren sie nur dafür gut, daß den Wirten die Tische nicht mehr verdorben wurden. Nix da, mit zwei Pfennig Aufschlag! Von wegen Malzaufschlagerhöhung durch den Staat! Nein, und nochmals nein zur Bierpreiserhöhung!

Und erneut ging's los, wie einst, wie gehabt!

Die Umtriebe beschränkten sich diesmal nicht nur auf die Hauptstadt, sondern überzogen das ganze Land. Im oberbayerischen Städtchen Dorfen gingen zwei Brauhäuser in Flammen auf. Überall fanden Protestkundgebungen statt.

Biergartenkonzert im Fallmeierkeller, dem späteren Bürgerbräukeller an der Rosenheimer Straße, um 1890.

»Im Spezialausschankwirtshaus der Schneiderschen Weißbierbrauerei zu München im Thal.«
Kolorierter Holzstich nach einer Zeichnung von G. Heine.

Besonderer Popularität erfreute sich folgendes Gedicht:

»O heilige Partei,
Für was san mir bei dir dabei,
O heiliges Zentrum,
Jetzt wirds uns bald z' dumm!
O du Hort der Beschränkten,
Mit dir san mir die G'schlenkten,
O du Hafen der Geistesarmen,
Dös is zum Derbarmen,
Steuern habts an Haufen bracht,
'S Bier habts uns teuerer gmacht.
O du heiliges Zentrum,
Du kriagst uns bald nimmer rum,
Du Gnadenborn vor de Wahlen,
Mit dir tean mir bloß zahlen,
O du allerschönste Landeszier,
Mir mechtn a billigs Bier!«

Thomas Filser zum Bierpeis

Über Unruhen in Wasserburg schrieb Ludwig Thoma in einem seiner Filserbriefe im »Simplicissimus«:
»Berichd des kenigliche Abgeordneten Jozef Filser ieber die Reisse auf den Kriegsschaublatz bedräf das Bier bei Wasserburg. An das kenigliche Barlamändszändrum in Minchen! Beträf dieser Reisse wo ich mid den keniglichen Abgeordneten Glaßl und Irzinger fohlendet habe melde ich gehorsamzt das der kenigliche Abgeordnete Glaßl im Schbithal in Wasserburg sich befindlich ist und der Irzinger im Krankenhaus dahir und ich ein zerbrochenes Naßenbein besieze und ist disses das Ergäbnis inserner balamandarischen Reise gegen disse Refoluhzion gengen das bier . . . «

Der »Zehner-Bierkrieg« endete wie viele vor ihm. Die Brauer und Wirte gaben nach, um einige Wochen später, als wieder Ruhe im Land herrschte, erneut um zwei Pfennig mehr zu verlangen. Schließlich hatte es die Zentrumsregierung in ihrem Erlaß vom 14. Mai 1910 überdeutlich formuliert: »Staatsregierung, Abgeordnetenkammer und Reichsrat sind darin einig, daß der erhöhte Malzaufschlag, der zur Deckung allgemeiner Staatsbedürfnisse beitragen soll, als Verbrauchssteuer auf den Konsumenten abgewälzt werden muß.«

Bitte – auf den Konsumenten! Die Brauer und Wirte konnten nur die Köpfe schütteln. Warum zündeten die Revoluzzer nicht das Parlament an, sondern Brauereien und Wirtshäuser? Wo man bei denen doch an der ganz falschen Adresse war! Brauer und Wirte die Prügelknaben der Nation? Wo blieb denn da die Gerechtigkeit?

Flaschenbier

Sie folgte später. Im August 1914 durften alle gemeinsam in den Krieg ziehen, Brauer, Wirte und Biertrinker. Aber es handelte sich um keinen Bierkrieg mehr. Bevor es allerdings so weit war, gab es noch Ärger um eine Novität, die im neuen Jahrhundert ihren Siegeszug angetreten hatte, obwohl ihre ersten Anfänge schon an die 150 Jahre zurücklagen: das Flaschenbiergeschäft. Seitens der Münchner Brauer wurden keine Mühe und kein Hinweis gescheut, alle Konsumenten auf die »vorteilhafte Bierflasche, dieses non plus ultra auf dem Biersektor« einzustimmen. »Beim Flaschenbier ist das richtige Maß gewährleistet«, hieß es mit einem Seitenhieb auf die schlechteinschenkenden Wirte. »Bei Familien, in denen viel Bier getrunken wird, läuft das durch schlechtes Einschenken verursachte Manko ins Geld.«
Ferner wurde darauf hingewiesen, daß Kinder an den Gassenschenken endlos warten müßten, die überdies eine bedenkliche Neigung dazu zeigten, »mit den gefüllten Bierkrügen hinzufallen«, so daß dann Bier und Krug gleichzeitig flöten gingen. Dienstmädchen aber hätten immer das Pech, daß gerade dann angezapft würde, wenn sie das Bier holten, was beim Flaschenbier unmöglich wäre. Weiteres Ungemach konnte sich, wie die Bräu versicherten, dadurch ergeben, daß das Mädchen Ausgang hatte und der Herr des Hauses justament in dieser Stunde ein Glas Bier trinken wollte – »und wenn keine Kinder da sind, bleibt nichts anderes übrig, als daß die Frau!! – selbst zum Wirte geht!«

Schließlich wurde auch noch an jene fatalen Wirte erinnert, die am Vormittag schales, sogenanntes »übernächtigtes Bier« aus einem Banzen laufen ließen, der am Abend zuvor nicht ganz hatte ausgeschenkt werden können. So ergaben sich Gründe genug, dem Flaschenbier zu seinem Triumph zu verhelfen. Trotzdem zog man es in München weiterhin vor, sein Bier für zu Hause an der Gassenschenke, also frisch vom Faß zu holen. Und zwar am besten in der Form, daß man »Dreiquartl« in der oft gar nicht zu optimistischen Erwartung verlangte, vom Stammwirt fast eine ganze Maß eingeschenkt zu bekommen. Die damals gängige Bezeichnung »Dreiquartlprivatier« für Leute, die von einem etwas mageren Zinseinkommen ihren Lebensunterhalt bestritten, stammt aus dieser Richtung.

Ärger ums Flaschenpfand

Den erwähnten Ärger aber handelten sich Brauer und Wirte dadurch ein, daß sie im August 1913 plötzlich an den Gassenschenken plakatierten: »Flaschenbier kann ab sofort nur dann abgegeben werden, wenn außer der Bezahlung für das Bier noch 10 Pfennig Einsatz für die Bierflasche geleistet werden, oder aber eine leere, unversehrte Flasche zurückgegeben wird. Die Flaschen bleiben nach wie vor unveräußerliches Eigentum der Brauereien.«

Wieder war die Ruhe im Land beim Teufel, wieder ertönte der Ruf nach einem Bierstreik, und im Stadtanzeiger stand, wie Alois Hahn von der »SZ« ausgrub: »Das Flaschenpfand ist ein Schlag in das Gesicht des arbeitenden Volkes. Der Maurer, der bisher sein Fläschchen Bier um 15 Pfennig auf den Bau mitnehmen konnte, muß nun auf einen Sitz 25 Pfennig dafür bezahlen. Zugegeben, daß er hinterher sein Zehnerl wieder erhält. Aber erst, wenn er nach des Tages Mühe wieder ins Wirtshaus kommt, um die leere Flasche abzuliefern. Die eklatante Zumutung, die darin steckt, scheint den Brauern nicht bewußt zu werden.«
Lena Christ, die später berühmt gewordene Autorin (»Erinnerungen einer Überflüssigen«) schrieb an die Zeitung: »Als

Wirtstochter teile ich Ihnen mit, daß alle die Rechnung ohne den Wirt gemacht haben. Der ansässige gebürtige Münchner trinkt nämlich das ganze Jahr hindurch fast kein Flaschenbier. Der holt sich an der Schenke seine Dreiquartl oder ‚drei Pfiff' und sagt dann – ‚Fei guat ei'tretn (einschenken), daß i net lauter Faum hob!'«

Auch hier wieder – geholfen hat alles nichts. Einmal eingeführt, blieb das Flaschenpfand die Regel.

München im Ersten Weltkrieg

Dann kam der Erste Weltkrieg. Schon Tage vor der offiziellen Ausrufung des Kriegszustandes zwischen dem Reich und den Alliierten Rußland und Frankreich, am 1. August 1914, war die Stadt von einer explosiven Mischung aus Hurrapatriotismus und Spionageangst, Nervosität, Furcht und Begeisterung angefüllt. Am 25. Juli demolierte eine betrunkene, nationalistisch aufgeheizte Menge das Café Fahrig am Karlstor. Harmlose Ausländer wurden als Spione verdächtigt und übel zugerichtet. Das Bier floß in Strömen, Gaststätten aller Art waren überfüllt. In den zum Bersten vollen Bierkellern wurden die Soldatengruppen in ihren neuen, feldgrauen Uniformen freigehalten und zum Mittrinken aufgefordert. Immer wieder intonierten die Kapellen »Lieb Vaterland, magst ruhig sein«, und alles sang mit. Die Männer rissen sich dabei die Hüte von den Köpfen, viele stiegen auf die Stühle, während ihnen vor Begeisterung die Stimmen versagten und die Augen tränten.

Doch dieser euphorische Ausbruch der ersten Augusttage verflüchtigte sich rasch. Schon am 13. 8. 1914 machte das »Bayrische Wochenblatt« nicht mehr mit einer Schlachtenmeldung auf, sondern bemerkte sorgenvoll: »Die Arbeitslosigkeit ist in München überaus groß. Die Schuhindustrie hat die Fabriken meistens geschlossen, ebenso die Herren- und Damenkonfektion. Auch im Baugewerbe herrscht große Arbeitslosigkeit, ebenso im Buchbindergewerbe. Für die Arbeiter-

Das ärmliche Wirtshaus »Zum Nockhergarten«, zum Zeitpunkt der Aufnahme – 1900 – an die zweihundert Jahre alt, verschwand nach dem Neubau der Paulaner-Brauerei am Fuß des Nockherberges.

schaft beginnt also eine Zeit der Not und des Elends. Auf der eine Seite keine Beschäftigung, kein Verdienst, auf der anderen die Teuerung aller Lebensmittel.«

Lena Christ dichtete:
»Es wurde still.
Ein ganzes Volk, es hielt mit einem
Den Atem an.
Doch stockte keinem drum der
Herzschlag.
So ging der Tag.«

Bier für die Front

Zwei volle Jahre über ertrugen die Münchner alle kriegsbedingten Zwänge und Einschränkungen ohne Murren. Selbst die oftmals auftretenden Bierversorgungslücken wurden mit dem Wissen akzeptiert, daß der in der Stadt fehlende »Stoff« den Frontsoldaten zugute kam, die einhellig von »ausreichendem Bierflusse zur Front« berichteten. 1916 – das Jahr begann mit großer Kälte, knappem Brennmaterial und viel Hunger – kam es erstmals zu Demonstrationen gegen die Einführung von Fleisch-, Zucker- und Milchkarten. Aber auch daran gewöhnte man sich in der Folge. Am Ende war selbst der Hunger zur Gewohnheit geworden, der ebenso klaglos hingenommen wurde wie der Umstand, daß der

Gerstensaft nur noch als Dünnbier floß, das kaum diesen Namen verdiente.

Sogar die Nachricht, daß die Polizei jetzt sogenannte Bierkrugrazzien veranstaltete und in allen Gaststätten die Zinndeckel von den Krügen abmontierte »um kriegswichtigere Gegenstände daraus zu machen«, wurde nur mit einem Schulterzucken registriert. Früher wäre dies allein Anlaß für einen deftigen Krawall gewesen.

1916 kam es erneut zur Bierpreisfestsetzung durch den Staat.

Leute mit Geld lebten freilich sogar noch im Mai 1918 recht ordentlich, wie ein um diese Zeit nach München verschlagener Schweizer seinen Landsleuten schilderte. »Welches ist die öffentliche Kriegskost nach vier Jahren Weltenringens? Ich habe mir zwei Speisezettel eines der populärsten Bräu der Augustinergasse mitgenommen. Am fleischlosen Tag ist ein Mittagessen für 1,70 Mark zu haben. Es setzt sich zusammen aus Kartoffelsuppe, Nerftling (Fisch) und Senfsauce oder Spinat, sowie 80 Gramm Palatschinken und Käse. Das Abendessen für 2 Mark besteht aus Stockfisch und Kartoffeln, vegetarischem Beefsteak mit gemischtem Salat und Käse. Aus der Weinkarte eines Cáfes am Marienplatz habe ich mir folgende Preise notiert: Pfälzer kostet zwischen 8 und 12 Mark die Flasche,

Der Biernachschub von München zur Front funktionierte sogar noch im Revolutionsjahr 1918.

Rheinweine zwischen 7 Mark 50 und 14 Mark.«
Zum Vergleich: Ein Postassistent verdiente damals 129 Mark im Monat, ein Arbeiter 27 Mark pro Woche.

Der Krieg ist aus

Die Proklamation des »Freien Volksstaates Bayern« durch den Ersten Vorsitzenden des »Provisorischen Arbeiter- und Soldatenrates«, Kurt Eisner, in der Nacht vom 7. auf den 8. November 1918 im Landtagsgebäude an der Prannerstraße markierte das Ende des bürgerlichen Münchens, mehr noch – wurde zur Zeitenwende. Eine von vielen Münchnern vor den »Novemberereignissen« nicht für faßbar gehaltene Veränderung aller bis dahin geltenden Wertvorstellungen verwandelte das Fluidum in dieser Stadt gründlich und für immer.

Langsam, zögernd, begann nach dem Verschwinden des Räte-Spuks das Wirtschaftsleben erneut anzulaufen. Trotzdem dauerte es noch an die drei Jahre, ehe in den Brauhäusern wieder voll gearbeitet wurde und die Dünnbierzeit der Vergangenheit angehörte.

»Russ'« und Radlermaß werden erfunden

Zwei hocherfreuliche Erweiterungen des Bierrepertoires stehen am Beginn und am Ende dieser allerersten mit der Inflation endenden Nachkriegsepoche. Zum einen wurde während der Kämpfe um die Räterepublik im Mathäser am Stachus der sogenannte »Russ'«, eine Mischung aus Weizenbier und weißer Zitronenlimonade, »erfunden«. Und zwar durch dort auf Posten stehende Rotgardisten, die, um beim Wachestehen nicht einzuschlafen, ihr in den Lagerkellern vorgefundenes Weißbier mit ebenfalls reichlich vorhandener Zitronenlimo verdünnten. Die Mischung wurde danach ziemlich rasch in ganz München und Oberbayern populär. Und weil die Leute damals noch über ihren Ursprung Bescheid wußten und besagte Rotgardisten von Andersdenkenden als »Russen«, das heißt mit der russischen Oktoberrevolution Sympathisierende, apostrophiert wurden, nannte man die Mixtur kurz und bündig »Russ'«.

Die »Erfindung« Nummer zwei wurde drei Jahre später in der Ausflugswirtschaft »Kugleralm« bei Deisenhofen, 15 Kilometer südöstlich vom Stadtzentrum, gemacht. Und weil sich eine pfiffige Geschichte um sie und ihren »Erfinder« rankt, muß man auf beide ein wenig genauer eingehen.

Zuerst zum »Erfinder« selbst. Er hieß Franz Xaver Kugler und war einer der erfolgreichsten oberbayerischen Gastronomen seiner Generation. Lebte er heute, würde man ihn als »Aufreißer«, »Showman«, als »Macher« im besten Sinne bezeichnen. In der Tat, all das war er. Aber damit nicht genug. Dieses massige, runde drei Zentner schwere Mannsbild mit seinem sorgfältig gepflegten Bismarck-Schnauzer, den suppentellergroßen Händen und der polternden Stimme hatte ein angeborenes Gespür für alles, was bei den Gästen, beim Publikum »ankam« und sich organisieren ließ, ohne dabei eine echte Herzlichkeit und Hilfsbereitschaft vermissen zu lassen, die über den äußeren Rummel seines Gastronomiebetriebs hinaus seinen Erfolg bestimmte.

Angehörige der nach München kommandierten Freikorps vertrieben 1918 die »Roten« aus dem Mathäser, die, dort als Wachen postiert, den »Russ'« – mit Zitronenlimonade versetztes Weißbier – »erfunden« hatten.

»Alm« nannte damals (1901), als diese Postkarte entstand, Franz Xaver Kugler, 29, sein kleines Waldwirtshaus bei Deisenhofen trotz der Tatsache, daß die Entfernung bis zu den Bergen in Luftlinie an die 50 km betrug.

Der »Kaiser von Deisenhofen«

Alles begann damit, daß die Königlich-Bayerische Eisenbahnverwaltung zu München im Jahre 1895 den Bau einer zweiten Gleisanlage auf der Strecke München – Holzkirchen anordnete. Unter den Streckenarbeitern, die sich nahe der Bahnstation Deisenhofen mit dem Schwellenlegen abmühten, befand sich auch der damals zweiundzwanzigjährige, in Deisenhofen geborene Franz Xaver Kugler. Ein armer Teufel, der es sich weiß Gott nicht hätt träumen lassen, einmal aus seiner Misere herauszukommen.

Sommer war's, die Sonne brannte infernalisch auf die nackten Rücken, und der Durst der Schwellenleger nahm jeden Tag gewaltigere Formen an. Zu allem Unglück befand sich das nächste Wirtshaus eine halbe Stunde Fußmarsch entfernt. Die Stimmung unter den Arbeitern wurde immer schlechter. Ein Streik wegen Biermangels schien nicht ausgeschlossen. Da überraschte der Kugler Xaver mit einer Idee, die er, als er von seinen Kollegen Zustimmung erfuhr, sofort in die Tat umsetzte. Er kündigte bei der Bahn, lieh sich bei einem Bauern der Umgebung Pferd und Wagen und avancierte zum »Biertransportunternehmer«.

Keiner seiner früheren Kollegen schimpfte oder grantelte ob der paar Pfennige Aufschlag pro »Halbe«, die der Xaver für den Transport des Bieres von der Bahnhofswirtschaft Deisenhofen bis zur Baustelle erhob. Die Bahngewaltigen in München fanden an der Lösung des Problems ebenfalls nichts auszusetzen und gaben ihren Segen.

Kurze Zeit später nagelte sich Kugler nahe dem Bahndamm eine winzige Bretterhütte zusammen, die er stolz »Kantine der Königlich-Bayerischen Eisenbahn

Um 1930 brachte Xaver Kugler an die 2½ Zentner auf die Waage.

zu Deisenhofen« nannte. Der erste Schritt zum späteren Erfolg war getan.

1897 wurde die zweite Bahnstrecke dem Verkehr übergeben, und die Bauarbeiter zogen ab. Aus Kuglers Bretterhütte war in der Zwischenzeit ein kleines, noch immer sehr primitives »Waldrestaurant« geworden, das sich allerdings jetzt auf einem Grund und Boden befand, den der clevere Xaver von den verdienten »Biertransportpfennigen« bar bezahlt hatte. Kernstück des Anwesens: ein Geviert herrlichen alten Hochwaldes direkt an der Straße. Nun mußten nur noch Gäste kommen. Jungunternehmer Kugler riskierte die letzte Mark und bepflasterte die Litfaßsäulen ganz Münchens mit Plakaten. Den Text dazu hatte er selbst entworfen: »Auf geht's zur Waldwirtschaft Deisenhofen! Kommt in Bayerns schönstes Ausflugslokal! Dieses wünscht Franz Xaver Kugler!«

Die Münchner kommen

Mit diesem »Dieses wünscht« hatte er sie gewonnen, die Münchner. Sie kamen. Zu Tausenden. Von Jahr zu Jahr stiegen die Umsätze des »Waldrestaurants«. Kugler betätigte sich nebenher noch erfolgreich als Viehhändler, Landaufkäufer und Transportunternehmer und wurde immer populärer. 1909 hieß es in einem Zeitungsbericht über die nachmalige »Kugleralm«: »Jenseits der Bahn von Großhesselohe nach Deisenhofen, am Waldrand ist die Restauration des Franz Xaver Kugler, welche namentlich an schönen Sonntagen stark frequentiert wird. An heißen Tagen schmeckt ein kühler Trunk im Schatten der Bäume. Die Küche dieses Waldrestaurants ist empfehlenswert.«

Weder der Erste Weltkrieg, die Inflation noch die Krisenjahre danach konnten den Erfolg des Unternehmens stoppen. Im Gegenteil. Längst war das bescheidene Waldrestaurant zur attraktiven »Ausflugs- und Vergnügungsstätte Kugleralm« geworden. Auch diese Namensgebung entpuppte sich als ureigenes Produkt Kuglers. Das Wort »Alm« hatte bei den Städtern einen guten Klang, roch nach Romantik und Abenteuer. Was machte es schon, daß vom »Alm«-Garten aus die Berge nur bei Föhn, und selbst dann nur in 50 Kilometer Entfernung, zu sehen waren. Aber damit nicht genug. Kugler errichtete Kegelbahnen und einen riesigen, überdachten Tanzpavillon.

Eigene Kugleralm-Sonderzüge

Er kaschierte Schnapsbuden als Almhütten, plazierte Schießstände und Karussells an den Gartenrand, lockte mit Weinstuben und einem respektablen Festsaal, ließ vier oder gar fünf Kapellen gleichzeitig spielen und veranstaltete nicht nur Galopprennen rund um seine Alm, sondern – damit sich jeder seiner Gäste auch aktiv beteiligen konnte – Sackhüpfen für Erwachsene, wobei es süffige Preise zu gewinnen gab. Bis zu 800 Personen beteiligten sich gleichzeitig an diesen Wettbewerben!

Bereits kurz nach der Inflation begann er bei der Reichsbahndirektion München sogenannte »Kugleralm-Sonderzüge« zu organisieren, die Tausende nach Deisenhofen brachten. Da Personenwaggons in jenen ersten Nachkriegsjahren knapp waren, ließ er Viehtransportwagen säubern und mit Girlanden bekränzen, im Wageninneren Bänke aufstellen und – »kam« erneut damit »an«! Um zur Kugleralm zu gelangen, ließen sich die Münchner sogar wie Ochsen und Kühe transportieren und hatten auch noch ihren Spaß daran.

Jeden Sonntag ein Festzug

Die ganz große Kugler-Schau aber rollte ab, wenn es am Deisenhofener Bahnhof ans Aussteigen ging. Denn hier, am Bahnhofsvorplatz, wartete Franz Xaver Kugler in höchsteigener Person! Den Gamsbarthut auf dem mächtigen Schädel, die kolossale Rundung des Bauches in eine kurze Lederhose gezwängt, hielt er sich kerzengerade im Sattel eines monumentalen Bräurosses, das dennoch mit Xavers Gewicht kaum fertig wurde, und kommandierte auf die in Reih und Glied angetretenen Kellnerinnen herunter: »Stillgestanden! Brust heraus! Im Gleichschritt marsch!«

Und die Kellnerinnenbusen begannen zu hüpfen und feste Wadl zu marschieren – Richtung Kugleralm. Voraus der Franz Xaver, vom Roß aus die Blaskapelle dirigierend, dann die Fahnenträger, dahinter die Kellnerinnen und am Ende ein kaum überschaubarer Heerwurm von Münchnern, die jubelnd und singend den Almfreuden entgegenzogen. Den Xaver, den sie alle längst als den »Kaiser von Deisenhofen« betitelten, umsprang eine riesige Kinderschar, auf die der Gewaltige gutmütig herabgrinste. Ab und zu griff er in die Satteltasche und warf Hände voll »Fünferl« oder »Zwoaring« auf die Kinderköpfe. Ein römischer Imperator hätte es nicht besser gekonnt, und die Gunst des Volkes war ihm sicher.

An solchen Sonntagen wurden in der Kugleralm bis zu 28000 Maß Bier ausgeschenkt. Nur einmal, an Pfingsten 1922, sollte er sich verrechnen. Die seit Tagen herrschende Gluthitze hatte ihn dazu verführt, um für den erwarteten feiertäglichen Massenansturm gut gerüstet zu sein, Küche und Keller bis zum Überquellen mit Fleisch und Würsten zu füllen. Am Pfingstsamstag aber zog ein Unwetter auf, und die Kugleralm blieb leer. Als es am nächsten Vormittag noch immer Schnürl regnete und nicht ein einziger Gast in die Wirtsstube fand, packte den temperamentvollen Wirt die nackte Wut. Mit vor Zorn zitternden Händen riß er das Kruzifix vom Herrgottswinkel, warf es mit Schwung auf die Würstestapel in der Küche und rief bebend: »Da – jetzt friß dei Glump selber!«

Am darauffolgenden Sonntag ließ er ob des Frevels zerknirscht im Wirtsgarten einen Reuegottesdienst abhalten. Es traf ihn hart, daß er einige Monate danach von einem Münchner Gericht – eine Angestellte hatte Anzeige erstattet – zu vier Wochen Haft wegen Gotteslästerung verurteilt wurde. So war er eben, der Kuglerwirt. Er starb am 25. Mai 1935.

Das Radfahrer-Paradies »Kugleralm« zur Zeit der Radlermaß-Erfindung 1922.

Der Radlermaß-Sonntag

Seine gastronomische Großtat, seine noch heute fortlebende »Erfindung« aber machte er zu Beginn des langen, heißen Sommers 1922, als in München die schreckliche Dünnbierepoche zu Ende ging. Die Brauereien lieferten wieder ihr Helles und ihr Dunkles, ihr Weißbier und ihr Märzen in bester Friedensqualität. Der Alkohol rumorte heftigst in den Mägen und Köpfen der entwöhnten Münchner, und die Räusche, die sie heimtrugen, konnten sich sehen lassen. Der Ansturm der Durstigen auf die Ausflugslokale an der Peripherie der bayerischen Landeshauptstadt war unbeschreiblich. Ein Ansturm, der durch einen weiteren glücklichen Umstand eine gewaltige Unterstützung erfuhr: Die ersten Nachkriegsjahre hatten den Bürgern ein Verkehrsmittel beschert, das sie einerseits unabhängig von allen bisherigen Fahrgelegenheiten machte, sie aber gleichzeitig auf eine natürliche Art zur Beschränkung der »Reichweite« zwang – das Fahrrad. Vor dem Krieg noch ein gewisses Privileg, das sich Arbeiter nur selten leisten konnten, wurde das »Radl« nunmehr zum Massenverkehrsmittel der meisten Familien. An dieser Entwicklung partizipierte ganz besonders die Kugleralm in Deisenhofen. Die Entfernung zu ihr konnte in einer guten Stunde mit dem »Drahtesel« überwunden werden. Was noch mehr zählte – über die Hälfte der Strecke führte durch den kühlen, schattigen Hochwald des Perlacher Forstes. Und am Ziel wartete ein Etablissement, dessen Ruf als zünftige Gaudi-Hochburg nicht besser hätte sein können.

Wie auch immer – am ersten Samstag im Juni des Jahres 1922 stürmten an die 13000 Radler Franz Xaver Kuglers »Alm« und fielen so vehement über dessen Biervorräte her, daß dem gewieften Gastronomen angst und bange wurde. Der Tag war heiß, ein wolkenloser Himmel dehnte sich übers bayrische Oberland, und von einem Gewitter, das die Gäste vertrieben und den Kugleralmwirt vor einer sich anbahnenden Katastrophe gerettet hätte, war weit und breit nichts zu sehen. Denn – dem Kugler Xaver ging nämlich das Bier aus, und von der Brauerei war auf die schnelle kein Nachschub zu erwarten. In diesem strategisch entscheidenden Augenblick kam dem Wirt die rettende Idee, sein dunkles Bier mit farbloser Zitronenlimonade zu strecken, von der noch einige tausend Flascherl herumstanden. Seinen Gästen servierte er die Halbe-halbe-Mischung hinterfotzig als »Radlermaß« (was einmal mehr seine Kreativität unterstrich) und mit dem Hinweis auf die im Falle von Trunkenheit zu erwartenden Heimfahrtschwierigkeiten, die sein neues Getränk ausschloß, wie er wortgewaltig verkündete.

Siegeszug der Radlermaß

Das Wunder geschah – die Leute akzeptierten Kuglers neue Radlermaß, lobten seine Fürsorge um ihr Wohlergehen und ihre Sicherheit und verlangten von nun an das neue Getränk auch in den Münchner Biergärten. Bereits im Herbst 1922 hatte sich der Begriff »Radlermaß« nicht nur in München, sondern über die Biergärten- und Ausflugslokalwirte, die Kuglers Idee umgehend aufgriffen, in Ober- und Niederbayern verbreitet.

Wenige Jahre später wußte man nicht nur in ganz Bayern, sondern fast in allen deutschen Reichsgebieten samt Österreich und der deutschsprachigen Schweiz, welche Genüsse beim Bestellen einer Radlermaß – auf hochdeutsch »Radfahrerliter« – zu erwarten waren.

Inflation und Nachkriegsjahre

Ein Jahr danach, gegen Ende 1923 – als Hitler zur Feldherrnhalle marschierte – mußte man den Kellnerinnen 266 Milliarden Mark in die Hand drücken, um eine Radlermaß, einen »Russen« oder eine Maß Dunkles zu bekommen. Dann war auch die Inflation überstanden. Mit Ausgabe der sogenannten Rentenmark ab dem 20. November 1923 (1 Billion Mark gleich einer Rentenmark) konnte man die Maß Lagerbier in München für 48 Pfennig haben. Eine Preissenkung auf 46 Pfennig erzwangen vorübergehend die Nazis von 1934 bis 1936. Bis zum Kriegsende hielt sich dann der Literpreis von 48 Pfennig.

Noch nicht einmal volle vier Jahre später – die Zeit lief von nun an auch in München immer schneller ab – wurde zum ersten Mal mit dem Flugzeug Bier ins Ausland verfrachtet. Am 18. Oktober 1926 nahm eine Ju FW 13 auf dem Flugplatz München-Oberwiesenfeld (heute Olympiagelände) 10 Fässer durch einen Viererzug der Spatenbrauerei angelieferten Exportbiers an Bord und transportierte sie nach Wien.

Erster Münchner Bierexport per Flugzeug ins Ausland.
Am 18. Oktober 1926 startete eine Ju FW 13 mit 10 Fässern Spatenbier an Bord in Richtung Wien.

Programm für das Oktoberfest auf der Theresienwiese in München 1900

Sonntag den 30. September 1900 nachmittags.

1. 1¾ Uhr: Abfahrt Seiner Königlichen Hoheit des Prinz-Regenten Luitpold von Bayern von der Kgl. Residenz.
2. 2 Uhr: Ankunft Seiner Königlichen Hoheit des Prinz-Regenten auf dem Festplatze und Eröffnung des Festes.
3. Cercle im Königszelt.
4. Besichtigung der Preistiere durch die Allerhöchsten Herrschaften.
5. Rückkehr ins Königszelt.
6. Preise-Verteilung an die Besitzer der prämiierten Pferde und Rinder.
7. Festzug mit den Preisfahnen und Umritt der Rennpferde im Schritt.
8. Fortsetzung der Preise-Verteilung an die Besitzer der prämiierten Tiere.
9. Umritt einer Kavallerieabteilung zur Freimachung der Rennbahn.
10. Böllerschuß und Beginn des Flachrennens.
11. Feststellung der Rennpreise durch das Rennkomité.
12. Verteilung der Rennpreise.
13. Abfahrt Seiner Königlichen Hoheit des Prinz-Regenten und der Mitglieder des Königlichen Hauses.
14. Abfahrt der übrigen offiziellen Festgäste und Schluß des Festaktes.

Die Wiesn im 20. Jahrhundert

Und auch das Oktoberfest, die Wiesn, gab es natürlich längst wieder! Wobei eine eigenartige und – abermals – für München sehr bezeichnende Beobachtung gemacht werden konnte: Trotz der durch die Inflation und die spätere Depression mit ihrem Heer von Arbeitslosen hervorgerufenen Notzeiten war die Wiesn gegenüber der Vorkriegsepoche eher noch größer, prächtiger und umsatzträchtiger geworden. Dabei hatten die Festbesucher bereits anno 1901 vermutet, das größte aller Wiesnwunder vor Augen zu haben, als sich am 21. September die »Bräurosl« mit einem neuen Luxuszelt vorstellte, das erstmals von 1200 Glühbirnen elektrisch beleuchtet wurde, während den Festplatz selbst 233 Bogenlampen erhellten! Im nächsten Jahr lieferte der Schausteller Carl Gabriel mit seinem neu genehmigten »Hippodrom« den Wiesnknüller Nummer eins.

Anno 1904 kochte die Volksseele wegen des »Hungerturmskandals« über. Es war ja auch eine Zumutung sondergleichen, daß ausgerechnet auf dem größten Eß- und Trinkfest der Welt ein Mann namens Riccardo Sacco darauf bestand, als Hungerkünstler, eingeschlossen in einen Glaskasten, zehn Tage lang vor aller Augen Kohldampf zu schieben! Nur drei Tage waren die Münchner bereit, solchen Frevel zu dulden. Dann stürmten sie die Artisten-Schaubude, befreiten den mageren Riccardo und schleppten ihn ins Café Wittelsbach, wo man ihn fast zu Tode mästete. Nie wieder ließ sich von da ab ein Hungerkünstler auf dem Oktoberfest sehen!

Das nächste halbe Wiesn-Jahrzehnt war gekennzeichnet durch den Bau weiterer, ständig größer werdender Bierhallen, wobei sich selbst die berühmtesten Architekten der Stadt, wie Gabriel von Seidl, nicht zu schade dafür fanden, diese Neubauten im Auftrag der Brauereien, die immer mehr zu »Wiesnhausherrn« wurden, zu entwerfen.

100jähriges Wiesnjubiläum 1910

Ab 1907 existierten nur noch fünf große Bierzelte. Alle kleinen Ausschankbuden, die bisher im sogenannten »Ring« ums Königszelt gestanden hatten, wurden nicht mehr aufgebaut. Fürs Jubiläumsjahr, bestimmt von der runden Zahl hundert, versprach die Stadt ihren Bürgern und allen Zugereisten das »größte Oktoberfest aller Zeiten«. Ein Ereignis, das

Der Festplatz, gesehen vom Turm der St.-Pauls-Kirche – von Norden nach Süden –, mit dem darüber schwebenden Luftschiff »Parseval VI« (rechter Bildrand oben). Trotz der Deklarierung dieses Jubiläums-Oktoberfestes zur »größten Wiesn aller Zeiten« wirkt die Bebauung gegenüber dem heute gewohnten Anblick der Szenerie zu Füßen der Bavaria ärmlich.

Titelseite der Erinnerungsschrift zum 100jährigen Wiesnjubiläum 1910.

des genaueren Hinsehens und einer detaillierteren Beschreibung wert erscheint.

Die städtische Jubelfeierplanung begann bereits im Juni 1909 mit der Bildung einer »Magistratischen Kommission« und vieler Sonderausschüsse, wobei sich herausstellte, daß weit weniger Geld zur Verfügung stand, als sich die Veranstalter bisher eingeredet hatten. So fiel auch der interessante Plan einer großen Luftschiffschau den Finanznöten zum Opfer, da der Schausteller Carl Gabriel als zuständiger Fachmann allein die Errichtung der benötigten Riesenhalle mit 50000 Mark veranschlagte; ein Betrag, den die Stadt als utopisch abtat. Die Vereinigung der Schausteller wiederum machte ihr Einverständnis zur »besonders reichhaltigen Ausschmückung« ihrer »Unternehmungen und Etablissements aus Anlaß des hundertjährigen Jubiläums« von der städtischen Zusage abhängig, das Fest auf drei Wochen zu verlängern. Ein Vorgang, der von den meisten Stadträten als »unerhörter Erpressungsversuch« gegeißelt und prompt abgelehnt wurde.

Beschwerden hagelte es ferner von den Besitzern an die Theresienwiese angrenzender Häuser, die von Bestrebungen gehört hatten, die Wiesn-Polizeistunde an Werktagen auf 22 Uhr und an Sonntagen sogar auf 23 Uhr festzusetzen, »was den Wiesnspektakel um zwei weitere Stunden verlängern würde«, wie es in der Eingabe hieß. Sogar an den Hauswänden hochherrschaftlicher Villen tauchten Protestplakate auf, die gegen die »unerträglich gewordenen Lärmbelästigungen durch den Oktoberfestbetrieb« zu Felde zogen. Tatsächlich schreckte der Magistrat vor der an sich beabsichtigten Polizeistundenverkürzung zurück. Lediglich am »Serenadentag« (26. September) und am letzten Wiesnsonntag (2. Oktober 1910) gestattete man den Festbetrieb bis 23 Uhr.

Brauer retten das Festprogramm

Ganz dick kam es für die Organisatoren im Sommer des Jubiläumsjahres, als sich die finanziellen Fehlkalkulationen immer deutlicher abzuzeichnen begannen. Ende Juli 1910 geriet das gesamte Festprogramm in Gefahr, im Stadtrat jagte eine Katastrophensitzung die andere: Die viel zu aufwendig geplante Jubelfeier geriet mangels Masse in Gefahr, sich zur größten Blamage der bayerischen Landeshauptstadt zu entwickeln. In höchster Not unternahm der Oktoberfest-Finanzausschuß noch einen letzten Versuch, Geld lockerzumachen. Als potentielle Geldgeber kamen nur noch Münchens Brauer in Frage, die in der gleichen Sache bereits zweimal zur Kasse gebeten worden waren. Der Fischzug hatte Erfolg. Die Bräu stifteten weitere 30 000 Mark, und der Abhaltung der »größten Wiesn aller Zeiten« im Jubiläumsjahr 1910 »in würdigster, der Sache angemessener Form« stand nichts mehr im Weg.

Von den 450 800 Quadratmetern der Theresienwiese standen 83 000 Quadratmeter für die Feststadt zur Verfügung, während der Rest das Zentrallandwirtschaftsfest aufnahm oder Freifläche blieb.
Als zur Jubiläumswiesn zugelassen standen verzeichnet:
450 fliegende Stände, 5 Wirtsbuden außerhalb und 6 weitere innerhalb des Ringes, 1 Weinzelt, 1 »Reform-Weißbierbude« der Brauerschule (auf der Theresienhöhe), 12 Schnapsstände, 14 Wurstküchen, 6 Hühner- und 9 Fischbratereien, 14 Küchelbäckerbuden, 26 Karussells, 9 Schiffschaukeln, 7 Großfahrgeschäfte wie Rodel-, Schwebe- und Achterbahnen, 6 Kinematographentheater, 7 Menagerien, 20 Museen und Panoptika, 5 Buden von Photographen und 20 Schießbuden, 7 Zirkusse und Varietés sowie 40 sogenannte »Dultstände«.

Als Bierbudenbetreiber oder Bieranlieferer wurden genannt:
Münchner Bürgerbräu, Unionsbrauerei, Spatenbräu, Hacker-Wagner und Löwenbräu. Längs der Wiesn-Schützenstraße, an der die Schießstände lagen, waren die Bierburgen »Bräurosl« von Pschorrbräu, Michael Schottenhamels Leistbräubude, das »Winzerer Fähndl« der Thomasbrauerei und die »Langbude« von Augustiner.

Eine eigene Bierbude für die Stadtverwaltung

Für den Magistrat stand eine eigene Ratsbude zur Verfügung, in der die Stadt ihre Ehrengäste bewirtete. Das Königszelt wiederum befand sich am Fuß der Theresienhöhe gegenüber dem alten Schießstättengebäude. Den gesamten Festplatz umrundete im Oval die 2000 Meter lange Rennbahn.

Tage vor Wiesnbeginn veröffentlichten die Stadtväter folgende Verlautbarung: »Im Interesse des Verkehrs gestattet der Magistrat dem Institut der ‚Roten Radler' die Aufstellung einer Telephonkabine an der nördlichen Seite des Polizeigebäudes auf dem Festplatze sowie die Bereitstellung von drei Mann ‚Rote Radler' ohne Rad bei dieser Kabine.« In der neuen Sanitätsbude schoben erstmals 8 Mann und ein Arzt Wache, an den Sonntagen sogar 12 Mann. Der »deutschen Filmfabrik Straubing, vertreten durch deren Photographen, Herrn Franz Ostermayr in München«, wurde das Recht eingeräumt, »von den festlichen Veranstaltungen photographische Aufnahmen zu machen«.

Mit diesem Plakat von Paul Neu warb der Magistrat für sein großes Jubiläums-Festprogramm.

*Prinzregent Luitpold beim Besuch der großen Samoa-Schau von Carl Gabriel.
Hier stellt sich die Frage, wer dies- und jenseits der Barriere auf den jeweiligen Beschauer wohl absonderlicher wirkt.*

Oktoberfestorden vom Prinzregenten

Eine weitere Verlautbarung, diesmal eine solche vom Hof, machte die Absicht des Prinzregenten Luitpold bekannt, an jene Persönlichkeiten, die sich um die Abhaltung des Jubiläumsfestes und des Zentrallandwirtschaftsfestes 1910 besondere Verdienste erwerben würden, Spezialorden in Bronze und Silber, in Ausnahmefällen auch in Gold, zu verleihen, »zu tragen am grünen Band mit rotem Rand auf der linken Brustseite nach den inländischen Orden«.

So schien alles bestens gerüstet, um am Samstag, dem 17. September 1910, die Böller krachen zu lassen und die Jubiläumswiesn zu eröffnen. Bereits am Vortag waren »hohe und höchste Persönlichkeiten« zu einer Sondervorstellung von Carl Gabriels großer Völkerschau »Samoa in München« gebeten worden, die auf ungeteilte Zustimmung stieß. Ein Rezensent schrieb später schwärmend: »Die körperliche Schönheit dieser Män-

Jubiläumswiesn-Orden von 1910.

ner und Frauen aus Samoa, das lichte, von Bronze schimmernde Braun ihrer Haut, gehoben und kontrastiert durch roten Blumenschmuck und bunte Seidentücher, die goldene Septembersonne darüber – das alles gab zusammen das anmutigste Gemälde.«

Auf der Wiesn wird gestreikt

Als es aber dann am Samstagvormittag mit dem lange und von den Münchnern sehnlichst erwarteten Fest endlich losging, kam alles anders. Zwar schien die Sonne, zwar krachten Punkt 11 Uhr die Kanonen und schmetterten in den Bierbuden die Musikkapellen los, während sich Hunderttausende von Menschen durch die Feststadt drängten. Im Fahr- und Schaustellerbereich aber – die Münchner rieben sich die Augen, konnten es kaum fassen – blieb alles ruhig. Keine Orgel dröhnte, kein Ausrufer bemühte sich ums Publikum, kein »Haut den Lukas« krachte, und kein Kasperl stellte die uralte

rhetorische Frage: »Seids alle da?«
Im offiziellen Bericht der Wiesnorganisatoren las es sich später so:
»Unter den rauschenden Klängen der Musikkapellen und dem melodischen Aufschlagen der Bierschlegel an sämtlichen Bierbanzen hat das Jubiläums-Oktoberfest 1910 dann seinen Anfang genommen. Die Wiesenbesucher zerstreuten sich in die Wirtsbuden, und nach wenigen Sekunden schon war das altbekannte Wiesntreiben im vollen Schwung.

Und doch ereignete sich zur selben Stunde etwas, wovon die hundertjährige Geschichte des Oktoberfestes noch niemals zu berichten brauchte, eine so unangenehme Überraschung, etwas noch nie Dagewesenes, was geradezu einen Schatten auf die doch sonst so sonnige, heitere Eröffnungsstunde geworfen. Denn während überall auf dem Teil der Wiese, wo die Festwirtschaften sich erhoben, bei fröhlichen Weisen sich die altgewohnte Wiesngemütlichkeit zu entwickeln begann, herrschte in jenem Teil der Feststadt, welcher von den Schaustellern besetzt und umsäumt war – eisige Ruhe und Grabesstille. Verschlossen waren die Eingänge zu den größten Sehenswürdigkeiten«!

Aufruhr droht

Was war geschehen? Ein Wiesn-Streik? Das durfte es doch nicht geben! Aber, ach – das Undenkbare war übers bayerische Nationalfest als erbarmungsloser Schicksalsschlag ausgerechnet an seinem größten Jubeltag und exakt zu dessen Eröffnungsstunde hereingebrochen: Ein Streik aller Schausteller legte eine volle Oktoberfesthälfte lahm! Dabei hätte sich der Eklat durchaus vermeiden lassen, wenn Münchens Stadträte nur mit einem bißchen Fingerspitzengefühl gesegnet gewesen wären! Tatsächlich hatten sich die Schausteller schon Tage vor der Wiesneröffnung im nahegelegenen Wirtshaus »Goetheburg« zu einer Versammlung getroffen, auf der sie schärfstens gegen eine geplante »Lustbarkeitssteuerabgabe« protestierten, die auf jede verkaufte Eintritts- oder Fahrkarte erhoben werden sollte. Eine einstimmig beschlossene Resolution wurde dem Magistrat telegrafisch übermittelt, ohne daß seitens der Stadt irgendwelche Reaktionen erfolgten. So kam alles, wie es kommen mußte: Der erste Streik in der hundertjährigen Geschichte des Oktoberfestes wurde Realität.

Die Wiesnbesucher reagierten seltsamerweise nur langsam, dann aber mit Nachdruck. Gegen 16 Uhr meldeten Kriminalbeamte, daß sich die Menge immer erregter gebärde und mit dem Ausbruch größerer Unruhen zu rechnen sei. Um 16.40 Uhr erschien der Nestor der Wiesnwirte, Michael Schottenhamel, in Begleitung eines Kollegen auf der Polizeiwache und verkündete, daß seiner Meinung nach in allerkürzester Frist die ganze Wiesn von den Leuten kurz und klein geschlagen würde, falls der Schaustellerbereich nicht umgehend eröffnet würde. Zudem wurde immer deutlicher, daß es die Wiesnbesucher mit den Schaustellern hielten und deren »Lustbarkeitssteuerprotest« voll unterstützten.

Der Streik hat Erfolg

Endlich begriff man auch im Rathaus den Ernst der Situation. Während 20 Polizisten die »Ratsstube« umstellten, um die dort tagenden hohen Verwaltungsbeamten zu schützen, die immer mehr in Gefahr gerieten, von der die Bude umwogenden Menge angegriffen zu werden, traf bei den Schaustellern die Nachricht vom Erfolg ihres Streiks ein: Die Stadt begnügte sich mit einer relativ kleinen Pauschalabgabe in Sachen »Lustbarkeit« und bat, doch endlich, endlich mit der Gaudi zu beginnen. Der städtische Wiesnberichter dazu:
»Um 5½ Uhr wurde es dann mit einem Schlag lebendig auf dem ganzen weiten Wiesenplan: Dampfpfeifen, Orgeln, Grammophone, Glocken und Ausrufer vereinigten sich zur Veranstaltung jenes ohrenbetäubenden Koncerts, welches von eh ein Charakteristikum des Münchner Oktoberfestes war.«

Ärger gab's dann nur noch mit der Schau »Altmünchner Oktoberfestleben«, einem abgeteilten Geviert hinter dem Schottenhamel-Festzelt, bestückt mit winzigen Buden im Stil der Wiesn-Bretterhütten des frühen 19. Jahrhunderts, wo den Besuchern des Jubiläumsfestes vor Augen geführt werden sollte, aus welch primitiven Anfängen sich die Wiesn zum glanzvollen und größten »Volksfest der Welt« entwickelt hatte. Leider kamen diese Besucher nicht, weil man ihnen für die Zeitreise ins Jahr 1812 20 Pfennig Eintritt abnehmen wollte. Erst als das »Entree« fiel, okkupierte die Menge auch diesen Festbereich.

Schützenscheiben von 1910.

»Tollkühner Aviatiker« und Zeppelin über der Festwiesn

Am Sonntag, dem 18. September, marschierten zu den Klängen von 13 Musikzügen, 120 Schützenvereine mit insgesamt 2000 Schützen in Richtung Wiesn. Nachmittags gegen 15 Uhr umkreiste das

Luftschiff »Parsival VI« den Festplatz, während am darauffolgenden Montag der »tollkühne Aviatiker Lindpaintner mit seiner Flugmaschine, von Puchheim kommend, zu einem ersten Aeroplanflug über dem Oval des Oktoberfestplatzes erschien und begeistert gefeiert wurde. Das Publikum verließ allerorten eilends die Buden und starrte nach oben, wo der Mutige dann wieder in Richtung Puchheim entschwand. Mit seinem Sommer-Zweidecker benötigte er für die 40 Kilometer lange Strecke bei windstiller Luft 35 Minuten«, hieß es später in einer Schilderung des Ereignisses.

Das Statistische Jahrbuch der Stadt belegt einen Bierverkauf von 1,2 Millionen Maß für die Wiesn 1910, bei einem Preis von 45 Pfennig. Von den 50 000 verzehrten Hühnern kostete das Stück 3 Mark.

Hatte das Fest mit einem Eklat begonnen, überschattete ein Mißton auch sein Ende. Am letzten Wiesntag machte eine Bürgerinitiative auf die Forderung aufmerksam, das Oktoberfest zukünftig nur noch alle zehn Jahre oder doch zumindest nur noch alle fünf Jahre abzuhalten. Die Münchner ärgerten sich und gingen dann zur Tagesordnung über.

Gedenkblatt auf das Jubiläums-Preisringelstechen.

Titelblatt einer »Oktoberfest-Zeitung« von 1921.

Die letzte Vorkriegswiesn...

1913, überraschte mit einer Umgruppierung der Festhallen, von denen diesmal sechs aufgebaut worden waren. Als Hauptschlager stuften die Münchner Nago, den Wühlmenschen, ein, der sich, zwei Meter tief eingegraben, mit bloßen Händen an die Oberfläche wühlte.

Dann war ein halbes Jahrzehnt Ruhe zu Füßen der Bavaria. Den Leuten war nich mehr nach Festefeiern zumute, je länger der Krieg dauerte.

Zwischen den Kriegen

Zu einer »richtigen« Wiesn kam es – nach zwei kleineren Volksfesten anno 1919 und '20 – erst wieder 1921, zu der Karl Valentin seine Erfindung einer sogenannten »Froschbahn« beitrug. Auf dem Eingangspodest des Hippodrom das damals noch dem Schausteller Carl Gabriel gehörte, erschien erstmals der unnachahmliche Rekommandeur Franz Halmanseger im roten Rock, weißen Breeches und feschem Zylinder und vollführte in beispielloser Eleganz seine stummen Kapriolen. Was machte es, daß er, wenn es ums Antraben ging, auf seinen eigenen, ein wenig kurz geratenen Beinen zu tänzeln begann und man sich das Roß dazudenken mußte, und wen störte es, daß der makellos herausgeputzte Herrenreiter das Jahr über im Hauptbahnhof als Gepäckträger und Dienstmann sein Geld verdiente? Hier, auf der Entreebühne des Hippodroms bot er sechzehn Tage lang ein Musterbild reiterlicher Eleganz, bewundert und bestaunt während seines fast dreißigjährigen Oktoberfestwirkens von Millionen Einheimischen und Zugereisten.

1923/24 zernagte die Inflation das Oktoberfest. Die Brauereien hätten sonst das Papiergeld mit ihren Bierfuhrwerken abtransportieren müssen. Dann aber gab es fünfzehn Jahre lang keine Unterbrechung des Festturnus mehr, bis 1939 in ganz Europa die Lichter ausgingen. Eine Riesensensation bot das Oktoberfest anno 1930. Damals brachte Gabriel zusammen mit dem Schausteller Siebold die große Lippennegerschau aus Zentralafrika an die Isar. Die größten als Schmuck in die Unterlippen der Afrikaner eingefügten Holzteller hatten einen Durchmesser von 22 Zentimeter, jene der Oberlippen immerhin noch 9 Zentimeter! Das Ungeheuerlichste aber: die Negerdamen zeigten sich den fassungslosen Münchnern ungeniert »oben ohne«. Für die Maß Wiesnbier mußte man 1 Mark und 10 Pfennig bezahlen.

Die Wiesn zur Nazizeit

Am äußeren Bild der Wiesn 1933 konnte man es nicht erkennen, daß in Deutschland das »Dritte Reich« ausgebrochen war und München von nun an zwölf Jahre lang den Beinamen »Hauptstadt der Bewegung« mit sich herumschleppen mußte. Bei den Bier-, Schau- und sonstigen Buden blieb alles wie gehabt. Lediglich mit dem Bierpreis leisteten sich die Nazi-Stadträte, damals hochtrabend »Ratsherren« genannt, einen Clou: Sie setzten ihn auf 90 Pfennig fest, und das Volk jubelte.

Übers Oktoberfest und das Münchner Bier während der weiteren Nazizeit gibt es nicht viel zu sagen. Bemerkenswert erscheint lediglich, daß sich beide, im Gegensatz zu so unendlich vielen anderen Dingen während des sogenannten »Dritten Reiches«, in ihrer Qualität gleich blieben.

Mit Ausbruch des Zweiten Weltkriegs kam nach und nach wie fünfundzwanzig Jahre zuvor, wieder die bierlose, schreckliche Zeit. Der lausige Plempl, der ab 1941 wegen fehlender Gerste in den Gaststätten verkauft wurde, konnte nun wirklich nicht mehr als »Bier« durchgehen.

Nur noch Wasser zum Durstlöschen

Am 15. Oktober 1945 verbot dann die amerikanische Militärregierung auf Befehl General Pattons sogar die Dünnbierherstellung. Von jetzt an gab es mehrere Monate lang einen sogenannten, von Ferdinand Erling, dem damaligen Geschäftsführer des Bayerischen Brauerbundes vorgeschlagenen Hefesud, der in der Tat nur noch das war, was er zu sein erklärte – ein Wassersud auf Hefebasis. Und selbst der erschien den Besatzern als noch zu luxuriöses Gebräu für die Deut-

Noch Wochen nach der Währungsreform bestand die US-Militärregierung auf ihre Order, Bier nur gegen Brotmarken abzugeben. Sogar eigene Biermarken wurden noch gedruckt. Die Entwicklung aber ging über diese absurd gewordenen Besatzervorschriften hinweg. Die Zeit der Marken war vorbei.

schen. Kurzerhand verfügte General Eisenhower auch noch ein Produktionsverbot dieses traurigen Trunkes – mochten die Leute doch Wasser trinken, wenn sie Durst hatten!

Denkt man an all die im Grunde, aus heutiger Sicht, nichtigen Anlässe früherer Krawalle und Rebellionen ums Bier, wird erst so richtig deutlich, wie sehr die Münchner dieser ersten Nachkriegsperiode vor der Währungsreform demoralisiert waren – jetzt tranken sie sogar, ohne zu murren, aber mit vor Hunger knurrenden Mägen, gechlortes Mangfallwasser!

Im Februar 1946 kam es für ein paar Wochen zur Aufhebung des absoluten Brauverbotes durch die US-Militärregierung. Den Brauern wurde gestattet, vorübergehend ein Gebräu mit einem 1,7prozentigen Stammwürzegehalt herzustellen. Nach einem erneuten Verbot wollte der Freistaat Bayern Bier gegen Brotmarken abgeben. Der Vorschlag wurde ebenso abgelehnt wie andere, ähnliche Bemühungen zur Verbesserung der Getränkeversorgung. Ein erneutes, noch strengeres Brauverbot vom 1. Juni 1947 schien dem Braugewerbe endgültig den Garaus zu machen. Massenentlassungen waren die Folge. In den im Winter zu Wärmestuben mit Genehmigung zur Abgabe minderwertiger Speisen degradierten Wirtshäusern durften nur noch »vorhandene Vorräte an Bier« verkauft werden. Es geriet schier zum bayerischen Wunder, wie lange diese »Vorräte« am Ende dennoch reichten!

Kein Bier für Deutsche

Längst waren die Bauern dazu übergegangen, ob des fehlenden Bieres Milch zu trinken. Auf diese Weise biß sich die Kuh gewissermaßen in den Schwanz, und die Münchner bekamen nun neben keinem Bier auch noch weniger Milch. Dies alles den Amerikanern zu verdeutlichen, war offensichtlich unmöglich, obwohl manche bayerischen Politiker immer wieder mutige Vorstöße unternahmen. Die Amis blieben stur: »Kein Bier für Deutsche!« Selbst die Währungsreform 1948 änderte zuerst wenig daran, auch wenn nun in der französischen Zone wenigstens ein Gerstensaft mit acht Prozent Stammwürze aus den Schankhähnen zu rinnen begann. Die Besatzungsmacht aus Übersee blieb bei ihrer Maxime: »Bayern brauchen kein Bier!«

Aber wie sich herausstellte, hatte sie sich nun übernommen. Die Behörden des Freistaates zogen nicht mehr mit. Von einem Tag auf den anderen, genauer, vom 31. August auf 1. September 1948, gab's plötzlich überall annähernd »echtes« Bier, ähnlich jenem in der französischen Zone mit acht Prozent Stammwürze. Zwar reagierten die US-Behörden, wie erwartet, äußerst sauer und beharrten auf einem weiteren Brauverbot, lieferten dann aber doch nur noch ein Rückzugsgefecht in der Form, daß sie den Bierverkauf mit der Abgabe von Brotmarken verbanden. Brauer und Wirte aber hatten, ebenso wie die Biertrinker, endgültig die Nase voll und sabotierten diese Anordnung. Bald darauf verschwanden dann die Brotmarken überhaupt. Damit erledigte sich das Problem von selbst. Der Einstandspreis von einer Mark für die achtprozentige Maß wurde gerne bezahlt und entsprach durchaus dem Gebotenen.

Der OB zapft an

Auch an das Jahr 1950 und seine 2. Nachkriegswiesn sollte man sich erinnern. Damals kam es zur Premiere einer Veranstaltung, aus der sich eine bis heute gültige und weiterwirkende Tradition entwickelte: Oberbürgermeister Thomas Wimmer, ein Münchner Original durch und durch, zapfte erstmals im Schottenhamelfestzelt die erste Wiesnmaß an und begründete damit die Verpflichtung aller späteren Oberbürgermeister, sich dieserart am jeweiligen Eröffnungstag des Oktoberfestes zu betätigen. Jene 1,5 Millionen Maß, die während der 1950er Wiesnsaison getrunken wurden, nehmen sich gegenüber den heute gewohnten Zahlen jedoch fast ärmlich aus.

Münchens Oberbürgermeister Thomas Wimmer schuf 1950 die Tradition des Wiesnbieranstichs durch das Stadtoberhaupt in der Schottenhamel-Festhalle am Eröffnungssamstag, Schlag 12 Uhr. Foto dpa von 1959

Und heute?

Was hat sich in den zurückliegenden dreieinhalb Jahrzehnten seit damals ums Bier in München sonst noch getan? Im Grunde nur wenig. Zumindest kaum etwas, das die Münchner besonders auf die Palme brachte oder ihnen, so wie früher, gar den Atem nahm. Am Ende blieb nur noch das schlechte Einschenken all die Jahre hindurch als ständiger schmerzhafter Stachel in so gesunden, erfreulichen Sachen, wie es das Oktoberfest und die Münchner Bierkeller von altersher sind. Besonders in den Biergärten – spezielle Namen müssen da gar nicht genannt werden – bekam man, wenn man Glück hatte, die schon vor einem Jahrhundert gerügten »Dreiquartl«, und wenn einen das Pech verfolgte, auch schon mal nur eine Halbe statt einer Maß in den Krug.

In verschiedenen Nobellokalen – und nobel wurden sie nach und nach fast alle, selbst die brave Eckwirtschaft in Haidhausen oder auf der Schwanthalerhöh –, bürgerte sich die »Preußen-Halbe« mit ihrem 0,4-Liter-Inhalt ein, was bei gestandenen Münchner Bierfans kaum Wonnegefühle auslöste, da der dafür verlangte Preis jener der früheren »Halben« blieb, mehr noch: von Jahr zu Jahr stieg, vorprogrammiert wie Wachstumsringe an den Bäumen im Augustinerkellergarten. Krawalle gab es deshalb keine mehr. Nur beim Wiesnbierpreis erregten sich noch ein paar Leute, wenn die Zeit Ende August dafür wieder reif war und die Wirte erneut einen Armenzuschlag verlangten. Und das taten sie jedes Jahr mit voraussehbarer Präzision wie das Finanzamt.
Aber auch in diesem Fall fand der Bierkrieg nur noch in der Presse statt. Am Ende schluckten Zugereiste und Einheimische immer mehr und mehr Wiesnbier – 1984 waren es 5 Millionen Maß – zu immer höheren Preisen (1984: 5,20 DM), bei immer schlechter eingeschenkten Krügen. Bis es, ebenfalls anno 84, schnakkelte. Das Münchner Kreisverwaltungsreferat legte sich als zuständige Behörde erstmals kräftig ins Zeug und beließ es bei der Einschenkfrage nicht wie bisher beim guten Zureden, die Herren Wiesnwirte möchten doch dafür sorgen, daß ihre Keferloher wenigstens bis in Eichstrich*nähe* gefüllt würden. Nein, diesmal wurde es ernst, und man schritt zur Tat. Für alle überraschend schwärmten sogenannte Wiesnbier-Einschenkprüfinspektoren (abgekürzt »WBEPIs«) aus, nahmen Maß an den Schenken der Bierpaläste, rügten, wo es zu rügen galt, und erstatteten Anzeige, wenn es sein mußte. Der Schock traf die Gerechten und die Ungerechten und fuhr sogar den Schenkkellnern ins Kreuz, die auf einmal alle Krüge auf recht manierliche Art zu füllen begannen. Die volle Maß des Oktoberfestes 1984 geht als das berühmte »Wunder von München« in die Stadtgeschichte ein.

Pro-Mille-Grenze

Und sonst? Ah, ja – die Einführung der 0,8-pro-Mille-Grenze am 20. Juli 1973. Keine Sache zwar, die vorrangig das Bier betraf, aber immerhin! Nichts dagegen zu sagen, es war in Ordnung. Leute mit Bier im Bauch, das hatte sich herumgesprochen, waren hinter dem Steuer eines Fahrzeugs fehl am Platz.

Weitere Bierneuheiten: 1979 kam die Hacker-Pschorr-Brauerei mit ihrem »Ersten Münchner Alt«. Die Frage, ob es ein Knüller wurde, vermögen nur seine Hersteller zu beantworten.

Bleibt noch, als »dernier cri« gewissermaßen, obwohl auch dieser letzte Schrei schon wieder einige Jahre alt ist, das »Weißbier vom Faß«. Auch im Fall dieser Spezialität blieben die Meinungen der Bierfans und Fachleute geteilt. Die einen stehen darauf, die andern trinken ihre Weiße wie bisher lieber aus der Flasche. Positive Argumente lassen sich für beide Praktiken finden. Das ist wie bei Blondinen. Manche mögen's heiß, andere nicht.

Reinheitsgebot und EG

Ein schwerwiegendes Problem steht freilich noch an. Es ist die Sache mit dem Reinheitsgebot und der Europäischen Gemeinschaft, kurz EG genannt. Man möchte meinen: Da bemühen sich wesentliche Gruppen von engagierten Europäern angestrengt um so wichtige Fragen wie Umweltschutz, Rettung des Waldes, Nahrungsmittelüberwachung und dergleichen mehr, und eben zur selben Zeit besteht die Hohe Behörde in Brüssel darauf, diesem 1516 erlassenen Reinheitsgebot den Garaus zu machen, um an seine Stelle eine Verfügung zu setzen, die den Verkauf von Wischiwaschi-Bier auch in Deutschland zur Pflicht erhebt! Zugegeben – natürlich wurde auch bei uns in der Praxis immer wieder gegen das Reinheitsgebot verstoßen, wie oft und oft auf den vorstehenden Seiten dokumentiert werden mußte. Dennoch hatte es Bestand, dennoch machte es – und um dies zu behaupten, bedarf es keines kleinkarierten Lokalpatriotismus – das bayerische, das Münchner Gebräu zu einem der besten Biere, wenn nicht zum besten Bier der Welt! So ein Gesetz schafft man nicht ab, sondern pflegt es. Der statthaften Getränkeverschnitte gibt es auch ohne den Einbezug unseres Gerstensaftes in diese Liste schon viel zu viele. Deshalb: Laßt die Finger davon! Damit wir auch morgen hier bei uns in München noch mit Krügen anstoßen können, die mit einem schäumenden, edlen Gebräu gefüllt sind, hergestellt aus nichts anderem als Gerste und Wasser, Hopfen und Malz.

Prost!

Oktoberfestplakat der Löwenbrauerei des Malers I. Moos von 1910.

Die in diesem Band reproduzierten Holzstiche, Bilder und Fotos wurden zur Verfügung gestellt von:

Augustinerbrauerei, München
Staatliches Hofbräuhaus, München
Löwenbräu AG, München
Paulaner-Thomas-Brauerei, München
Spaten-Franziskaner-Brauerei, München
(Spaten-Sammlung)

Kaufhaus Hertie am Bahnhof, München
(Hertie-Oktoberfest-Sammlung)
Hans und Elyane Werner, München
(Werner-Sammlung)
Historisches Stadtmuseum München
Deutsches Brauerei-Museum, München

Monacensiaabteilung der Stadtbibliothek München
Dr. Franz Joseph Pschorr, München
Dr. Klaus Thomas, München
Franz Kaletta, München

Die Verlagsanstalt »Bayerland« Dachau und der Autor danken den Eigentümern für ihre Unterstützung.

Literaturverzeichnis

Bayerland Sonderdruck
Das königliche Hofbräuhaus in München einst und jetzt
München 1929

Baumgartner, Anton
Polizeyübersicht von München 1805
München 1806

Blau, Georg Friedrich
Bilder aus München
München 1931

Breibeck, O. E.
Das fünfte Element der Bayern
Regensburg 1978

Brückl, Joseph
Die Straße war ihr Schicksal. Deutsches Hopfenbuch
München 1970

Burger, Hanns
Paulaner Salvator Thomasbräu 350 Jahre. Festschrift
München 1984

Destouches, Ernst von
Die Jahrhundertfeier des Münchner Oktoberfestes
München 1912

Deuriner, Joseph
Die Bierfrage in Bayern im Jahre 1861
München 1862

Haushofer, Max
Der Bürger im socialen Lichte
München 1872

Hollweck, Ludwig
Wann war was in München
München 1972
Auf geht's beim Schichtl
München 1984

Hübener, Frank
Reservistenkrüge – Erinnerungen an die Militärzeit
München 1982

Horn, Hans
Die Kriminalität der Hopfenzupfer von Spalt. Heimatkundliche Hefte. »Aus der Spalter Heimat«
14. Folge, Spalt 1975

Jahrbuch der Stadt München 1866
Das erste Münchner Pferderennen 1866
München 1867

Lewald, August
Panorama von München
München 1835

Möhler, Gerda
Das Münchner Oktoberfest. Brauchformen des Volksfestes zwischen Aufklärung und Gegenwart.
Neue Schriftenreihe des bayr. Hauptstaatsarchivs
München 1980

Regent, C. A.
München in der guten alten Zeit
Buchwein Verlag 1879

Sailer, Benno
Die Geschichte des Münchner Bieres
München 1927

Sailer, Anton
Münchner Spectaculum
München 1955

Schrott, Ludwig
Biedermeier in München
München 1963

Sedlmayr, Fritz
Die Geschichte der Spatenbrauerei, 2. Bd.
München 1934

Sedlmayr, Fritz, und Grohsmann, Lore
Die »prewen« Münchens seit 1363 bis zur Aufhebung der Lehensverleihung durch den Landesfürsten, 1814
Nürnberg 1969

Sillner, Leo
Das Buch vom Bier
München 1962

Spengler, Karl
Münchner Straßenbummel
München 1960

Stahleder, Helmuth
Bierbrauer und ihre Braustätten
Neustadt/Aisch 1983

Westenrieder, Ludwig
Beschreibung der Haupt- und Residenzstadt München (Gegenwärtiger Zustand)
München 1782

Wolf, Josef Heinrich
Allgemeine bayerische Chronik oder Geschichtsjahrbuch, Annalen des 19. Jahrhunderts
München 1844

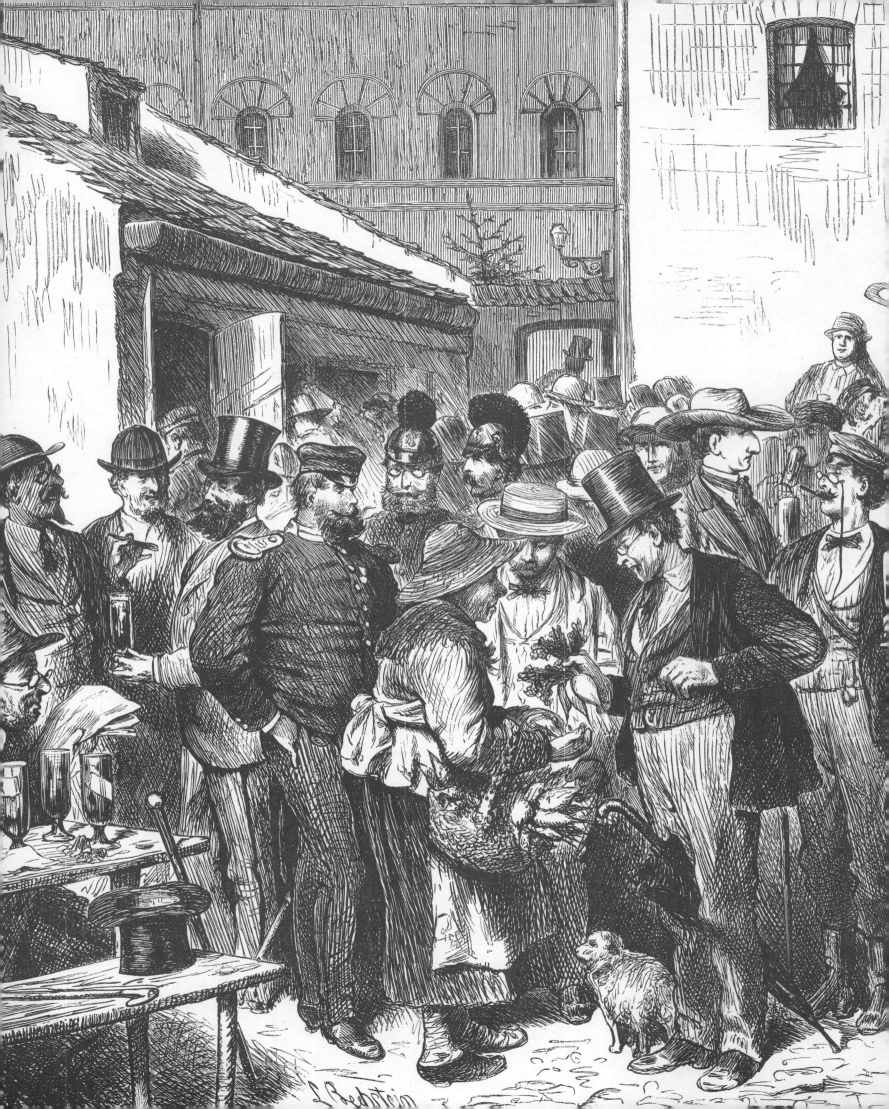